Wladimir Fedorowski
Die Zarinnen

Wladimir Fedorowski

Die Zarinnen

Rußlands mächtige Frauen

Aus dem Französischen von
Enrico Heinemann und Cäcilie Plieninger

Piper
München Zürich

Die Originalausgabe erschien 2000 unter dem Titel
»Les Tsarines. Les femmes qui ont fait la Russie«
bei Éditions du Rocher, Paris.

ISBN 3-492-04293-7

Satz: Dr. Ulrich Mihr GmbH, Tübingen
Druck und Bindung: Pustet, Regensburg
Printed in Germany

Inhalt

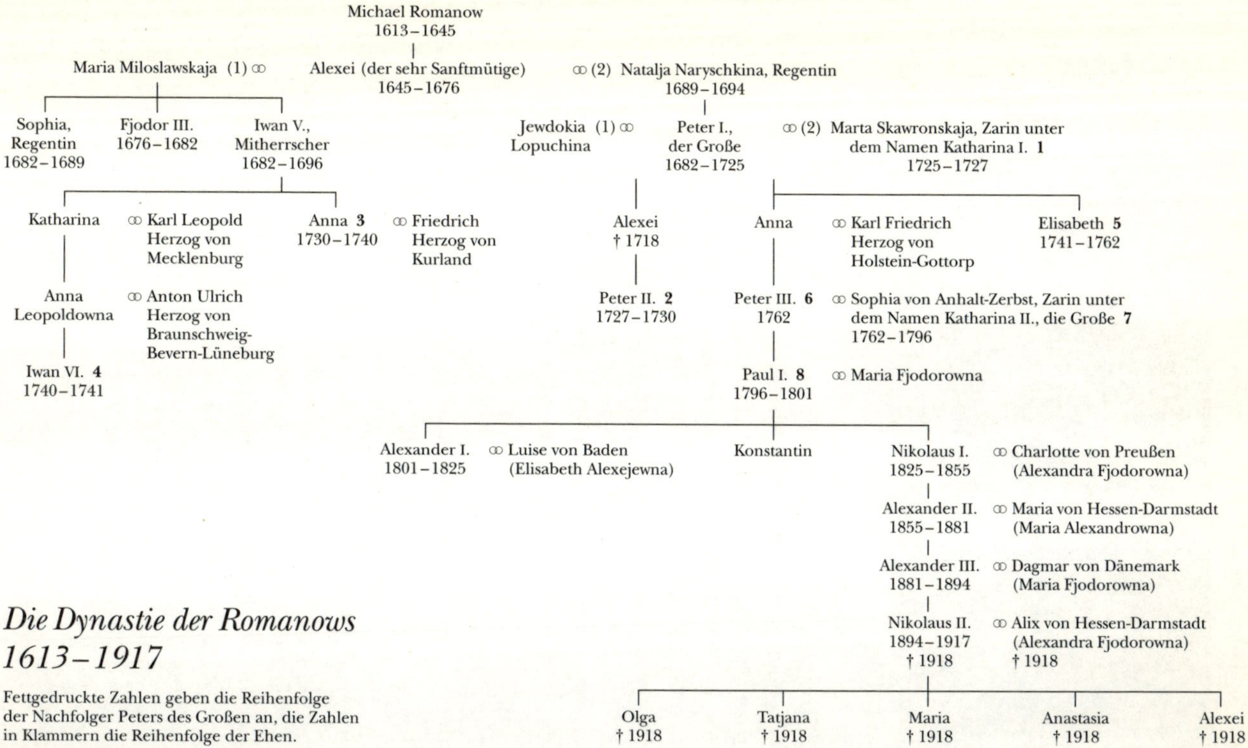

Die Dynastie der Romanows
1613–1917

Fettgedruckte Zahlen geben die Reihenfolge der Nachfolger Peters des Großen an, die Zahlen in Klammern die Reihenfolge der Ehen.

Vorspiel

Der Titel *Die Zarinnen* erinnert mich an eine vergangene Zeit.

Im Jahr 1985 führten mich meine Aufgaben als Diplomat immer wieder in den Kreml. Die alten Bauten dieses Palastes spiegeln den russischen Volkscharakter vollkommen wider. Diese eigenwillige Architektur gehorcht keiner Symmetrie. Ein buntes Gemisch aus Grün-, Blau-, Gelb- und Rottönen läßt Ecken und Bauteile optisch hervortreten.

Als ich während eines Empfangs in den Palast trat, drängten sich auf der großen Treppe bereits die Gäste. Die ohrenbetäubenden Klänge einer Militärkapelle übertönten die Gespräche: klangvolle, feierliche Melodien. Noch ganz durchgefroren trat ich auf den roten Teppich, der die Treppe bedeckte. Jemand flüsterte mir ins Ohr: »Da ist unsere neue Zarin ...«

Michail Gorbatschow und seine Gattin erschienen im Saal. Mir fielen sofort die gegenseitigen Aufmerksamkeiten zwischen den beiden Eheleuten auf. Gorbatschow hatte ständig das Bedürfnis, seine Frau zu berühren. Dieser körperliche Kontakt war für ihn wie ein Schutzschild gegen eine feindliche Welt.

Später sollte er diese Angewohnheit übrigens auf anschauliche Weise mit einem Traum erklären, den Raissa Gorbatschowa zur Zeit ihrer Hochzeit gehabt hatte: Michail und sie standen auf dem Grund eines Brunnens und versuchten sich gegenseitig aus ihm herauszuhelfen. Ihre Hände bluteten und schmerzten unerträglich. Als Raissa sich nicht mehr halten konnte, fing Michail sie in letzter Sekunde auf. Schließlich gelang ihnen doch die Befreiung aus dem »schwarzen Loch«. Vor ihnen öffnete sich in einer herrlichen Waldlichtung eine geradlinige Straße, die Klarheit und Reinheit ausstrahlte. Der Horizont verschwamm unter einer gewaltigen Sonne. Als sie Hand in Hand flohen, senkten sich Schatten über sie…

Über das Schicksal Raissa Gorbatschowas werden wir versuchen, dem Geheimnis der *Perestroika* auf die Spur zu kommen, der ersten gewaltlosen Revolution des 20. Jahrhunderts. Diese große Umwälzung brachte das Ende des Kalten Krieges und des Kommunismus.

Raissa zeigte mehr als jede andere Frau, welche Rolle das Geschlecht in den zwiespältigen Beziehungen der Staatsführung spielt.

In Rußland hat der Einfluß von Frauen auf die Politik eine erstaunlich lange Tradition und ist im Lauf der Zeit zu einem richtigen Kulturphänomen geworden. Die Russen nennen solche einflußreichen Frauen gewöhnlich »Zarinnen«, und zwar auch ohne Verwandtschaft mit der Kaiserfamilie.

Dieser Einfluß gipfelte im 18. Jahrhundert in der Herrschaft von fünf aufeinanderfolgenden Kaiserinnen, ein in der Weltgeschichte einmaliges Phänomen. Im 19. Jahrhundert erhielten die Aufgaben dieser außergewöhnlichen Damen ein neues Profil: Im Siegeszug der im stillen wirkenden »Musen«, die ihren Männern die politische Bühne überließen, aber weiterhin entscheidende Anstöße gaben. Auch das 20. Jahrhundert hielt in dieser Hinsicht Überraschungen bereit, denn hier hatten die bedeutenden Politiker, vor allem Gorbatschow und Jelzin, ebenfalls eine »Zarin« hinter sich. Warum war dieser Einfluß in Rußland so bestimmend? Die Persönlichkeit der Zaren und Zarinnen und ihr Charakter spielten deshalb eine so entscheidende und zuweilen fatale Rolle, weil sie als Autokraten über eine absolute Macht verfügten. Ihr persönlicher Ehrgeiz und ihre Schwächen sollen im Zentrum dieses Berichtes stehen und helfen, die Wechselfälle von Rußlands Geschichte besser zu verstehen. Leidenschaft, Verrat, erbitterte Feindschaften und die Flucht nach vorn – dieser ganze Stoff für große Dramen bestimmt das folgende Sittengemälde. Neues Material aus Geheimarchiven und bislang unveröffentlichte Dokumente – vor allem aus den letzten Jahren – geben dem Bericht unerwartete Facetten.

1

Die erste Zarin

In den neunziger Jahren des 15. Jahrhunderts beschloß Sophia Paläologa, ihren jugendlichen Sohn Wassili III. – den künftigen Vater Iwans des Schrecklichen – zu verheiraten.

Alle Glocken der Kremlkathedralen läuteten. Von überall kamen die Bojaren herbeigeströmt. Nach der Rangfolge und einer strengen Etikette zogen sie in geschlossenen Reihen in die Stadt ein. Auf das majestätische Defilee der Mächtigsten folgte die Schlange der weniger Begüterten.

Großfürstin Sophia wählte nach Moskowiter Tradition unter den Bojaren Boten aus und schickte sie zu den Lehnsherren. Dort sollten sie nach geeigneten Heiratskandidatinnen für ihren Sohn suchen.

Im ganzen Land herrschte Aufruhr. Um Rivalinnen auszuschalten, setzten manche Mädchen oder die Eltern Hexerei oder Gift ein. Es ging um einen hohen Einsatz.

Bald darauf kamen Hunderte junger Mädchen, von den Eltern geleitet, nach Moskau. Die prachtvollsten Karossen rollten ein. Kostbarste Stoffe und erlesenste Juwelen schmückten die Anwärterinnen. Auf dem Kremlplatz drängte sich das Volk, um einen Blick auf die künftige Herrscherin zu erhaschen. Jeder pries das Gepränge des Reiterzuges und die prachtvollen

Pferde. Unter dem blauen Frühlingshimmel wurden die Männer von Abenteuerlust und Fernweh gepackt. Mädchen träumten, sie seien höhere Töchter, Frauen erinnerten sich lächelnd an ihre Verlobung, und Babuschkas beteten zu Gott, im Königreich möge Friede herrschen.

An den Stadttoren saßen Jungen in den Bäumen und kündigten schreiend weitere Karossen an: »Noch drei Troikas, und zehn Werst weiter kommen nochmals mindestens sechs!«

Die Gaffer beklatschten die Reiter mit den Bannern der Lehen, berührten sie, segneten sie und fragten sie über ihre Provinzen aus. Manchmal gab es Verständigungsschwierigkeiten, so unterschiedlich waren die Sprachen und Dialekte. An der Spitze des langen Zuges ritten zwei Männer mit fellgesäumten, spitz zulaufenden Hüten. Der eine, ein Rothaariger von der Wolga mit gepflegtem rotem Bart, trug einen Silberfuchspelz über einem roten Kaftan. Auf der Stirn seines rotbraunen Pferdes prangte wie ein Diamant eine vollendet geformte Blesse. Der andere trug einen langen schwarzen Mantel mit Zobelfutter. An seinem Gürtel pendelte an einem roten und goldenen Band ein Säbel. Wie große lederbespannte Truhen zogen die Kutschen vorüber, orangefarben, grün oder scharlachrot. Zur Enttäuschung der Moskowiter waren in den kleinen Fensteröffnungen die Gesichter der Fahrgäste kaum zu erkennen.

Die Anwärterinnen und ihre Familien wurden im Palasthof von Bojaren empfangen und in ihre Gemächer geleitet. Sie bestaunten die illuminierten Gewölbe und Wände, die kostbaren Teppiche und orientalischen Stoffe. Als Willkommensgruß standen auf einem Tisch mit Osterglocken goldene Teller mit *Sakuski* (Vorspeisen) und Süßigkeiten bereit; ebenso ein dampfender Samowar und Becherchen mit einfachem Kornschnaps, einem entfernten Vorläufer des Wodka. Andere Getränke waren meerblau, pfeffergrau, zitronengelb oder honigfarben wie der berühmte *Medawucha,* das an Met erinnernde Lieblingsgetränk der Moskowitischen Fürsten.

Der offizielle Empfang fand am nächsten Tag statt. Die Mädchen trugen spitzenbesetzte Gewänder mit Perlen und funkelnden Juwelen. Manche Goldbrokate waren mit Darstellungen von Pferden, Vögeln oder fantastischen nordischen Bäumen bestickt. Die Mädchen aus dem Ural trugen Satinblusen mit blumengemusterten Spitzen. Ihre *Sarafans,* traditionelle Trägerröcke, zierten ganze Reihen von edelsteinbesetzten Knöpfen, wichtiger Schmuck, der oft kostspieliger war als das ganze Kleidungsstück. Edelsteine hatten symbolische Bedeutung. Der Smaragd galt als Stein der Weisheit, der Saphir »zeigte Verrat an und vertrieb die Angst«, und der Rubin war Medizin »für Herz und Hirn«. Der Diamant wurde von Soldaten als Talisman am Säbel getragen. Zum Schmuck der adligen Fräuleins gehörte zudem der *Kokoschnik,* ein perlenbesetztes, emailgeschmücktes Diadem mit schulterlangen Fransen aus Edelsteinen und Perlen. Besonders beliebt waren auch Ohrringe mit zwei oder drei Gehängen.

Die fürstliche Heiratskandidatin wurde vom Vater oder Bruder in einer Lobrede gepriesen, in der zuweilen auch der Reichtum der Familie ins Feld geführt wurde. An die langatmige Vorstellung der Mädchen schloß sich ein Ball an. Jetzt konnte der Schürzenjäger und Genießer Wassili die Mädchen in aller Ruhe beobachten.

Am nächsten Tag fand im *Terem,* dem russischen Frauengemach – es entsprach dem griechisch-römischen Gynäkeion oder dem muslimischen Harem – das »Ritual der Bäder« statt. Salomonia, eine russisch-tatarische Bojarentochter aus Susdal, stieg ebenfalls ins Wasser. Wassili war von ihr begeistert und wollte sie sofort heiraten.

Sophia Paläologa hatte sich für ihren Sohn eine besonders schöne Fürstin vorgestellt, die in der Lage sein würde, ihn im Kreml zu halten. Ihr Wunsch ging in Erfüllung. Salomonia hatte einen einzigen Fehler: Sie war eine begeisterte Reiterin, und Reiten war den Damen des *Terems* verboten.

Doch es wurde eine unglückliche Ehe. Die junge Frau geriet rasch ins Visier der Bojaren: Sie warfen ihr vor, sie mißachte die Traditionen. Vor allem litt sie darunter, daß sie nicht schwanger wurde.

Der mächtige Fürst Glinski aus Litauen machte den Moskowitern ein verlockendes Angebot: die Abtretung der strategisch wichtigen Stadt Smolensk im Zentrum Rußlands, wenn Wassili in zweiter Ehe seine Nichte Jelena Glinskaja heiraten würde.

Wassili III. holte beim Metropoliten Rat ein. Der Metropolit plädierte unbedingt für diesen Vorschlag. Die Politik obsiegte über die Religion und das heilige Band der Ehe. Als Salomonia die Nachricht erfuhr, sagte sie ihrem Mann endloses Unglück voraus. Besorgt befragte Wassili drei alte Mönche des Dreifaltigkeit-Sergios-Klosters. Ihr Urteil fiel vernichtend aus: Wenn Wassili Salomonia verstoßen und wieder heiraten würde, werde aus dieser Ehe ein Kind hervorgehen, das die Welt mit seiner Grausamkeit erbeben lassen werde. Wassili ignorierte die Prophezeiung und schickte Salomonia für immer ins Kloster von Susdal, wo sie bald darauf starb. Mönche und Reisende berichteten, sie hätten die einstige Fürstin im Herbst auf den schlammigen Straßen betteln sehen.

Wassili III. heiratete die sentimentale, frivole und intrigante Jelena Glinskaja, die bald darauf einen Sohn zur Welt brachte. Sein eigener früher Tod ließ die Gerüchteküche brodeln. Die Familie Glinski wurde verdächtigt, nachgeholfen zu haben. Seine Witwe Jelena leistete den Beschuldigungen mit ihrem Verhalten Vorschub. Und von Jelenas Mutter hieß es, sie treibe mit drei Dienern, die in ihrem Schlafgemach übernachteten, die schlimmsten Ausschweifungen. Sie sollte gesehen worden sein, wie sie bei Vollmond ihren getöteten Feinden das Herz aus dem Leib riß. Daraus habe sie dann eine Brühe zubereiten und mit ihr die Mauern ihrer Todfeinde besprengen lassen. Die schwersten Vorwürfe gegen sie wurden wegen des Todes ihrer zahlreichen Liebhaber erhoben, die sie von einem Turm des Kreml in die Moskwa werfen ließ.

Die Prophezeiung der drei Mönche schien sich von Anfang an zu bestätigen, denn der kleine Iwan neigte von Kindesbeinen an zur Gewalttätigkeit. Er hatte die richtigen Vorbilder gehabt... Mit fünf Jahren warf er zum Spaß Tiere von Türmen, quälte sie, riß Fliegen die Flügel aus oder übergoß Ameisenhaufen mit dem Öl aus Ikonenlämpchen und zündete es an. Wenn er beim Spiel verlor, konnte es passieren, daß er die Gewinner töten ließ. Sein Lieblingsspaß bestand darin, einen wilden Bären in eine Menschenmenge hetzen zu lassen und das blutige Schauspiel mit perverser Neugierde zu genießen.

Und wieder veränderte der Tod einer Frau Rußlands Geschicke. Jelena Glinskaja starb an einer Vergiftung. Iwan kam in die Obhut der beiden großen Bojarenfamilien Schuiski und Belski. Um die Macht an sich zu reißen, trugen beide Clans vor Iwans Augen rücksichtslos blutige Fehden gegeneinander aus. Seit dieser Zeit beherrschte die Angst, die Geißel jedes

Tyrannen, die Seele des kleinen Fürsten. Und er hegte nur noch einen Gedanken: sich die allgegenwärtigen Bojaren vom Hals zu schaffen.

Später schrieb Iwan: »... Ich erinnere mich, wie die Bojaren, insbesondere ihr Oberhaupt, mir und meinem Bruder begegnet sind, wie sie uns in bitterster Armut hielten und wir uns nicht satt essen durften.«

Dem frühreifen Zwölfjährigen fielen mehrere Dienerinnen aus dem *Terem* in die Hände. Das Oberhaupt der Bojaren erhielt einen detaillierten Bericht über das Verhalten des jungen Fürsten. »Die Dienerin«, so der Berichterstatter, »beklagt sich, daß er ihr die Röcke und die Korsage zerrissen hat. Auch fehlt ihr ein Ärmel. Ihr Gürtel ist nicht mehr zu gebrauchen. Und ihr Hals, ihre Brust, ihre Knie und ihre Schenkel sind mit blauen Flecken übersät. Sie hätte als Jungfrau einen Hauptmann heiraten sollen. Aber nach der Vergewaltigung wird sie wohl als altes Mädchen im Kloster enden ...«

Der junge Iwan ritt gerne mit seinen Getreuen durch dieses Rußland, das seit drei Jahrhunderten durch einfallende Tataren verwüstet wurde. Manchmal machte er in einem verschneiten Kloster halt und brach unter den Mönchen eine theologische Diskussion vom Zaum. Mit gleicher Leidenschaft gab er sich Ausschweifungen hin. Dann erfolgte eine Wandlung. Der wilde und gewalttätige Jugendliche begann zu lesen. Er befaßte sich mit der Römischen Geschichte, den russischen Chroniken, den Kirchenvätern, der Heiligen Schrift, den Evangelien und den liturgischen Büchern, Werke, die schon wegen ihrer kostbaren Einbände – feuervergoldetes Silber, eingelegte Halbedelsteine wie Onyx, Chalzedon, Achat, Aquamarin, Lapislazuli, Malachit und vor allem Smaragde – seine Neugierde weckten. Trotz seines brutalen Temperamentes zeigte Iwan ein überraschendes Einfühlungsvermögen. Ab seinem vierzehnten Lebensjahr bewies er ein unstrittiges literarisches Talent. Seine elegante Sprache und sein überraschender Bilderreichtum sollten ihn zu einem der bedeutendsten Schriftsteller seiner Zeit machen. Kein russischer Monarch schrieb je einen besseren Stil.

Im Jahr 1547, vier Jahre, nachdem Iwan auf das Oberhaupt der Bojaren die Hunde gehetzt hatte, ließ er sich zum Zaren (nach dem lateinischen »Caesar«) salben. Diese Krönung machte seine spätere Gemahlin zur ersten Zarin Rußlands. Iwans volkstümlicher Beiname *grosny*, der nicht ganz korrekt mit »der Schreckliche« wiedergegeben wurde, beinhaltet eher Bewunderung für einen mächtigen Herrscher. Eine bessere Übersetzung wäre wohl »der Bedrohliche« oder »der Furchteinflößende«.

Den bedrückten Bojaren erklärte Iwan, er wolle ein neues Kapitel in der Herrschaft des Landes aufschlagen und die geltenden Titel und Privilegien nun nicht mehr beachten.

Da die Einführung eines neuen Titels nach strengen Regeln erfolgte, warteten die russischen Diplomaten erst einmal ab, bevor sie das Ausland über die Krönung Iwans IV. in Kenntnis setzten. Anläßlich seiner Salbung bewies der künftige Zar einmal mehr seine literarische Begabung: Er verfaßte die Legende, wonach seine Halskette, sein Zepter, sein Reichsapfel und seine Krone, die *Schapka*, einst dem byzantinischen Kaiser Konstantin Monomach gehört hätten. Seine Krone heiße deshalb die »Monomachmütze«. Konstantin habe sie seinem Enkel Fürst Wladimir vermacht, und der habe sie solange unter Verschluß gehalten, bis ein würdiger Nachfolger gefunden sei. Die »Monomachmütze« wurde von den Zaren übrigens getreu der Etikette nur ein einziges Mal – am Krönungstag – getragen. Für andere festliche Anlässe standen eigene Kronen zur Verfügung. Die *Schapka,* eine orientalische Goldschmiedearbeit, war mit Zobel verbrämt und bestand aus acht ziselierten goldenen Platten in Form von Lotusblüten.

Nach seiner Krönung zum Zaren dachte Iwan ans Heiraten. Der Chronik zufolge wandte er sich mit folgenden Worten an den Metropoliten: »Ich habe zunächst daran gedacht, in anderen Königreichen nach einer Braut zu suchen, diesen Gedanken aber nach reiflicher Überlegung verworfen. Ich habe meine Eltern in der frühen Kindheit verloren und bin als Waise aufgewachsen. Mein Temperament kann sich an eine Ausländerin nicht gewöhnen: Würde meine Ehe unter diesen Umständen glücklich werden? Ich möchte in Rußland eine Braut finden …«

Der Zar hatte sich folglich zum Bruch mit einer Familientradition entschlossen: Sein Großvater hatte die Griechin Sophia Paläologa und sein Vater die Litauerin Jelena Glinskaja geheiratet. In seiner *Geschichte über den Moskauer Großfürsten* erklärt Fürst Kurbski, Iwans berühmter zeitgenössischer Gegner, diese Entscheidung habe vor allem die Traditionalisten erfreut. »Der Teufel säte üble Sitten in die glanzvolle Linie der russischen Fürsten ein, insbesondere durch deren Gemahlinnen, die der Hexerei kundig waren, vor allem die aus dem Ausland.« Kurbski spielte dabei wohl auf Iwans Großmutter und seine Mutter an.

Die Prozedur, nach der die erste Zarin erkoren wurde, spielte sich nach dem traditionellen Ritual der Brautschau ab und wurde von Iwans Großmutter, Anna Glinskaja, organisiert. Über fünfhundert Heiratskandidatinnen strömten aus allen Teilen Rußlands nach Moskau. Eine neue Kirche wurde errichtet. Da der *Terem* nicht die gesamte Mädchenschar aufnehmen konnte, wurde er erweitert und erhielt neue Bäder mit großen Fenstern aus venezianischem Glas. Die Bewerberinnen mußten sich splitternackt in den Bädern des Kremlpalastes vorstellen. Iwan beobachtete an der Seite seiner Großmutter das Schauspiel. Unter den jungen Schönheiten war auch Anastasia Romanowa. (Ein Verwandter von ihr, Michael, begründete später die Dynastie der Romanow.)

Mit ihren großen grünen und leicht schlitzförmigen Augen, ihrem vollkommen ovalen Gesicht, dem matten Teint und ihrem Dianenkörper zog Anastasia Iwan in ihren Bann. Die Hochzeit wurde mit nie dagewesener Prachtentfaltung gefeiert.

Der erste Zar und seine Frau pflegten einen liebevollen Umgang voller gegenseitiger Achtung miteinander, eine eher altmodische Beziehung: Im Frühmittelalter waren Rußlands Frauen nämlich noch fast gleichberechtigt gewesen, und viele von ihnen hatten mit ihren Männern Ländereien verwaltet oder waren mit ihnen in den Krieg gezogen. Manche waren nach russischer Überlieferung sogar ernstzunehmende Kriegerinnen gewesen. Dann sorgten der Mongolensturm im 13. Jahrhundert und die byzantinische Religion dafür, daß sie ihre Selbstbestimmung und ihre Rechte zusehends verloren. Im 15. Jahrhundert galten Frauen als unrein und minderwertig. Als Gefangene im *Terem* waren sie der Gewalt ihrer Ehemänner ausgeliefert – und manchmal auch deren Freunden, denn eine Frau »ver- oder auszuleihen« war gang und gäbe. Die Kirche sprach den Ehemännern sogar das Recht zu, ihre Frauen »zum eigenen Wohl maßvoll« auszupeitschen. Und wer seine Gattin ermordete, konnte mit einem milden Gerichtsurteil rechnen.

Iwan liebte seine Frau heiß und innig. Die zarte und tugendhafte Anastasia verwandelte ihn in einen humaneren und verständnisvolleren Menschen. Bei seiner Frau begegnete er immer wieder Silvester, dem Popen der Kremlkathedrale, der sie im Evangelium unterwies. Bald machte Iwan den Geistlichen zu seinem Berater und Vertrauten. Freundschaft schloß er zudem mit Alexej Adaschew, einem niederen Adligen aus dem Kreml. Beide Ratgeber bewogen den jungen Iwan IV. in zahlreichen Gesprächen dazu, die Untertanen zu schonen und kühne Reformen ins Werk zu setzen. Dies war der Beginn der glanzvollsten Periode seiner Herrschaft.

In den folgenden Jahren errang Iwan zahlreiche Siege über die Tataren und vergrößerte so sein Herrschaftsgebiet nach Osten und Südosten. Gleichzeitig baute er auf bemerkenswerte Weise die Verwaltung und das Rechtssystem seines Landes aus. Die Zeit von Frieden und Wohlstand währte jedoch nicht lange. Die Berater Silvester und Adaschew gerieten immer öfter mit Anastasias Eltern aneinander, die ohne die notwendigen Fähigkeiten in die höchsten staatlichen Ämter drängten. Am 7. August 1560 erlitt die Zarin bei einem Streit mit Adaschew einen Schlaganfall. Sie wurde in ihre Gemächer gebracht und starb dort, ohne das Bewußtsein wiedererlangt zu haben. Iwan hatte mit seiner geliebten Gattin dreizehn Jahre verbracht und von ihr sechs Kinder erhalten. Er war am Boden zerstört. Er ließ Hunderte von Kerzen entzünden und rang tagelang um Fassung. Die schweren Tore seines Palastes blieben verschlossen. Als Adaschew zu ihm ging, herrschte er ihn an: »Geh zum Teufel, ich will dich nicht mehr sehen, du Mörder!«

Erneut trat der herrschsüchtige Charakter des Zaren hervor. Sein Verhalten änderte sich grundlegend. Kaum war die Zarin unter der Erde, beschimpfte er die Bojaren und drohte, er werde ihre Köpfe über den Roten Platz rollen lassen. Überempfindlich und launisch, schien er zu keinem vernünftigen Handeln mehr fähig. Mehr denn je quälten ihn Angst und Mißtrauen. Überall witterte er Komplotte, auf die er mit Terror reagierte. In einem Brief an Fürst Kurbski beschwerte er sich: »Die Ratgeber haben die Macht an sich gerissen, nach ihrem Belieben regiert und mich von der Verwaltung meines Staates ferngehalten.« Silvester und Adaschew warf er vor, sie hätten seine »junge Schönheit« getötet. »Wieviel Unglück habt ihr über mich gebracht, wie viele Demütigungen, wie viele Beleidigungen! Warum habt ihr mich von meiner Frau getrennt?«, warf er ihnen immer wieder vor. Iwans Anklage, seine Freunde hätten Anastasia vergiftet, war vollkommen aus der Luft gegriffen. Wahrscheinlich diente sie nur als Vorwand für repressive Maßnahmen gegen die Bojaren.

Trost suchte der Zar in den Armen einer kabardinischen Kaukasierin, der schönen Maria Temriukowna. Maria trug einen langen Zopf. Sie hatte einen matten Teint mit roten Sommersprossen, eine zierliche, gerade Nase und schwarze Augen und Brauen. Ihr leicht krauses Haar war etwas gelockt. Als Iwan sie in einem *Sarafan* aus goldgelber Seide sah, erklärte er: »Sie ist eines Malers würdig, ja eines Ikonenmalers.« Nach zeitgenössischen Chroniken gelang es ihm allerdings niemals, in dieser zweiten Ehe eine Beziehung wie zu Anastasia aufzubauen. Iwan wurde immer unberechenbarer.

Am 3. Dezember 1564 sahen die Moskowiter zahlreiche Karossen in den Kremlhof einfahren. In der darauffolgenden Nacht verließ Iwan der Schreckliche mit seiner Familie Moskau mit unbekanntem Ziel.

In der Hauptstadt machte sich Panikstimmung breit. Die Geschäfte blieben geschlossen, die Bäcker buken kein Brot, und das Volk weinte. Drei Tage nach der Abreise des Zaren erhielten der Metropolit und die Bojaren durch einen Kurier eine Mitteilung. Der Zar kündigte an, er wolle künftig in einem Städtchen bei Moskau residieren. Tausende von Moskowitern, angeführt vom Metropoliten, zogen in einer Prozession zu ihrem Herrscher, um ihn zur Rückkehr zu bewegen. Der Metropolit traf Iwan in einer schäbigen Hütte beim Gebet an. »Ich gebe euch die Antwort in einigen Tagen«, sagte er nur. Tage später traf in Moskau tatsächlich eine Botschaft ein. Der Metropolit, die Bojaren und die Adligen wurden aufgefordert, dem Zaren in einem feierlich unterzeichneten Abkommen freie Hand im »Kampf gegen den Verrat« zu lassen.

Einige Tage später kehrte Iwan mit den Machtvollkommenheiten eines Selbstherrschers in den Kreml zurück. Sein Verfolgungswahn gönnte ihm von da an keine Atempause mehr. Von Alpträumen und Halluzinationen gequält, konnte er nicht mehr zur Kremlkathedrale gehen, ohne daß er unterwegs abgeschlagene Köpfe vor sich sah.

Um sich vor seinen Dämonen zu schützen, richtete er eine persönliche Polizei ein, die *Opritschnina*. Er verließ den Kreml und wohnte mit seinen »Getreuen« in einem Stadtviertel beim Nowodewitschi-Kloster. Seine Söhne Iwan und Fjodor begleiteten ihn. Seine Gemahlin blieb im *Terem* zurück, wo er sie praktisch nicht mehr besuchte. Iwan benahm sich ihr gegenüber inzwischen abscheulich. Er befriedigte seine Fleischeslust lieber auf den Orgien, die seine Spießgesellen von der *Opritschnina* veranstalteten.

Die zigtausend Geheimpolizisten des Zaren trugen von Kopf bis Fuß Schwarz. Auf einem Fähnchen, das an ihrem Sattel steckte, waren zwei Symbole eingestickt, ein Hundekopf und ein Besen, Zeichen für zwei Aufgaben: Iwans politische Gegner aufzuspüren und wegzufegen. Sie gingen mit seltener Brutalität vor: Sie folterten, vergewaltigten Frauen, plünderten Kaufleute aus und zündeten die Geschäfte von Leuten an, die ihnen den Zehnten nicht zahlen wollten. Früher hatten die Väter und Ehemänner stolz ihre schönen Frauen und hübschen Töchter vorgezeigt. Jetzt waren sie nur noch argwöhnisch bemüht, sie vor den *Opritschniks* zu verstecken.

»Historische Parallelen sind immer rein zufällig«, meinte Stalin. Trotzdem drängt sich ein Vergleich der Zeit der *Opritschnina* in den Jahren 1565–1572 mit der Ära des »Großen Terrors« von 1935–1938 auf. Statt auf Reformen zu setzen, griff Iwan auf seine Geheimpolizei zurück, um die vier großen Fürstenfamilien von Susdal als Feinde seiner Politik zu vernichten. Wie Stalin, dem die altgedienten Bolschewiki im Wege waren, ordnete er zur Sicherung seiner absoluten Macht Säuberungen an. Und wie dieser löste er nach dem Tod seiner Gattin eine Welle des Terrors aus.

Im übrigen markierte der Tod von Iwans zweiter Frau 1571 eine neue Periode seiner Herrschaft. Nach der traditionellen Brautschau – an ihr nahmen fast zweitausend junge Mädchen teil – heiratete er die blonde, blauäugige Marfa Sobakina. Sie starb ganze zwei Wochen nach der Hochzeit.

Auf ihren plötzlichen Tod folgte eine weitere Terrorwelle. Der Zar verdächtigte seine Polizei, sie sei für Marfas Tod verantwortlich, und begann an ihrer Nützlichkeit zu zweifeln. Tatsächlich hatten zu seinem Hauptquartier im Vorort Alexandrow, wo Marfa gestorben war, nur *Opritschniks* Zugang.

Iwans Liebesleben war von da an durch zügellose Ausschweifungen geprägt. Seine zahllosen weiblichen Eroberungen hinderten ihn später nicht daran, mit seinem Günstling Basmanow in aller Offenheit ein Verhältnis zu unterhalten. Basmanow, der Sohn eines einflußreichen Bojaren, organisierte im Vorort Alexandrow häufig Orgien.

Eine vierte Gattin starb ebenfalls an Gift. Im Jahr 1572 erhielt Iwan vom Konzil die Erlaubnis, in fünfter Ehe Anna Koltowskaja zu heiraten. Drei Jahre später schickte er sie in ein Kloster und lebte unverheiratet mit Anna Wassiltschikowa und später mit Wassilissa Melentiewa zusammen. Die zuerst genannte Mätresse verstieß er mit der lakonischen Bemerkung: »Du bist mager geworden, und ich mag magere Frauen nicht...«

Unter Iwans kurzzeitigen Gemahlinnen hatte Maria Dolgorukaja das große Pech, daß Zweifel an ihrer Jungfräulichkeit aufkamen. Iwan ließ einen Tag nach der Hochzeit Pferde, denen man Hafer mit Bier gefüttert hatte, vor einen Karren spannen und lud die Frischvermählte zu einer Spazierfahrt ein. Statt sich neben sie zu setzen, wünschte er ihr gute Fahrt und peitschte auf die Pferde ein. Der Wagen schoß in einem höllischen Tempo davon und versank einige hundert Meter weiter in einem Weiher. Maria und die Rösser ertranken.

Damals spielte Iwan mit dem Gedanken an eine Flucht ins Ausland. Lange Zeit machte er deshalb der Schwester des polnischen Königs Sigismund II. den Hof. Anschließend erhielt Elisabeth I. von England einen Antrag. Die Königin, die vom Schicksal der bisherigen Zarinnen erfahren hatte, war vorsichtig und lehnte das Angebot ab. Sie hatte ihre Gründe. Ihre Mutter Anne Boleyn war auf Befehl ihres eifersüchtigen Vaters Heinrich VIII. enthauptet worden. Iwan führte den Briefkontakt zu Elisabeth bis zu einem Zwischenfall weiter. Als er Elisabeth um die Garantie für eine Aufnahme in England bat, erhielt er eine unliebsame Antwort. Daraufhin schrieb er ihr: »Du bist nur eine Dirne. Deine Krämermuschiks treiben mit dir, was sie wollen. Ich spucke auf dich und deinen Palast…« Als Iwan 1580 Niederlagen in Livland erlitt, knüpfte er die Beziehungen zu Elisabeth wieder an. Sie bot ihm sogar die Hand ihrer Nichte Mary Astings an. Die Ehe kam aber nicht zustande: Im gleichen Jahr heiratete der Zar in siebter Ehe Maria Nagaja, die bald darauf einen Sohn, Dimitri, zur Welt brachte.

Im Januar 1581 spielte sich im *Terem* der Frau des Zarewitschs Iwan eine Tragödie ab. Am Tag eines großes Festes trat der Zar ungeduldig ins Gemach seiner damals schwangeren Schwiegertochter und traf sie dort noch im Morgenrock und ungeschminkt an. Iwan geriet in Rage und trat ihr in den Bauch. Von ihren Schreien alarmiert, eilte der Zarewitsch herbei und warf sich dazwischen. Iwan schlug ihm voller Wut das Zepter gegen die Schläfe. Der Zarewitsch brach zusammen. Die Zeitgenossen, darunter Jeremy Gorsey, ein Engländer in Moskau, schilderten diesen Totschlag in unterschiedlichen Versionen, die dann wiederum Maler, Schriftsteller und Geschichtsschreiber aufgriffen. Das Gemälde Ilja Repins, ein Meisterwerk in der Moskauer Galerie Tretjakow, zeigt Iwan mit irrem Blick, in seinen Armen, mit blutender Schläfe, sein Sohn. Die Mordwaffe, das Zepter, liegt am Boden.

Jahre zuvor hatte Iwan an Kurbski geschrieben: »Erinnere Dich an den größten Zaren, Konstantin. Erinnere Dich, daß er für das Königreich seinen Sohn getötet hat und daß er trotzdem zu den Heiligen zählt…«

Die Tötung des eigenen Sohnes wurde zu einem der großen Mythen der russischen Geschichte: Der Zar müsse stets unerbittlich bleiben, auch gegenüber den eigenen Kindern. Später ließ Peter der Große seinen Sohn Alexei hinrichten. Und Stalins Sohn starb in Hitlers Kerker, weil sein Vater einen Austausch mit dem deutschen Generalfeldmarschall Paulus ablehnte. »Ich tausche keinen Marschall gegen einen Leutnant«, erwiderte Stalin ohne Rücksicht auf die familiären Bindungen.

In der gleichen Nacht stieg Iwan verzweifelt mit seinem Sohn Fjodor auf den Turm der Basiliuskathedrale. Er läutete eigenhändig die Glocken. Nachdem er versucht hatte, sich vom Turm zu stürzen, brach er ohnmächtig zusammen.

Nach Iwan Iwanowitschs Tod ging die Thronfolge an Anastasias Sohn Fjodor über, ein »einfältiges Gemüt, für die Staatsgeschäfte eher ungeeignet und extrem abergläubisch«. Als weiterer legitimer Nachfolger blieb so nur Maria Nagajas Sohn Dimitri.

Iwan hatte seinen ältesten Sohn totgeschlagen und sein Land so den Gefahren der Anarchie ausgeliefert, der »Großen Anarchie«, die Rußland im 17. Jahrhundert heimsuchen sollte. Zehn Jahre nach der Bluttat sollte das Wiederauftauchen des Zarewitschs Dimitri das Land erschüttern.

Am 19. März 1584 griff Iwan nach dem Erwachen nach den Edelsteinen, die er für heilkräftig hielt, und rieb sie in seinen Händen. Am Nachmittag schrieb er tief niedergeschlagen sein Testament: »... Mein Körper ist krank, mein Geist ist krank. Die Wunden meiner Seele und meines Fleisches werden von Tag zu Tag größer. Und kein Arzt kann mich heilen! Ich habe auf jemanden gewartet, der meinen Schmerz teilt, aber vergebens. Niemand ist gekommen. Niemand … Kein Tröster … Alle haben mir das Gute, das ich ihnen widerfahren ließ, mit Schlechtem vergolten. Alle. Es gibt in diesem Jammertal keine Gerechtigkeit. Nicht einmal Zaren finden sie unter ihren Untertanen und Dienern …«

So beschrieb Iwan der Schreckliche die Einsamkeit der Zaren, absolute Alleinherrscher inmitten der hinterhältigen und feindseligen Bojaren. Die Isolation hatte in ihm eine unüberwindliche Angst vor langen, leeren Fluren, vor Kellern, unterirdischen Gewölben und sogar vor dem riesigen Palasthof ausgelöst.

Das Testament sah eine Aufteilung seiner Güter vor – bis hin zu dem Paar Schuhen, das ihm einst Elisabeth I. von England geschenkt hatte. Iwan vermachte sie seinem Stallmeister.

Nur ein einziger Mann hatte kurz vor Iwans Ende dessen Vertrauen gewinnen können: Boris Godunow, ein *Opritschnik.* Iwan rief ihn zum Schachspiel zu sich. Während seiner letzten Partie stürzte er ohne erkennbaren Grund auf das Spielbrett. Er erhob sich wieder und verlangte Kornschnaps. Er strauchelte erneut und sank in Boris Godunows Arme. Zu dieser Zeit war Iwan vierundfünfzig Jahre alt. Am Vorabend ließ er sich noch zur Basiliuskathedrale tragen, um diese außergewöhnliche Kirche mit den verschiedenen bunten Zwiebeltürmen, den kleinen Galerien und Kapellen, den versteckten Treppen und verschieden geformten Fenstern noch einmal zu sehen. Dann verschwammen ihm die Bilder vor den Augen, und er verlangte, daß man ihn zurückbringe.

In den vertrauten gewölbten Hallen des Kremlpalastes mit den religiösen Malereien kam der Zar allmählich wieder zur Ruhe. Er blickte zu dem geschnitzten Baldachin mit den Wappen der Provinzen hinauf und murmelte: »So viele Provinzen …« Wer würde diese Reichtümer erben? Er hatte doch keinen geeigneten Nachfolger.

Iwan der Schreckliche starb frühmorgens in dem Augenblick, als die Frühlingssonne durch den rötlichen Himmel brach. Die dunklen Wälder hoben sich vor dem leuchtenden Firmament ab – schwarz wie die Seele dieses im Innersten zerrissenen Zaren und glanzvoll wie die Erinnerung an die Jahre mit seiner süßen Anastasia, der ersten Zarin Rußlands.

Fjodor bestieg den Thron. Er erbte ein ruiniertes und von außen bedrängtes Land. Sanftmütig, bescheiden und ohne politischen Ehrgeiz, war er vor allem bemüht, die Verbrechen seines Vaters zu vergessen. Vom Volk hatte er den Beinamen »der Glöckner« erhalten: Er zog sich in Glockentürme zurück und sprach dort zu den Tauben und Störchen.

Erstmals regierte in Rußland nicht der Zar selbst. Ein Regentschaftsrat übernahm die Regierung. Boris Godunow, das Oberhaupt der Bojaren, wurde Fjodors graue Eminenz. Diese Jahre brachten dem Land eine Erholung.

Fjodor I. starb im Januar 1598 – nach vierzehn Jahren Herrschaft. Sein Tod und die Wahl Boris Godunows zum Zaren fielen in eine Periode der Kriege, der Unsicherheit und Zerrüttung. Die Russen nennen sie die »Zeit der Wirren«. Solche historischen Zeiten machen alle Nationen durch, aber die Ängste und Phantasmen, die sich damals in Rußland einnisteten, wirken bis heute nach. Besonders kraß zeigten sie sich später im Auftauchen von falschen Zaren und Zarinnen.

Puschkins Tragödie und Mussorgskis Oper machten Boris Godunow unsterblich. Der englische Diplomat Jeremy Gorsey beschrieb diesen Mann so: »Eine angenehme Erscheinung, schön, liebenswert, der Schwarzen Magie zugetan und fünfundvierzig Jahre alt. Er ist nicht sehr gebildet, hat aber einen regen Geist. Er besitzt ein großes Redetalent und beherrscht meisterhaft seine Stimme. Er ist listig, sehr impulsiv und nachtragend. Zwar neigt er nicht zur Prunksucht und ernährt sich maßvoll, doch liebt er Zeremonien. Ausländern richtet er prachtvolle Empfänge aus, und den Herrschern anderer Länder macht er kostbare Geschenke.« Den Chronisten zufolge hatte Boris Godunow ausschließlich die eigenen Interessen im Blick: seine eigene Bereicherung, die Festigung seiner Macht und die Erhöhung seiner Linie.

Der gewählte Zar entstammte allerdings keiner Adelsfamilie. Eine Legitimierung fehlte. Und er war eine merkwürdige Persönlichkeit. Trotz seiner hohen Intelligenz hielt er es für unnötig, schreiben und lesen zu lernen. Unter Urkunden kritzelte er ein Zeichen, das an einen Vogel (das tatarische *Gudun* bedeutet »Lerche«) erinnerte. Godunow, der von Tataren abstammte, hatte zur Förderung seiner politischen Karriere die Tochter des Chefs der *Opritschnina* geheiratet. Während seiner Regentschaft verheiratete er seine Schwester mit dem Zarewitsch Fjodor, um so seinen Einfluß zu vergrößern.

Ganz nach Brauch hatte er die große Zeremonie zur Brautschau organisiert. Der schüchterne Fjodor wollte daran allerdings nicht teilnehmen. Im Einvernehmen mit dem Metropoliten Ijob erklärte daraufhin Boris Godunow, der Zar habe seine Schwester auserwählt.

Die Hochzeitszeremonie fand in der Kathedrale des Kreml statt. Die neue Zarin zog in den *Terem* und wurde von ihrem Gatten dort niemals besucht. Fjodor verhielt sich mit fünfundzwanzig Jahren noch immer wie ein Kind. Er läutete die Glocken und erfreute sich an kindischen Späßen: Er tauschte Türschlösser aus, ließ Scheiben aus den Fenstern des Facettenpalastes verschwinden, versteckte seine Krone in einem Heuschober und behauptete, sie sei verschwunden, als er ausländische Staatsgäste empfangen mußte. Nach seinem Tod berief Boris Godunow als erster Bojar den *Sobor* ein, die Generalversammlung der Bojaren. Sie sollte einen neuen Zaren wählen. Der Patriarch Ijob schlug als Kandidat Boris Godunow vor. Nach einem grandiosen Gottesdienst in der Kathedrale des Kreml zog die Menge, angeführt vom Patriarchen, zum Nowodewitschi-Kloster. Dorthin hatte sich die Zarin, Godunows Schwester, als Witwe zurückgezogen. Mit Stöcken bewaffnete Polizeioffiziere marschierten hinter der Menge. Die Pilger waren angewiesen worden, der Zarin vor dem Kloster mit Kniefällen, klagend, weinend und schreiend, ihre Zuneigung zu bekunden. Wer nicht gehorchte, wurde verprügelt, bis er vor Schmerz wimmerte und weinte. Dann zog der Patriarch feierlich ins Kloster ein. Auf die Menge deutend, verkündete er der Zarin: »Siehe, dein Volk! Es fleht dich an, dich an den *Sobor* zu wenden und ihn zu bitten, deinen Bruder Boris zum Zaren zu wählen …« Nach dieser geschickten Inszenierung ging die Zarin zum *Sobor,* der daraufhin Boris zum Zaren aller Russen erkor.

Nach der Krönungszeremonie – sie fiel noch prunkvoller aus als die Iwans IV. – schmiedeten die Bojaren und Hochadligen eine ganze Serie von Komplotten. Die Verschwörer, hauptsächlich Schuiskis und Romanows, warfen dem neuen Zaren seine tatarische Abstammung vor. Außerdem beschuldigten sie ihn, er habe den Zarewitsch Dimitri ermorden lassen, den letzten Sohn Iwans des Schrecklichen. Dimitri wäre der einzige legitime Anwärter auf den russischen

Thron gewesen. (Seine Mutter Maria Nagaja lebte in Uglitsch im Exil.) Die Atmosphäre im Kreml war schließlich so vergiftet, daß Godunow beschloß, die Komplotteure aus dem Land zu jagen.

Er hätte die Widrigkeiten des Schicksals vielleicht gemeistert, wäre nicht 1604 in Moskau eine furchtbare Nachricht eingetroffen: Polnische, ukrainische und kosakische Truppen hatten den Dnjepr überschritten – unter der Führung eines Mannes, der behauptete, er sei der Zarewitsch Dimitri. Angeblich sei er den Soldaten entkommen, die Boris Godunow zu seiner Ermordung nach Uglitsch entsandt hatte. Und nun gedenke er, seinen Platz als »rechtmäßiger Zar aller Russen« einzunehmen …

Die größte Maskerade in der russischen Geschichte begann.

2

Die falsche Zarin

Die Geschichte begann im Zentrum Polens. Vor einem weitläufigen Schloß, flankiert von einem großen, rechteckigen Turm, hüpfte neben seinem Hund ein kleines Mädchen.

Die kleine Marina war die Tochter des Grafen Mniszech. Ihre Mutter war tot und ihre Schwester bereits unter der Haube. Auf einsamen Spaziergängen fragte sie oft ihren Hund: »Glaubst du, ich lerne einen netten Prinzen kennen? Wie gerne wüßte ich meine Zukunft...!« Einige Jahre später ging Graf Mniszech mit seiner Tochter nach Warschau zum Kartenleger König Sigismunds III. Der sagte ihr ein ungewöhnliches Schicksal voraus – und dem Grafen Ehren und eine glückliche Zukunft.

Tags darauf traf vor dem Schloß der Reiterzug von Marinas Onkel, dem Fürsten Wischnewetski, ein. In seinem Gefolge entdeckte das junge Mädchen ein neues Gesicht: Grigori Otrepjew.

Marina gefielen seine Liebenswürdigkeiten, auch wenn sie sich über das merkwürdige Benehmen dieses Dieners wunderte. Dann aber stieß er sie mit einem Heiratsantrag vor den Kopf. Marina wies den Antrag empört zurück. Aber Grigori wiederholte ihn schriftlich und unterzeichnete mit einem rätselhaften »Dimitri Zarewitsch«. Würde Marina standhaft bleiben?

Sie hatte vor ihrem Vater keine Geheimnisse. Sie erzählte ihm von dem Brief und nannte den Namen des Absenders. Der Graf war verblüfft und nahm die Neuigkeit mit Interesse auf.

Und wenn es doch stimmte? Mußte sie Grigori dann nicht erhören? Der hochverschuldete und von keinen Skrupeln geplagte Graf war jedenfalls zu allem bereit. Er riet seiner Tochter, über den Antrag nachzudenken ...

Wer war dieser rätselhafte junge Mann?

Nach den Chroniken tauchte er Anfang des 17. Jahrhunderts in Kiew auf: als ein mittelgroßer Mönch mit rundem Gesicht und hervorspringenden Wangenknochen. Seine roten Haare, die schüchterne und traurige Miene spiegelten weder sein Temperament noch seine Intelligenz wider. Grigori war lebhaft und brauste leicht auf. Und er war sehr belesen. Er kam aus dem angesehenen russischen Kloster Tschudow, wo sein glänzender Verstand, sein Redetalent und sein diplomatisches Feingefühl aufgefallen waren. Es hieß, er stamme aus dem niederen Adel, aus einer Familie, die seit Jahrhunderten im Zentrum Rußlands gelebt hatte. Nach dem frühzeitigen Tod seines Vaters sei er unter dem Namen Grigori Mönch geworden. Sein Aufstieg im Kloster verlief fulminant. Zunächst Diener eines Mönchs, dann der Gehilfe des Archimandriten und anschließend selbst Diakon, wurde er an den Hof des Patriarchen berufen – eine glanzvolle Karriere in nur einem Jahr. Grigori verdankte sie seinen Fähigkeiten: »Er nahm in wenigen Monaten soviel Lernstoff auf wie andere in ihrem ganzen Leben.«

Grigori hätte zweifellos eine glanzvolle Kirchenlaufbahn vor sich gehabt. Aber in der »Zeit der Wirren« – während Boris Godunows Krankheit erschütterten Unsicherheit, Verbrechen, Hungersnöte und Epidemien das Land – sah er sein Schicksal anderswo. Er ließ sich lieber auf das Leben eines Hochstaplers ein.

Nachdem Grigori erneut in Kiew aufgetaucht war, nahm er Kontakt zu den damals von den Polen unterjochten Saporoger Kosaken auf.

Bevor er in den Dienst von Marinas Onkel trat, ging er an den Hof des Fürsten Ostrojski, einem begeisterten Verfechter der Orthodoxie, der die Vereinigung der Kirchen erbittert bekämpfte. Der Fürst hatte einst befohlen, Mönche, die die Kutte abgelegt hatten, außer Landes zu jagen. Eine Zuflucht fanden sie in den Zentren der Sozinianer, einer arianisch beeinflußten Sekte, die sich auch die »Polnischen Brüder« nannten. Sie spielten in der polnischen Reformation eine bedeutende Rolle. Ihre Anhänger lehnten das Dogma der Dreifaltigkeit entschieden ab und verlangten bedingungslose Gewissensfreiheit. Dimitri, der die »liberale polnische Bildung« genossen hatte, trat anschließend in den Dienst des Schwagers von Graf Mniszech …

Marina hatte sich zu diesem Zeitpunkt noch nicht in den schicksalhaften Zarewitsch verliebt, und welche Interessen im Spiel waren, wußte sie auch nicht. Ihr Vater versuchte sie zur Heirat zu überreden:

»Wenn Grigori mit Hilfe der Polen den russischen Thron besteigen würde, hätte das für uns unschätzbare Vorteile!«

Während das Mädchen nachdachte, arrangierte Graf Mniszech ein Treffen »Dimitri Zarewitschs« mit König Sigismund III. An der Audienz nahmen der päpstliche Nuntius und die Jesuiten teil. Sie unterstützten die Pläne des russischen Thronanwärters. Aber nicht nur in Warschau fand er Rückhalt: Die russischen Bojaren, Feinde des zentralistischen Regierungsstils von Boris Godunow, suchten nach einem einflußreichen Bündnispartner. Der falsche Dimitri wurde so »in einem polnischen Ofen geschmort, aber in Moskau durchgeknetet«, so das Wort des russischen Historikers Kliutschewski.

Vor diesem Hintergrund erklärte sich Marina schließlich bereit, Dimitri zu heiraten. Grigori alias Dimitri machte zahlreiche Versprechungen: Den Jesuiten zuliebe wollte er zum Katholizismus konvertieren, der König von Polen sollte westliche Provinzen Rußlands erhalten und zudem Unterstützung für seinen Anwärter auf den Thron von Schweden. Seinem zukünftigen Schwiegervater schließlich versprach er, alle seine Schulden zu tilgen – das einzige Versprechen, das er halten sollte.

In seinem *Boris Godunow* entwirft Puschkin einen Dimitri, der seiner Braut Marina gesteht, daß er nicht der Zarewitsch ist: »Der Schatten des Schrecklichen hat mich Dimitri getauft und mich als Sohn adoptiert...«

Der echte Dimitri war aller Wahrscheinlichkeit nach umgekommen. Dennoch erwähnt Prosper Mérimée in seiner Biographie des falschen Dimitri eine ganze Reihe von Ungereimtheiten und Widersprüchen: »In welchem Kloster gab es Mönche, die einen Bären mit einem Spieß töten oder eine Schwadron Husaren in die Schlacht führen konnten?« Daneben führt er an, daß Dimitri Polnisch sprach, ein hervorragender Reiter war und sehr viel Mut besaß.

Am 13. Oktober 1604 überschritt der falsche Dimitri mit einer Truppe aus fünfhunderttausend Mann – kampferprobte Kosaken und frisch rekrutierte Söldner – die russische Grenze und rückte auf die Hauptstadt vor. Marina hatte versprochen, sofort nach der

Eroberung Moskaus nachzukommen. Boris Godunow war über die Nachricht tief beunruhigt. Er ordnete die sofortige allgemeine Mobilmachung an.

Dimitri, der Sinn für Theatralik besaß, inszenierte einen spektakulären Einzug in Moskau. Zunächst beorderte er »seine Mutter« zu sich. Die Witwe Iwans des Schrecklichen, Maria Nagoja, war unter dem Namen Marfa Nonne geworden. Sie gab vor, ihren Sohn wiederzuerkennen, und spielte ihre Rolle perfekt. Wollte sie sich für die Demütigungen nach dem Tod ihres Gatten rächen? Jedenfalls verschaffte sich Maria-Marfa Genugtuung. Sie kehrte unter der Herrschaft des falschen Dimitri in den Kreml zurück und lebte im *Terem* der Zarenwitwe.

Dimitri marschierte neben der Karosse seiner Mutter bis nach Moskau. Der Einzug geriet zum Triumph. Die Bevölkerung jubelte. Die Rückkehr des »legitimen« Zaren galt als echtes Wunder. In einem riesigen Zelt am Ufer der Moskwa empfing er Menschen aus dem Volk und Vertreter der Zünfte. Während dieser traditionellen Zeremonie nahm er adrett gekämmt, mit gebürstetem Schnurrbart, in einem rötlichen Umhang und einer blauen Oberschenkelhose zahlreiche Geschenke entgegen – Seide, Gold und Silber. Dann zog er durch das Tor des Erlöserturms feierlich in den Kreml ein. In der Erzengel-Michael-Kathedrale, vor dem Sarg Iwans des Schrecklichen, hielt er eine Andacht. Draußen knieten Kosaken vom Don, aus dem Ural und von der Wolga. Trompeten erschollen, die Chöre der Kathedrale dankten jubilierend Gott, und im Wind flatterten die Banner der Geistlichkeit.

Kurz darauf ließ Dimitri die sterblichen Überreste Boris Godunows zu den Leichen seiner Frau und seines Sohnes überführen. Beide waren einige Tage zuvor im »Armenhaus«, einem Kloster im Zentrum Rußlands, in das sie sich geflüchtet hatten, erdrosselt worden.

Im April öffneten sich überall die Knospen. Noch waren die Nächte kalt, und in der Morgensonne knarrten auf dem Fluß dahintreibende Eisschollen. Schlüsselblumen lösten im frischen Gras die Schneeglöckchen ab. Wie der Mensch erwachte die Natur aus einem langen Winterschlaf. Zu dieser Zeit brach in Polen Marinas Brautzug auf.

Dimitri hatte für seine Braut einen Zwischenaufenthalt in einem russischen Kloster arrangiert. Die Bevölkerung glaubte an einen Rückzug, der es der zukünftigen Zarin ermöglichen würde, sich zum orthodoxen Glauben zu bekehren. Marina dachte allerdings nicht an einen Glaubensübertritt und blieb Katholikin. Und auch Dimitri konvertierte nicht – trotz seines Versprechens an die Jesuiten.

Am 2. Mai traf Marina schließlich in Moskau ein. Sie empfand tiefen Stolz: Über dieses grenzenlose Territorium würde sie herrschen ... Von der Esplanade des Kreml aus hatte sie einen atemberaubenden Blick auf die Stadt: prachtvolle Paläste, Kirchen und Klöster. Sie ähnelten keinem ihr bekannten Stil. Es war weder die Gotik Warschaus noch der Prunk von Byzanz, sondern einfach Moskauer Stil. Marina hatte nie eine offenere, originellere und einfallsreichere Architektur gesehen. Würde ihr Schicksal in Rußland auch solche Kapriolen schlagen?

Das schauspielerische Talent des Paares gipfelte Tage später in öffentlichen Auftritten. Auf einem Schimmel, dessen Sattel- und Zaumzeug mit Edelsteinen besetzt war, ritt der junge Mann in einem golddurchwirkten Gewand durch Moskau. Seine Garde bot dem Volk ein glanzvolles Schauspiel: russische Prachtgewänder und die raffinierte westliche Eleganz der Polen. Die Einwohner der Hauptstadt staunten allerdings weniger über den Aufzug der königlichen Braut. Ihnen fiel vor allem ihr endloser Geleitzug auf, der geradezu provokativ seine Waffen zur Schau stellte. Das Schauspiel erinnerte eher an eine ausländische Invasion: Und diese Haufen führten sich dann tatsächlich auch als Eroberer auf. Sie pöbelten Bürger an und plünderten Geschäfte.

Die Hochzeit und die anschließende Krönung fanden am 8. Mai 1606 statt. Im Thronsaal erwartete der Zarewitsch in einem blauen, golddurchwirkten Kaftan seine Braut. Ein polnischer Schleier bedeckte Marinas Haar, in das Goldkettchen eingeflochten waren. Auf ihrem russischen Kleid saßen so viele Edelsteine, daß man kaum etwas von der Farbe sah.

Die Autoren des 19. Jahrhunderts beschreiben Marina Mniszech gerne als hochgewachsenes schlankes Mädchen mit roten Haaren und grünen Augen. Zeitgenössischen Chroniken zufolge war sie dagegen klein und hatte braunes Haar und große braune Augen. Nach Prosper Merimée fiel sie »unter den Frauen ihres Landes durch Anmut und Schönheit auf«, während der polnische Geschichtsschreiber Pawel Jasjenica schrieb: »Marinas Schönheit war wenig einnehmend: Sie war eine kalte, ehrgeizige Frau und unerbittlicher als die gierigsten Wucherer.« Alexander Puschkin pries sie dagegen in seinem *Boris Godunow:* »Es gibt keine schönere Königin als ein polnisches Mädchen.«

Die Hochzeitszeremonie begann mit dem Austausch der Ringe. Maria wurde anschließend von ihrem Vater zum Thron geführt und nahm darauf Platz. Der Oberstallmeister hielt den Brautleuten das Kreuz, die Krone, das Diadem und die Halskette zum Kuß hin.

Bei großem Glockengeläut begaben sich die Frischvermählten in die Mariä-Himmelfahrts-Kathedrale. Der Erzpriester legte die geweihten Insignien auf einen ziselierten Goldteller, bedeckte sie mit einem Tuch und trug sie auf dem Kopf zu dem geweihten Ort. Marina und Dimitri folgten ihm feierlich. Hinter ihnen trugen ein Fürst das Zepter und ein Bojar den Reichsapfel.

In der Kathedrale küßte das Paar die Ikonen und Reliquien. Da Marina nicht einmal auf Zehenspitzen bis zu den höchsten Ikonen hinaufreichte, stellte man ihr zur Erfüllung des Ritus einen Schemel hin. Der Patriarch legte ihr die Kette um den Hals, hob das Diadem in die Höhe, damit die Anwesenden es sehen konnten, und setzte es vorsichtig auf ihre Stirn. Unter der Last dieser Insignien mußte Marina, die zudem ein schweres Gewand trug, einiges aushalten.

Mit geweihter Myrrhe salbte der Patriarch dem Zaren und der Zarin die Stirn, die Wangen und die Vorder- und Rückseiten der Hände. Die Brautleute tranken aus einem Kelch. Die orthodoxe Liturgie zog sich mehrere Stunden lang hin. Die Polen, die ihr stehend beiwohnten, verlangten schließlich Sitze. Diese Abweichung vom Protokoll stieß bei den Russen auf Empörung.

Glockengeläut und Chorgesang begleiteten den Auszug des frischvermählten Zarenpaares. Draußen war es dunkel. Am finsteren Himmel funkelten Sterne. Die Menge jubelte dem Herrscherpaar zu. Die Festlichkeiten gingen in der ganzen Stadt bis zum nächsten Morgen weiter.

Am nächsten Tag empfing Marina in ihrem Badepavillon ihren Ehemann. Von Eukalyptusdämpfen betört, redeten sie lange miteinander. Im Gespräch stellte Marina fest, daß sie den Mann, mit dem sie ihr Schicksal verknüpft hatte, zu schätzen begann. Und als er sich ihr diesmal näherte, stieß sie ihn nicht zurück...

Dimitri übte die Herrschaft auf ungewöhnliche Weise aus. Entgegen dem Brauch besichtigte er nicht sofort den Folterkeller. Der neue Zar hatte nichts von der erschreckenden Grausamkeit Iwans. Nach dem Historiker Kliutschewski übertraf Dimitri an Fortschrittlichkeit sogar Peter den Großen, den kühnen Reformer, der nur eine »dünne Schicht an westlicher Kultur« besaß, hinter der sich letztlich »reinste Barbarei« verbarg.

Marina veränderte dagegen die Lebensart der russischen Herrscherinnen. Das falsche Zarenpaar verzichtete auf den Mittagsschlaf nach dem Essen und ging oft ins Bad, ihrem Lieblingsort für intime Begegnungen. Sie sorgten für eine Modernisierung in den mittelalterlichen Beziehungen zwischen den Großen des Kreml und ihren Dienern. Sie wahrten Distanz und waren doch auch für einfache Untertanen zu sprechen.

Bei Handwerkern erkundigte sich Dimitri oft nach ihrem Tun und suchte nach Möglichkeiten, Kunst und Gewerbe zu fördern. In einem Brief an die Moskowiter bekannte er sich zu einem freien Königreich und fügte hinzu: »Ich will mein Land durch Handel bereichern.« Rasch entdeckten die englischen Chronisten seine herausragenden Fähigkeiten. Und sie priesen einen europäischen Herrscher, der seinem Volk nie dagewesene Freiheiten gewährte!

Der Zar hielt sich über alle Vorgänge in seinen Kanzleien auf dem laufenden, tauchte unangemeldet in Amtsstuben auf und blätterte eigenhändig Akten. Täglich ging er in die Duma und kontrollierte die Staatsgeschäfte. Als fähiger und erfahrener Befehlshaber legte er Wert darauf, die Militärübungen persönlich zu leiten.

Die Beliebtheit des Herrscherpaares hielt allerdings nicht lange an. Man machte es ihnen zum Vorwurf, daß sie sich mit den Bojaren nicht auf Du stellten. Dimitri trug auf Marinas Bitte hin keinen Kinn- und Schnurrbart und trank zudem keinen Weizenwein. Er ging selten in die Kirche und hielt die Fastenzeiten nicht ein. Er war ein begeisterter Anhänger des Vatikans und der Katholiken. Er ernannte Filaret Romanow, einen von Godunow verbannten Bojaren, zum Metropoliten. Dann bestellte er die Bojaren zur feierlichen Versammlung in den Facettenpalast ein. Dort verkündete er, es sei notwendig, »alle christlichen Kirchen zu vereinigen, um die Türken und den Islam zu bekämpfen«. In einem leidenschaftlichen Plädoyer für die Ökumene kritisierte er den in Formen erstarrten Dogmatismus der russischen Geistlichen. Seine Ansprache fand bei der Versammlung keine Gegenliebe. Er und die Zarin stießen von da an auf die gleiche Ablehnung, mit der vierhundert Jahre später Michail Gorbatschow und seine Frau zu kämpfen haben sollten.

In Moskau kam es immer häufiger zu Streitereien zwischen Russen und Polen. Die Moskowiter beschwerten sich darüber beim Zaren.

Mehrfach wurden Dimitri und Marina vor Komplotten gewarnt, aber wie so oft wiegte sich das Opfer in Sicherheit... »Ich weiß, wo ich regiere, und ich habe keine Feinde!« erklärte er seinem Schwiegervater, der ihm verschärfte Sicherheitsmaßnahmen nahelegte.

Der Staatsstreich der Bojaren begann im Morgengrauen des 26. Mai 1606. Unter dem Vorwand eines Einmarschs der Polen drangen die Verschwörer mit Kosaken in den Kreml ein. Sie behaupteten, sie müßten den Zaren beschützen. Daß sie durch Sigismund III. unterstützt wurden, ist bis heute nicht belegt. Trotzdem liegt diese Vermutung nahe, denn Dimitri hatte bekanntlich sein Versprechen an die Polen gebrochen. Auch kursierte in Warschau das Gerücht, der Herrscher in Moskau bereite einen Angriff auf Polen vor und wolle dessen Thron an sich reißen.

Alle hundertfünfzig Kirchen in Moskau läuteten Sturm: Eine Truppe unter Wassili Schuiski, dem Oberhaupt der Bojaren, zog in die Stadt ein und marschierte zum Kreml vor. Vom Lärm alarmiert, liefen Marina und Dimitri zu den Fenstern. Unter dem Geschrei »Betrug!« drangen die Soldaten in den Palast ein und schlugen die Tür zum Schlafgemach der Zaren ein. Im Nachtgewand und mit einem Kosakenkrummsäbel in der Hand setzte Dimitri sich gegen die Angreifer zur Wehr. Schließlich konnte er entkommen. Marina, die von ihrem jungen Pagen bis in den Tod tapfer verteidigt wurde, verdankte ihr Leben ihrer Geistesgegenwart: Um verschont zu werden, bot sie den Soldaten ihren Schmuck und ihr Gold an. Beim Sprung aus dem Fenster brach sich Dimitri das Bein. Er versuchte sich zu einem polnischen Regiment zu schleppen, wurde aber von einer Meute Aufständischer eingeholt. Sie traktierten ihn mit Fußtritten und Knüppelhieben und schrien niederträchtig: »Die Polen töten den Zaren!«

Seine verstümmelte Leiche wurde durch Moskau gezerrt und verbrannt, die Asche in eine Kanone gestopft und in Richtung Warschau verschossen. Der Betrüger kehrte also dorthin zurück, von wo er gekommen war …

Heutige Historiker sehen Grigori Otrepjew nicht nur als einfachen Hochstapler. Sein Fall liegt komplizierter: Zum einen war er von seiner Sache fest überzeugt, und zum anderen hat er sich wie später Gorbatschow als ein Meister des Doppelspiels, als ein sehr geschickter Taktierer erwiesen. Und schließlich hat er sich bemüht, Rußland mit subtileren Methoden zu regieren als die Vorgänger. »Es gibt zwei Arten der Regierung«, hatte er Marina oft gesagt. »Mit Barmherzigkeit und Großherzigkeit oder mit Blutvergießen. Ich habe Gott versprochen, die erste Art anzuwenden ...«

Die Machtergreifung durch das Oberhaupt der Bojaren, Schuiski, am 29. Mai 1606 markierte den Beginn der »Polnischen Epoche«. Mehrere Jahre lang hielten polnische Armeen den Kreml besetzt. Sie plünderten die historischen Schätze, zerstörten Häuser und töteten die Einwohner Moskaus. Der neue Zar bezahlte die polnischen Truppen im Kreml für seinen persönlichen Schutz. Denn im Gegensatz zum falschen Dimitri, einem tapferen Soldaten, fürchtete er sich vor Kanonendonner und haßte Pulvergeruch!

Schuiski, der vom Volk den Beinamen »der Lumpenzar« erhielt, hatte panische Angst vor dem Auftauchen eines weiteren falschen Zaren. Seine Befürchtungen sollten sich als begründet erweisen ... Dimitri hatte er zwar aus dem Weg geräumt, doch gingen die Abenteuer der falschen Zaren weiter.

Ein Jahr später gab sich ein entflohener Straftäter als Dimitri aus: Er sei »wie durch ein Wunder den Mörderbanden der Bojaren entkommen«. Das Volk jubelte sofort dem zweiten falschen Dimitri zu: Die Hochstapelei wurde zu einem Symptom der Unzufriedenheit in der Gesellschaft. Von dieser Zeit an und bis ins 19. Jahrhundert hinein spielten in Rußland Hochstapler eine Rolle. Und es gab kaum eine Ära, in der sich nicht einer von ihnen zu Wort meldete. Der russische Dichter Maximilian Woloschin hat dem »Demetrius Imperator« die treffenden Worte in den Mund gelegt: »Damals wurde ich zahllos ...«

Die Armee des neuen falschen Dimitri stieß bei den moskowitischen Truppen auf keinen nennenswerten Widerstand. Im Frühjahr 1608 richtete er sich in Tuschino vor den Toren der russischen Hauptstadt ein.

Über die Herkunft des zweiten falschen Dimitri kursieren zwei Versionen. Nach der wahrscheinlicheren verbarg sich hinter ihm ein Litauer namens Bogdanow, der mit Unterstützung König Sigismunds III. einen bunten Söldnerhaufen und Kosaken vom Don um sich geschart hatte. Unter Führung eines polnischen Hetmans führten sie den Eroberungsfeldzug gegen den Kreml.

Auch beim Aufstieg dieses Dimitri spielten die Frauen eine wesentliche Rolle. Während Marina und ihr Vater, Graf Mniszech, noch im moskowitischen Exil weilten, half Mniszechs zweite Frau aktiv bei der Suche nach einem zweiten »Mann des Schicksals« mit. Das Gut der Mniszech in Polen galt deshalb auch als »Betrügerfabrik«.

Derweil verpflichteten sich Schuiski und Sigismund III. in einem Friedensvertrag, auf jede Einmischung in die inneren Angelegenheiten ihrer Staaten zu verzichten. Moskau ließ alle Gefangenen frei, die seit Dimitris Umsturz im Kerker saßen. Auch Marina kam frei. Aber bei der Rückreise nach Polen wurde sie von einer Truppenabteilung ihres »Gatten«, des zweiten falschen Dimitri, entführt.

Ihr Vater hatte sie erneut verkauft. Er bekam hunderttausend Rubel und das Lehen Serversk, zu dem nicht weniger als vierzehn Städte gehörten. Widerstrebend erkannte Marina den »Pferdedieb« feierlich als ihren Gatten an – mit dem Segen des Patriarchen

Filaret Romanow, dem späteren Begründer der gleichnamigen Dynastie! Als sich auch der hohe Klerus auf Dimitris Seite schlug, waren die letzten Zweifel beseitigt: Gott hatte den Zaren aus Schuiskis Fängen gerettet. Das Volk jubelte, ein Wunder war geschehen …

Mit Marinas Hilfe wurde so der »Gauner von Tuschino« zum neuen »legitimen Zaren«. Er regierte über den südlichen Teil des Landes, der seine Herrschaft anerkannte. In Tuschino richtete er einen Zarenhof und eine Versammlung ein, erhob Steuern und sprach Recht, als gebe es in Moskau keinen anderen Zaren. Eine russisch-schwedische Koalition vertrieb ihn schließlich und tötete ihn 1610. Marina wurde von ihrem Vater und vom König von Polen im Stich gelassen. Von den Russen gnadenlos gejagt, fand sie Zuflucht bei einem ukrainischen Kosakenführer. Sie verbrachte den Rest ihres Lebens auf der Flucht, fiel den Häschern in die Hände und wurde eingekerkert. Ihr dreijähriges Kind und ihr Geliebter wurden vor ihren Augen getötet. Von der Welt vergessen, starb sie verzweifelt in einem modrigen Verlies.

Aber später tauchte ihr Name erneut auf – bei der Wahl des ersten Zaren der Romanow-Dynastie. Im Februar 1613 verabschiedete der *Sobor* folgendes Gesetz: »Von jetzt an kann kein Ausländer oder Abkömmling einer nicht russischen Mutter zum Zaren gewählt werden …« König Sigismund, sein Sohn Ladislas und »der Sohn des Räubers und der Polin« Marina Mniszech wurden damit ein für allemal von der Liste der russischen Thronanwärter gestrichen. »Wer anderes als Michael Romanow sollte Zar werden?«, rief die Mehrheit. Er war doch über Zarin Anastasia ein Neffe des Zaren Fjodor. Gott sollte Fjodors heiliger Seele Frieden im Paradies geben! War Michael nicht auch der Großneffe des Zaren Iwan, der zu Gott aufgestiegen war, um für seine Sünden um Vergebung zu bitten? Gott hatte den Menschen keinen anderen als Michael Romanow gesandt. Er würde die Schande der unvorsichtigen Zarenwahlen auslöschen …

3

Die Zeit der Romanows

Es war Freitag, der 19. Februar 1613 in der Fastenzeit. Die goldenen Kuppeln mit den griechischen Kreuzen glänzten. Ein Lichtreflex erinnerte an einen aufgehenden Stern. Seit Tagen läuteten die Glocken der Kremlkathedralen und verkündeten die Wahl des jungen Romanow zum Zaren.

Am 11. Juli des gleichen Jahres wohnte eine jubelnde Menge der Krönungszeremonie bei. Eine Nonne in Schwarz mit einem Häubchen, ähnlich dem Diadem von Mithrasfiguren, stieg mit festen Schritten auf das Podium. Lange wallende Spitzenrüschen fielen auf ihren weiten Rock: Die Frau war Michael Romanows Mutter Marfa. Sie kniete nieder und sprach: »Ich segne dich, meinen Sohn. Regiere als ein echter russischer Zar.« Unter Mißachtung der Hofetikette beugte der erste Romanow sich nieder, um seiner Mutter aufzuhelfen. Unter der Last seiner Prunkgewänder ging er allerdings selbst in die Knie. Das Zepter und die »Monomachmütze« polterten zu Boden. Sofort bildeten die Bojaren um den Zaren einen Kreis: »So erhebe dich«, flüsterte ihm Fürst Mstislawski zu. »Du bist der Zar, und Marfa ist deine Sklavin!« Der Menge blieb dieses empörte Murmeln verborgen. Trotzdem waren Beobachter sich einig: »Diese Zwischenfälle hatten den Bojaren hinlänglich vor Augen geführt, daß der

Zar immer unter dem Einfluß seiner Mutter stehen würde, einer autoritären Intrigantin …«

Die Bojaren begriffen rasch, daß sie sich mit ihren Anliegen nicht an den Zaren, sondern an seine Mutter wenden mußten. Und das Volk nannte sie bald »die wirkliche Zarin«.

Auf das Krönungszeremoniell folgte das Festbankett. Ein ganzer Hirsch, noch mit dem Geweih und mit Wildbeeren und Saucen garniert, thronte auf der kaiserlichen Tafel. In den folgenden Jahrhunderten haben immer wieder Köche zu rekonstruieren versucht, welche Gerichte bei den Zaren gereicht wurden. Ähnlich modernen Malereien, kontrastierte das Gelb von Zitronen mit dem Schwarz des gepreßten Kaviars aus Astrachan, dem Blau und Rot von Beeren und dem unnachahmlichen Rosa von Lachs in milchiger Marinade.

Neben goldenem Eßgeschirr schmückten ziselierte Silberkelche die Tafel. Eingravierte biblische Szenen, das Werk kaukasischer Kunsthandwerker, gemahnten die Bojaren an das unausweichliche Jüngste Gericht. Dessen ungeachtet feierten sie ausschweifende Gelage.

Das Trinken war – so Großfürst Wladimir von Kiew – doch »die Freude der Russen«. Alkohol war ein unverzichtbarer Bestandteil der Gastfreundschaft, und ebenso der Rausch. So stürzten die Gäste einen Kelch nach dem anderen hinunter und drehten ihn über ihren Köpfen um, damit jeder sah, daß er wirklich leer war. Wankten die Gäste nicht sturzbetrunken nach Hause, galt das Fest als gescheitert! Aber Zar Michael war kränklich und solchen Exzessen nicht gewachsen. Außerdem waren seine Beine teilweise gelähmt, so daß er zu dieser Art Fest immer seltener erschien.

Nach dem Friedensschluß zwischen Rußland und

Polen 1618 kehrten alle russischen Kriegsgefangenen nach Hause zurück – auch der Vater des Zaren, der Patriarch Filaret Romanow. Mit Unterstützung seiner Gemahlin, der Nonne Marfa, ließ er sich bald zum »Zaren Nr. 2« und Patriarchen aller Russen proklamieren.

Von da an sah man seltsame Prozessionen über den Roten Platz ziehen: An der Spitze schritt mit dem kaiserlichen Zepter und im Priestergewand Filaret, gefolgt von Michael mit Krone, Mütze und Kragen, den Insignien der höchsten Macht. Als eines Tages ein heftiger Wind Michael die Mütze und den Kragen fortriß, lief Filaret hinterher, nahm beides gierig an sich, reichte seinem Sohn die kaiserliche Mütze und legte selbst den Kragen an! Ohne eine Miene zu verziehen, setzte Michael auf unsicheren Beinen den Marsch hinter seinem Vater fort.

Der Zar war vor allem leidenschaftlicher Uhrensammler. Während Filaret die Bojaren-Versammlungen leitete, empfing Michael auf Rat seiner Mutter ausländische Kaufleute, Diplomaten, Mechaniker und Ingenieure und zeigte ihnen stolz sein »Uhrenmuseum«.

Im Jahr 1630 starb Filaret und wurde im Kreml mit allen Ehren eines Zaren beigesetzt. Und Marfa hielt die Totenwache …

Über den Zaren brach ein schreckliches Unglück herein: Seine beiden ältesten Söhne kamen unter mysteriösen Umständen ums Leben. Von da an lehnte er es ab, sich um Staatsgeschäfte zu kümmern. Zusehends gebrechlicher, durchquerte er die Höfe des Kreml nur noch im Rollstuhl – stets umlagert von Bettlern und Schwachsinnigen. Eine Untersuchung zum Tod seiner Söhne lehnte er ab: »Das Leben und der Tod der Menschen liegen in Gottes Händen«, sagte er nur. Auch sein Familienleben wurde von seiner Mutter, der »Zarin«, bestimmt. 1616 hatte er Maria Chlopowa, die Tochter eines unvermögenden Adligen, geheiratet. Marfa setzte alle Mittel ein, um die beiden auseinanderzubringen. 1624 heiratete er Maria Dolgorukaja. Sie starb vier Monate später durch Gift. 1626 fand Michael schließlich eine von allen akzeptierte Frau: Jewdokia Streschnewa, die Tochter eines kleinen Adligen. Das Paar bekam zehn Kinder, von denen nur Alexei, Irina, Anna und Tatjana überlebten.

Michael bot dem Kronprinzen von Dänemark die Hand seiner Tochter Irina an, aber die Verbindung sollte an der religiösen Frage scheitern. Prinz Waldemar, der Sohn König Christians IV., traf 1643 mit einem dreihundertköpfigen Gefolge in Moskau ein. Nach langen Verhandlungen stand Irinas Mitgift fest: die Fürstentümer Susdal und Jaroslawl. Aus Furcht vor Hexerei erhielt der Prinz nicht einmal ein Porträt seiner Braut. Außerdem würde er sie nach moskowitischem Brauch im Brautgemach erstmals zu sehen bekommen. Wenigstens sollte Waldemar seinen protestantischen Glauben behalten dürfen.

In Moskau verlangten die Russen dann doch von ihm, sich zum orthodoxen Glauben zu bekehren. Als der Prinz sich weigerte und sofort nach Hause zurückkehren wollte, hielten die Russen ihn fest. Auf der Flucht wurde er gefaßt und zwei Jahre lang – bis zu Michaels Tod – als Geisel festgehalten. Die Zarenfamilie war von der gescheiterten Hochzeit zutiefst gezeichnet. An seinem vierzigsten Geburtstag, am 12. Juni 1645, blickte Michael mit Tränen seine Tochter Irina an und segnete sie. Dann sackte sein Kopf auf die Sessellehne. Mit seinem Tod endete die Herrschaft des ersten Zaren der Romanow.

4

Die Mutter Peters des Großen

Alexei, Michaels dritter Sohn, folgte ihm mit sechzehn Jahren auf den Thron. Von Natur aus duldsam, sollte er als Alexei »der sehr Sanftmütige« in die russische Geschichte eingehen. Dieses nachdenkliche Gemüt war leicht beeinflußbar. Sein Erzieher, der Bojar Morosow, war ein hervorragender Staatsmann, aber auch intrigant und skrupellos: Nach dem Vorbild des Patriarchen Filaret spekulierte er auf eine Rolle als Mitzar. Das beste Mittel, dieses Ziel zu erreichen, sah er in einer geeigneten Heirat Alexeis. Von den zweihundert eingeladenen, heiratsfähigen Mädchen kamen sechs in die engere Auswahl. Der einflußreiche Morosow riet dem jungen Zaren zu einer Heirat mit Maria, der Tochter seines Freundes und Mitverschworenen Miloslawski. Er selbst heiratete die jüngere Schwester der künftigen Zarin.

Alexei entwickelte zu dieser Frau, die ihm dreizehn Kinder gebären sollte, eine innige Liebe. Die Ehe des sechzigjährigen Morosow mit der blutjungen Schwester Marias verlief dagegen weniger glücklich.

Wie immer ruinierten Gerüchte den Ruf der neuen Zarin. Angeblich ziehe sie »einen Besen aus dem Ärmel und reite auf die Hügel der Vororte, um mit dem Teufel Sabbat zu feiern«. Ein Mönch verkündete: »Beelzebub selbst war aus der Hölle emporgefahren, um bei seinen Freunden in den Kreml einzuziehen.« Die Bojaren behaupteten, die Zarin und ihre Schwester badeten nur deshalb ohne die Hilfe von Dienerinnen, weil »die Zehen ihres linken Beines das Zeichen des Satans tragen und gespalten« seien.

Ende Juni 1648 drangen über hunderttausend aufgebrachte Untertanen in den Kreml ein und verlangten, das linke Bein der Zarin zu sehen. Bestürzt gab Alexei Forderungen aus der Menge nach, ihnen einige Vertraute von Morosow auszuliefern. Die Zarin entkam in letzter Sekunde durch unterirdische Gänge aus dem Palast. Alexei verkündete mit Tränen in den Augen der Menge:

»Meine Dynastie regiert, weil sie vom Volk gewählt worden ist. Ich gebe euch feierlich für mich und meine Nachkommen das Versprechen, daß der Kreml immer der Ort sein wird, aus dem die ›Feinde des Volkes‹ verjagt werden.«

In Rußland sind die Rufe der Menge stets wechselhaft... Der kaum neunzehnjährige Zar wirkte so unglücklich, daß der Pöbel gerührt rief: »Lang lebe unser geliebter Zar!« Wer weiterhin Drohungen ausstieß, wurde gefesselt und der Polizei übergeben.

Nach der Meuterei bat die Zarin inständig – wie später die Gemahlin von Nikolaus II. –, ihre Gatte solle doch für Ruhe und Ordnung sorgen. Alexei berief sofort die Bojaren zur Sondersitzung ein und arbeitete ein neues Gesetzbuch aus. Vorgesehen waren einschneidende Reformen, die sich an asiatischen Gesetzen orientierten, wie z. B. folgende Artikel zeigen:

1. Falschmünzern wird geschmolzenes Metall eingeflößt.
2. Eine Gattenmörderin wird bis zum Hals eingegraben, bis sie stirbt (Ein Mann, der seine Frau tötet, zahlt dagegen nur eine Strafe ...!)

In dieser Haltung drückte sich der engstirnige Charakter des moskowitischen Staates aus, in dem Angst und Mißtrauen, Arroganz und Fremdenfeindlichkeit herrschten. Der privilegierte Zeitzeuge Kotschchin erwähnt die Unsitte, Ausländern eine andere Braut unterzuschieben als die versprochene: »Nirgendwo auf der Welt wird mehr Schwindel getrieben als im moskowitischen Staat: Die Russen haben die in anderen Ländern übliche Praxis, eine Verlobte selbst zu beurteilen und sich mit ihr zu einigen, nicht übernommen.« Geschenke ausländischer Monarchen an Zarengattinen oder -töchter wurden von deren Gesandten nicht persönlich übergeben. Als Grund nennt Sabelin, ein weiterer Geschichtsschreiber, das schöne Geschlecht sei »im moskowitischen Staat im Lesen und Schreiben nicht kundig. Die Frauen sind von Natur aus einfältig und verschämt. Sie leben vom zartesten Kindesalter an bis zu ihrer Verheiratung beim Vater, in verborgenen Gemächern, wo sie vor zudringlichen Blicken geschützt sind. Außer den nächsten Verwandten bekommt sie dort niemand zu sehen, vor allem kein Ausländer.« Unter diesen Verhältnissen entwickelten die Frauen naheliegenderweise nur selten ein eigenständiges Denken oder einen eigenen Willen.

Als das Gesetzbuch erstellt war, verließ der Zar überstürzt die Bojaren. Er eilte durch die Flure des Kreml in seine Gemächer zurück und floh in seine Privatkapelle. Hier, neben seinem Schlafzimmer und zwischen den schützenden Ikonen im Kerzenlicht, fiel er auf die Knie und betete.

Alexei schloß sich immer öfter in seinen Betraum ein. Seine Gesundheit verschlechterte sich rapide. Die Zarin litt unter depressiven Krisen. Ihr ältester Sohn, der Zarewitsch Fjodor, irrte durch die Höfe des

Kremls, wo er mit seinen einzigen »Freunden«, den Katzen, Gespräche führte. Ihr zweiter Sohn, der schwachsinnige Iwan, verbrachte die meiste Zeit im Lehnstuhl. Oft machte er eine ruckartige Handbewegung, wie um eine Fliege zu fangen. Nur ihre Tochter Sophia war so robust wie die Mutter. Allerdings stillte sie ihren Liebeshunger in den Armen der Gardeoffiziere ihres Vaters! So führte die Zarenfamilie im Kreml eine irreale Existenz, ohne Kontakt zum Volk und dessen Sorgen.

Um diese Zeit tauchte Nikon auf, ein Bauernsohn, dann Mönch, verheirateter Pope und schließlich wieder Mönch. Bei einer Audienz beeindruckte er Zar Alexei so sehr, daß dieser ihn im Kreml behielt. 1652 machte er ihn zum Metropoliten von Nowgorod und dann zum Patriarchen aller Russen. Für viele ist Nikon die erstaunlichste Figur im Rußland des 17. Jahrhunderts. Rasch geriet der sanftmütige und unsichere Kaiser in dessen Schatten und unternahm nichts mehr ohne seine Zustimmung. Nikon strotzte vor Vitalität. Er war zwei Meter groß und hatte eine donnernde Stimme. Der Zar war überzeugt, daß er den Krieg gegen Polen nur deshalb gewonnen habe, weil Nikon für ihn gebetet hatte, und erfüllte ihm jeden Wunsch. So billigte er die Einberufung eines Konzils »zur Berichtigung liturgischer Irrtümer«. Für Nikon waren die Streitigkeiten mit der griechisch-orthodoxen Kirche durch Entstellungen der russischen heiligen Texte entstanden. Eine Korrektur war somit das wichtigste Mittel, um den Konflikt beizulegen. Alexei sah sich nicht nur als Zar von ganz Rußland, sondern auch als Herrscher über den gesamten orthodoxen Osten. Nikons Gegner anerkannten zwar den universellen Herrschaftsanspruch des russischen Zaren, sahen aber keine Notwendigkeit, die echte Orthodoxie bei den Griechen zu suchen. Nikons Vorstoß löste deshalb einen fanatischen und blutigen Streit aus.

Um diese Zeit dürfte es Alexei bereut haben, daß er den Patriarchen mit soviel Macht ausgestattet hatte: Nikon verkündete den Vorrang der spirituellen vor der weltlichen Autorität. Der Zar sah seine Macht bedroht. Wieder schloß er sich mit der Zarin tagelang in seinem Palast ein und suchte in den heiligen Büchern nach Rat. Die Angelegenheit um die Korrektur der Schriften ging über seinen Verstand.

Nach langen Beratungen mit seinem Schwiegervater beschloß er erschöpft die Einrichtung eines neuen Ministeriums, des *Tajny Prikas* (Geheimes Amt). Als die Bojaren von der Entscheidung erfuhren, machte sich im Kreml Panik breit. Schon sah man die Zeiten Iwans des Schrecklichen zurückkehren. Der Zar äußerte sich dazu nicht, aber auf seinem Gesicht lag ein kaum wahrnehmbarer, seltsam spöttischer Ausdruck. Eines Tages teilte er vor einer großen Menge einem Bojaren mit: »Du wirst das neue Ministerium leiteten.« Der Bojar Stukow wurde von den anderen von jetzt an hofiert. Jeder wollte sich bei ihm beliebt machen. Manche sollen ihm während des Gottesdienstes Goldstücke in die Tasche gesteckt haben! Der ganze Kreml atmete auf, als Alexei auf einer Versammlung Stukow laut zurief: »Vergiß nicht, Sperber von Wologda zu kaufen. Das sind in unserem Land die besten. Sie lassen sich am leichtesten abrichten!«

Eine Sensation! Das Aufgabengebiet des berüchtigten Ministers, vor dem viele gezittert hatten, war die Jagd. Der Zar hatte den Bojaren einen Streich gespielt! Alexei besaß Tausende abgerichteter Vögel, dreitausend Falken und Sperber und über zehntausend Taubennester. Er schrieb über die Falknerei sogar ein Werk. Zur Vergrößerung seines *Gerichtshofs,* wie er seine Vögel nannte, hatte er ein Ministerium gegründet, dessen Name seltsam an die Geheimpolizei Iwans des Schrecklichen erinnerte: eine harmlose Szene in der vielaktigen Tragikomödie, die im Kreml seit über einem Jahrhundert gespielt wurde. Und sie erinnert in gewisser Weise an die späteren großen Jagdveranstaltungen Leonid Breschnews.

Die erste Jagd des neuen Ministeriums war erfolgreich: Die Falken und Sperber brachten über fünfhundert Stück Wild zur Strecke. Bestürzt erfuhr Alexei nach der Rückkehr, daß seine Frau gestorben war.

Alle Bojaren bereiteten ihre Töchter auf die große Brautschau vor und hofften, der Zar werde sie erwählen. Die Wahl fiel auf Natalja Naryschkina. Nikon war allerdings gegen Alexeis Entscheidung. Natalja war die unvermögende Tochter eines Beamten des Außenministeriums und zudem eine aus Schottland stammende Russin. Der Zar dürfe keine halbe Ausländerin heiraten. Dann lenkte Nikon doch ein – nach einem Versprechen des Bräutigams, die neue Zarin werde »im wahren Glauben der orthodoxen Kirche« auf die Hochzeit vorbereitet und nehme keinen anderen als ihn, den Patriarchen aller Russen, zum Beichtvater.

Ein frischer und fröhlicher Wind wehte durch den Kreml. Natalja war keine Schönheit, aber ein heiteres und lebhaftes Gemüt voller Charme. Sie sang russische und schottische Volkslieder und begleitete sich dazu auf der Zither. Zur Begeisterung Alexeis tanzte sie bemerkenswert gut. Und sie weihte ihn in die westlichen Vergnügungen ein. Im Kreml wurde das erste Theater eröffnet. An langen Winterabenden wurden Schautänze und Konzerte aufgeführt. 1672 holte der Zar sogar eine deutsche Truppe nach Moskau. Alexei wagte sich zwar nicht an umfassende Veränderungen des streng reglementierten Palastlebens, schickte aber zur Vorbereitung einiger Reformen seinen Gesandten Potemkin nach Westeuropa, wo er sich ein Bild von den Sitten und Gebräuchen machen sollte. Der Diplomat wußte zu berichten, daß die französischen Sitten eher unchristlich und die Spanier »verkleidete Zigeuner« seien!

Der Patriarch Nikon interessierte sich dagegen nicht für den westlichen Lebensstil und hielt an seinen Überzeugungen fest. Einmal zerriß er mitten im Gottesdienst ein altes liturgisches Buch und schleuderte es zu Boden. »Dieses Buch ist Teufelswerk!«, rief er wütend.

Erst in Gegenwart der jungen Zarin kam er wieder zur Ruhe. Natalja suchte ihren Beichtvater oft auf und sprach mit ihm über Glaubensfragen. Der Zar sah es gerne, daß seine Frau bei diesem »heiligen Mann« ihre sündige Seele zu retten versuchte, aber der Hofstaat verstand die häufigen Treffen anders. Nikons Gegner scheuten sich nicht, sein allzu heißblütiges Temperament hervorzuheben. Zwischen ihm und dem Zaren entstanden heftige Spannungen. Nikon war zu mächtig geworden. Alexeis Verhältnis zu dem Freund änderte sich. Im Juli 1658 verzichtete Nikon schließlich auf das Patriarchat.

1672 brachte die Zarin ein Kind zur Welt. Der kleine Peter sollte vor Lebenskraft strotzen und später auf eine Größe von zwei Metern heranwachsen.

Der Streit mit Nikon nahm den Zaren sehr mit. Er verließ kaum mehr seinen Palast und starb 1676. Er war ein friedfertiger Zar gewesen. Dennoch hatte er Rußland mit seinen Siegen, vor allem in Polen, eine Großmachtstellung verschafft.

Der Verstorbene hatte zahlreiche Erben: zwei Söhne und sechs Töchter aus erster und einen Sohn und zwei Töchter aus zweiter Ehe – eine komplizierte

Situation. Durch die beiden Zarinnen war die Dynastie in zwei Zweige gespalten: in die Miloslawskis und die Naryschkins. Die Mädchen aus erster Ehe strotzten vor Gesundheit, aber die Jungen Fjodor und Iwan waren eher kränklich. Natalja Naryschkinas Sohn war dagegen robust und intelligent. Trotzdem beschloß der mächtige Clan Miloslawski, Fjodor auf den Thron zu setzen. Hinter diesem Projekt steckte die willensstärkste und ehrgeizigste von Fjodors Schwestern, Sophia, die um ein Jahr ältere Stieftochter Natalja Naryschkinas.

Der junge Fjodor erhielt durch seinen Hauslehrer eine ausgezeichnete Erziehung. Dieser Simeon weckte sein naturwissenschaftliches Interesse, brachte ihm mathematische Kenntnisse bei und lehrte ihn mehrere Sprachen, darunter Latein. Aber Fjodor war unheilbar krank, schwach und fast vollständig gelähmt.

5

Sophia übernimmt die Macht

Geschmolzene Schneeflocken liefen die Scheiben der Kremlkathedralen hinab. Pferde stapften durch den Schlamm des Roten Platzes. Tausende von Mönchen waren aus allen Teilen des Landes herbeigeströmt, um an den Krönungsfeierlichkeiten für Alexeis ältesten Sohn teilzunehmen. Der schmächtige Vierzehnjährige brach unter der Last der kaiserlichen Insignien fast zusammen. Während Fjodor seinen königlichen Kragen zurechtrückte, hielt ihm Fürst Golizyn die Krone hin. Dabei kam Golizyn auf den albernen Gedanken, sich die Krone selbst aufs Haupt zu setzen. Ein alter Bojar baute sich vor ihm auf und sagte: »Ist dir nicht klar, daß diese Tat eine Majestätsbeleidigung ist, für die du den Kopf verlieren kannst?«

Golizyn blickte nur zur schmunzelnden Zarewna Sophia hinüber. Aber auch andere Beobachter amüsierten sich über die Szene, denn sie kannten das Verhältnis beider und wußten, daß Golizyn die Nächte in Sophias *Terem* verbrachte und erst früh morgens wieder ging.

Im Jahr 1680 wurde – zur Sicherung der Erbfolge – beschlossen, Fjodor III. zu verheiraten. Der arme Junge war darauf nicht vorbereitet. Als man ihm sagte, er solle in die Bäder gehen und eine Braut auswählen, brach er in Tränen aus. Die Eltern der Kandidatinnen schleppten ihn mit ermunternden Bemerkungen in den *Terem*. Als der Zar seinen offiziellen Beobachtungsposten eingenommen hatte, kniff er die Augen zu, murmelte ein Gebet und bekreuzigte sich hektisch. Die Bojaren ließen trotzdem die Mädchen vorüberdefilieren und drängten ihn zu einer Entscheidung. Angewidert deutete der Zar auf irgendein Mädchen, auf eine Polin namens Agafia Gruszezka.

Die neue Zarin war sechs Jahre älter als er und ein eigenwilliger und autoritärer Charakter. Sie starb ein Jahr später bei der Geburt ihres Sohnes. Auch das Kind überlebte nicht. Um ihre Autorität zu festigen, so eine Legende, soll Sophia den Patriarchen unter strengster Geheimhaltung um einen »Inzestdispens« gebeten haben: Sie wollte ihren Bruder, den Zaren, heiraten! Eine Indiskretion im Sekretariat des Patriarchen brachte die Sache ans Tageslicht. Um nicht überall ins Gerede zu kommen, gab Sophia den Plan auf und wählte für ihren Bruder eine neue Braut aus: Marfa Apraxina, die Tochter eines kleinen Adligen aus Rjasan. Fjodor stimmte der neuen Braut gleichgültig zu.

In seiner kurzen Herrschaftszeit versuchte Fjodor III., den Expatriarchen Nikon zu rehabilitieren. Kurz vor seinem Tod schickte er ihm eine Mitteilung in das Kloster am Weißen Meer mit der Bitte, für ihn und die Seele seines Vaters Alexei zu beten. Dabei setzte er ihn wieder in sein Amt als Patriarch ein. Nikon ließ ihn wissen: »Ich verzeihe dir, Fjodor. Was Deinen Vater betrifft, so wird über ihn allein das Jüngste Gericht urteilen. Er und ich begegnen uns vor Gott wieder, und dann werden wir sehen!«

Sie begegneten sich zumindest in den Geschichtsbüchern wieder, wo sie Diskussionsstoff um die Vaterschaft Peters des Großen lieferten.

Einstweilen sorgte Nikons Rehabilitierung im Land für gewaltigen Aufruhr. Als seine Gegner im Norden von seiner Rückkehr erfuhren, stürzten sie sich mit ihren Familien bei lebendigem Leib in die Flammen, um ihre Treue zu den alten Riten zu bekunden. Ihr geistiges Oberhaupt, der Protopope Petrowitsch Awwakum, machte den Anfang und bestieg mit Frau und Kindern freiwillig den Scheiterhaufen. Tausende Gläubige folgten ihm. Sogar über der Hauptstadt waberte ein Geruch nach verbranntem Fleisch.

Mit Nikons Tod verebbte die Selbstmordwelle. Auf dem Weg nach Moskau hatte ihn ein Krankheitsanfall niedergestreckt. Niemand weiß, was für ein Leiden es war. Überliefert ist allerdings, daß der Metropolit die Sterbesakramente ablehnte. Am 27. April 1682 starb schließlich auch Fjodor, den heftige Koliken gequält hatten: Er soll sich an seiner Lieblingsspeise, Brombeertorte, zu Tode gegessen haben ...

In diesem Frühjahr wurde das politische Klima in Rußland sehr viel rauher als das Wetter! Fjodors Nachfolge war eine komplizierte Sache.

Im Kreml standen sich seit langem zwei verfeindete Clans gegenüber: die Adligen um Sophia und die Naryschkins, die sich um die Zarin Natalja und ihren Sohn Peter scharten. Fjodors jüngerer Bruder Iwan war schwachsinnig, so daß die Wahl Peters zum Nachfolger nur natürlich erschien. Aber die Zarewna Sophia hatte andere Pläne. Sie hatte alle adligen Feinde der Naryschkins hinter sich und dazu die Strelitzenregimenter. Diese Infanteristen mit Arkebüsen sollten bei der Eroberung der Macht die entscheidende Rolle spielen. Sophia übernahm die Führung eines Staatsstreichs mit dem Ziel, Iwan auf den Thron zu setzen und sich selbst zur Regentin zu machen.

Die Glocken der vierundzwanzig Moskauer Kirchen

läuteten lange. Ihre dumpfen Klänge erfüllten die Kathedrale, in der die Beisetzung des jungen Zaren liturgisch begangen wurde. Unter Mißachtung des Protokolls war Sophia schluchzend und sich die Haare raufend Fjodors Sarg gefolgt. Mit ihren sechsundzwanzig Jahren wirkte sie doppelt so alt. Der französische Konsul La Neuville zeichnete von ihr ein wenig schmeichelhaftes Porträt: »Monströs fettleibig, hatte sie einen Kopf, so groß wie ein Scheffel, einen Damenbart und Geschwüre an den Beinen.«

Am Ende der Trauerliturgie redete die Zarewna zum Volk: »Unser Bruder, Zar Fjodor, wurde von unseren Feinden vergiftet. Unser Bruder Iwan wurde nicht zum Regenten gewählt. Wir sind nur noch arme Waisen. Laßt uns am Leben und gebt uns freies Geleit, damit wir auf ausländischen Boden zu christlichen Königen ziehen können!«

Am 15. Mai 1682 drängte sich eine Menge auf dem Roten Platz. Entsetzt beobachteten die Menschen, wie Adlige in den Palast stürmten, in dem die Anhänger Peters und seiner Mutter versammelt waren.

»Hier ist die Liste der Schurken, die wir vernichten werden«, schrien die Adligen. »Dir, Zarin Natalja, und deinem Sohn soll nichts geschehen. Aber wir müssen die Verräter an unserer christlich-orthodoxen Religion ausfindig machen. Sonst bleibt von diesem Palast kein Stein auf dem anderen, und euch hängen wir auf wie Hunde!« Ein Trupp Strelitzen postierte sich auf der Freitreppe. Die Liste der Verurteilten wurde verlesen: fünfundzwanzig wurden auf der Stelle gefaßt, aufgespießt oder niedergesäbelt. Natalja und Peter waren Zeugen des schrecklichen Schauspiels. Ein Mann bohrte seine Lanze in einen vorüberrollenden Kopf: »Schau dir diesen Kopf an«, schrie er dem Zehnjährigen zu. Peter hielt sich die Augen zu. »Das ist der Kopf deines Onkels, des Schurken Naryschkin!« Der Offizier zerrte das Kind am Ohr unter Nataljas Geschrei zu den verstümmelten Leichen und stieß es auf den enthaupteten Naryschkin. Peter stand wieder auf und lief in die Arme seiner Mutter. Er zitterte am ganzen Leib. Diesen Alptraum sollte er nie wieder loswerden. Er behielt für sein ganzes Leben nervöse Zuckungen zurück.

Die Strelitzen schlachteten weitere fünfzig Menschen ab. Sie plünderten den Keller des Zaren und schlürften seinen Wein, auch den griechischen »Samos«, der für die Eucharistie des Herrschers und auserwählter Bojaren bestimmt war.

Sophia, Fürst Golizyn und einige Männer seines Gefolges hatten den Kreml in diesen blutigen Maitagen verlassen. Die Zarewna entlohnte die Strelitzen mit je zehn Rubeln. Die Güter der in Ungnade gefallenen Bojaren wurden beschlagnahmt und verkauft, die Entscheidung der Bojaren-Duma, Peter auf den Thron zu setzen, revidiert: In Rußland sollte es zwei Zaren geben. Iwan wurde zum »ersten Zaren« und Peter zum »zweiten Zaren« proklamiert. Die Regentschaft übernahm Sophia.

Die Zarewna ernannte ihren Geliebten, Golizyn, zum Kanzler und Oberbefehlshaber der Truppen. Rasch erkannte dieser feinsinnige und kultivierte Mann die militärische Schwäche der Adligen und reorganisierte deren Armee vollständig. Erstmals setzte er auf dem Roten Platz die ausländischen Diplomaten und das Volk mit einer Parade in Staunen. In Anerkennung der Tapferkeit der Saporoger Kosaken wandelte er deren Lehen in Militärbezirke um.

Von jetzt an waren Sophia und ihr Geliebter die eigentlichen Herrscher im Kreml. Vor Sophia hatten nur zwei Frauen den russischen Staat regiert: Fürstin

Olga in Kiew und Jelena Glinskaja, die Regentin während der Kindheit ihres Sohnes, des späteren Iwans des Schrecklichen. Zum ersten Mal lag die oberste Macht in den Händen einer unverheirateten Zarewna.

Die polenfreundliche und westlich orientierte Sophia strebte vor allem eine Aussöhnung zwischen Moskau und Warschau an, um dann – zum gemeinsamen Kampf gegen die Türken – in die heilige Liga aus Polen, Österreich, Ungarn und Venedig einzutreten.

Sophias Stiefmutter, Zarin Natalja, wurde mit ihrer Familie aus dem Palast verbannt und mußte im »Sommerpalast« in Preobraschenskoje bei Moskau residieren.

Offiziell waren Iwan und Peter beide Zaren. Zur Wahrung des Scheins gab Sophia einen zweiten Thron in Auftrag. Die kaiserlichen Insignien wurden von den Zaren abwechselnd getragen. Peter erhielt eine neugefertigte »zweite Monomachmütze«. Der künstlerische Wert dieser Kopie reichte an das Original bei weitem nicht heran.

Die Bojaren hatten Zweifel, daß die kleinen Herrscher ihre Rolle richtig erfüllten, und richteten hinter der Lehne ihrer massiv silbernen Throne ein kleines Versteck für die Hauslehrer ein. Allerdings war dies meistens mit der Regentin besetzt.

Von Zeit zu Zeit suchten die Bojaren Peter im Sommerpalast auf und stellten ihn dem diplomatischen Corps vor. Bei diesen Audienzen soufflierte Sophia aus einer verborgenen Öffnung unter dem Teppich. Die Diplomaten staunten oft nicht schlecht über die klugen Antworten des Kindes auf ihre verfänglichen Fragen.

Ein polnischer Gesandter beschrieb diese Zeremonien so: »Zar Peter, zehnjährig, sehr groß für sein Alter, blickte uns mit seinen traurigen und neugierigen Augen an und bewegte nervös den Kopf. Es heißt, dieser Tick gehe auf den Tag des Staatsstreichs seiner Halbschwester Sophia zurück, als die Strelitzen ihn zu ermorden drohten. Zar Peter wollte den Orden des Löwen und der Sonne anfassen, den der Schah von Persien dem Minister von Kurland verliehen hatte. Aber der Chef von Sophias Geheimpolizei hinderte ihn barsch daran. Er packte ihn am Arm und zwickte ihn wohl auch, denn der junge Zar lief vor Wut und Schmerz rot an.

Dagegen war Iwan ein seltsamer Zar. Er blickte stets reglos an die Decke, machte nur eine brüske Handbewegung, um eine Fliege zu erwischen oder um seine Krone aufzufangen, die ihm vom Kopf rutschte. Dann sprang Peter von seinem Thron und setzte sie ihm wieder auf…«

Nach dem Tod von Zar Alexei hatte Fjodor, sein Nachfolger, dafür gesorgt, daß sein Halbbruder Peter einen hervorragenden Hauslehrer bekam: »Einen gottesfürchtigen Mann, sehr gebildet und vor allem kein Säufer!« Die Bojaren suchten lange nach so einem seltenen Vogel und fanden ihn schließlich im Ministerium für direkte Steuern, das im wesentlichen mit der Alkoholsteuer befaßt war. Nikita Sotow war ein für seine Zeit gebildeter Mann, aber mit der Zeit durch den ständigen Kontakt mit Wodkakäufern zum Gewohnheitstrinker geworden. In den wenigen Augenblicken, in denen er nüchtern war, lehrte er Peter das russische Alphabet und führte ihn in das Evangelium, das Alte Testament, die liturgischen Gesänge und in die Grundlagen der Arithmetik und der Geschichte ein.

Sein Unterricht war so monoton, daß sein Schüler auf seinen Knien oft einschlief! So kam es, daß der spätere Peter der Große, der Begründer der Großmachtstellung Rußlands, seine Muttersprache nicht fehlerfrei schreiben konnte. Ein dreibuchstabiges Wort aus seiner Feder soll vier Fehler enthalten haben! Von Sotows Unterricht hat er angeblich nur ein paar Lieder zurückbehalten: Mit seiner schönen Baßstimme sang er später übrigens immer wieder gerne in den Chören der Kathedralen mit.

Von seiner Mutter zärtlich verhätschelt, wuchs er als deren einziger Sohn rasch – vielleicht zu rasch – zu einem frühreifen Knaben heran. Als Zwölfjähriger war er ein hübscher, stattlicher Bursche, der unter Sotows Einfluß bereits dem Alkohol zusprach.

Die verwitwete Zarin erhielt vom Kreml nur wenig Geld und bewohnte deshalb im Sommerpalast nur eine kleine Suite. Aber Nataljas wenige Dienerinnen waren von dem jungen Zaren begeistert. Wenn der Alkohol ihn »sentimental« machte, suchte er nämlich ihre Gesellschaft. Nach alter Vorstellung hatten seine Berührungen heilsame Kräfte, und von ihnen machte Peter – meist mit schallendem Gelächter in den Büschen und auf Wiesen – denn auch ausgiebigen Gebrauch. Als er dreizehn Jahre alt war, begannen sich die Mädchen allerdings über ihn zu beklagen. Dies zeigt folgender Brief: »... Ich betrat die Wiese in den besten Kleidern und kehrte nackt wie ein Wurm zurück: Der Zar zerriß mir die Korsage, den Rock und die Bänder. Als ich mich gegen seine Zudringlichkeiten zu wehren versuchte, um keine Todsünde zu begehen, brach er mir mindestens eine Rippe ...«

Um das auflodernde Feuer zu dämpfen, beschloß Natalja, Peter schon mit sechzehn Jahren zu verheiraten. Für die Naryschkins kam eine Verbindung mit einem einflußreichen Haus, das ihnen womöglich Konkurrenz machen würde, nicht in Frage. Die Zarin entschied sich für Jewdokia Lopuchina, eine Tochter aus niederem Adel. Jewdokias große grüne Augen, ihre eindrucksvolle Brust und ihr hübsches Gesicht ließen den Bräutigam allerdings vollkommen gleichgültig.

Peter setzte nach der Heirat sein zügelloses Leben fort. Eine Ehrendame Jewdokias berichtete, einmal sei der Zar sturzbetrunken bei seiner Frau aufgetaucht, habe sie an den Füßen aus dem Bett gezogen und gezwungen, sich anzukleiden. Anschließend habe er ihr die Kleider wieder vom Leib gerissen, sie vor den Augen von drei Dienerinnen auf ein Sofa geworfen und vergewaltigt. Dann sei er auf einem Tisch eingeschlafen …

Schon jahrelang hatte sich Peter auf Jahrmärkten und an Vergnügungsstätten herumgetrieben. Neben jungen Mädchen suchte er dort auch nach jungen Männern, die er für seine Leibgarde rekrutierte, ein »Spielregiment«, scheinbar gebildet aus Spielkumpanen. Da ihm das notwendige Geld fehlte, bestach er die Wächter des Arsenals im Kreml und beschaffte für seine Garde so die notwendige Ausrüstung.

Seit seiner Kindheit hatte die Deutsche Vorstadt in Moskau Peters Neugierde geweckt. Dort fielen ihm die adretten Backsteinhäuser und die schattigen Gärten auf. Ab 1690, zwei Jahre nach seiner Heirat, verkehrte er dort häufiger. Er verließ gerne den Palast und genoß das Treiben auf der Straße. Während die Russen ihre Abende durchtranken, bis sie schnarchten, wurde bei den Ausländern über die Welt, über Staatsmänner, Gelehrte und Kriegsherren diskutiert. In diesem weltoffenen Umfeld knüpfte Peter neue Kontakte und gelangte, wie seine Biographen es ausdrückten, »auf halbem Weg nach Europa«.

In der Deutschen Vorstadt lernte er auch den zungenfertigen Genfer Hauptmann Franz Jakowlewitsch Lefort kennen. Lefort war unter Alexei nach Rußland gekommen und hatte in der Armee Karriere gemacht. Als ein Genießer und Schürzenjäger sollte er bis zu seinem Tod einer der engsten Vertrauten Peters des Großen bleiben. Der schöne Lefort war fast so groß wie Peter, hatte aber noch breitere Schultern, eine lange spitze Nase und blitzende Augen. Zum damaligen Zeitpunkt war er vierunddreißig und Peter neunzehn Jahre alt.

Jewdokia bekam ihren Gatten fast niemals zu Gesicht. Ganze Tage und Wochen ließ er sich im Palast nicht blicken und übernachtete bei Freunden in der Deutschen Vorstadt, wo er sechs Geliebte unterhielt. Eine echte Leidenschaft entwickelte er für Anna Mons, die seine offizielle Mätresse wurde. Die Deutsche mit dem flachsblonden Haar war zunächst Leforts Eroberung gewesen, aber als der Zar an ihrem blonden Haar, ihrem forschen Lachen und ihren glänzenden Augen Interesse zeigte, trat er sie ihm einfach ab. Dieses »exzessiv schöne« Mädchen gefiel Peter auch deshalb so gut, weil es beim Trinken und Witzereißen mithalten konnte. Ohne Rücksicht auf das Protokoll zeigte er sich mit Anna vor den Bojaren und ausländischen Diplomaten. Hinter der Zuneigung der jungen Frau zum Zaren steckten sicher auch handfeste Interessen. Aber so war sie eben. Peter überschüttete sie mit Juwelen. Sie bekam einen Palast und ein Landgut, auf dem bacchantische Feste gefeiert wurden. Diese Bankette begannen gewöhnlich um die Mittagszeit und endeten erst im Morgengrauen. Zwischen den Gängen wurde geraucht, mit Kugeln oder Kegeln gespielt, mit Pfeil und Bogen geschossen oder Musketen abgefeuert. Während der Unterhaltungen schmetterten Trompeten oder donnerten Artilleriesalven. Wenn ein Orchester spielte, schlug Peter persönlich die Trommel. Tänze und Feuerwerke rundeten die Abende ab. Wurde ein Gast von der Müdigkeit übermannt, legte er sich an Ort und Stelle schlafen. Nicht selten schnarchte die halbe Gesellschaft. Zwei bis drei Tage konnten solche Gelage dauern. Die Gäste lagen auf dem Boden, erhoben sich zum Essen oder Trinken und fielen in ihre glückselige Betäubung zurück.

Der Zar, der die russischen Traditionen, Sitten und Gebräuche verabscheute, pflegte mit Ausländern immer mehr Umgang. Durch diese Kontakte erlernte er die Schimpfwörter und Flüche mehrerer Sprachen. So berichtete im Jahr 1717 der französische Außenminister Dubois: »Wenn ich mit dem Zaren Französisch spreche, frage ich mich, wer ihm unsere Sprache beigebracht hat. Er kennt kein normales Wort, gebraucht aber dafür Ausdrücke, bei denen die Dragoner unserer Regimenter erröten würden. In Versailles habe ich ihn einmal so heftig fluchen hören, daß den Stallknechten der Mund offen stehenblieb.«

Während der schottische General Patrick Gordon den Zaren mit treffsicheren Urteilen und guten Ratschlägen versorgte, begegnete Franz Lefort ihm mit Fröhlichkeit, Freundschaft und Verständnis. In seiner Gesellschaft beruhigte der junge Peter sich wieder. Wenn er von einem seiner legendären Tobsuchtsanfälle heimgesucht wurde und alles kurz und kleinschlug, packte Lefort ihn am Arm und hielt ihn fest, bis er sich beruhigt hatte. Wahrscheinlich spürte Peter, daß Leforts Freundschaft aufrichtig war. Er schätzte seine Offenheit, Direktheit und Großherzigkeit. Seinem Kamerad wurde ein fulminanter Aufstieg zuteil. Peter schenkte ihm einen Palast mit Einkünften für den Unterhalt, machte ihn zum General, zum Admiral und dann zum Botschafter.

Fürst Kurakin schilderte das damalige Milieu in der Deutschen Vorstadt so: »... Die meisten dieser Ausländer bei uns waren in ihren Ländern Erzkanaillen. Sie haben es verstanden, sich unter die Gleichgesinnten unserer Bojaren und Adligen zu mischen. Der junge Zar, der ganz unter ihrem Einfluß steht, nimmt an sämtlichen Vergnügungen, sogar an den abscheulichsten, dieser teuflischen Bande teil. Nichts kann diese Leute ohne Treu und Glauben aufhalten ...«

In seinen Memoiren beschreibt Kurakin die Feste der »Bande von Peter und von seiner deutschen Mätresse«. Diese Orgien hießen »Schlachten mit *Iwaschka Chmelnizki«,* ein Name, der zugleich ein Wortspiel beinhaltete: *Chmel* spielt auf Alkohol an, mit dem es zu kämpfen galt. Diese Schlachten endeten nicht selten mit tödlichen Vergiftungen. Um die »Prüfung des moskowitischen Herkules«, wie Franz Lefort sie nannte, zu bestehen, bedurfte es schon einer eisernen Gesundheit. Immerhin galt es, »achtzehn Flaschen Wein und ebenso viele Jungfrauen zu entkorken«.

Eine dieser Eskapaden in der Deutschen Vorstadt fand in der Fastnacht statt. Peter und Anna Mons verkleideten Peters Hauslehrer Sotow als Bacchus und setzten ihn auf den Kutschbock eines Schlittens, den vier mit Bändern geschmückte Schweine zogen!

Mit seiner Hochzeit war Peter volljährig geworden. Dennoch beanspruchte die Regentin die Herrschaft weiterhin für sich. Eine Konfrontation zwischen den Lagern war unvermeidlich.

Im Frühsommer 1689 erhielt Sophia einen weiteren Bericht über das Treiben Peters und seiner »Spielkumpane«. Kein Zweifel war möglich: Der junge Zar wollte sie aus dem Kreml vertreiben. Die Regentin spielte mit dem Gedanken, den Zaren, seine Familie und alle seine Diener durch Strelitzen niedermachen zu lassen. In der Nacht des 7. auf den 8. August erhielt Peter eine Warnung, wonach eine bewaffnete Truppe nach Preobraschenskoje unterwegs sei. Er floh ins ungefähr sechzig Kilometer entfernte Dreifaltigkeitskloster. Ein letztes Mal zeigte er sich feige, wohl eine Nachwirkung seines Kindheitstraumas vom Aufstand der Strelitzen. In späteren Jahren sollte er in der Stunde der Gefahr stets unerschütterliche Tapferkeit beweisen.

Bei den anschließenden Ereignissen wurde sein Schicksal durch seine Freunde aus der Deutschen Vorstadt entschieden. Im Vertrauen auf die eigene Stärke beorderte er alle ausländischen Generäle und Offiziere mit Pferden und Waffen in sein Lager im Dreifaltigkeitskloster. Als erster kam dem Aufruf der tapfere schottische General Patrick Gordon nach. Er sprang auf sein Pferd, und alle ausländischen Regimenter ritten ihm hinterher. Der fünfzigjährige Gordon genoß allgemeinen Respekt.

Peter errang einen sicheren Sieg. Er verlangte die Auslieferung des Anführers der Strelitzen und deren Waffenbrüder und ließ sie nach schrecklichen Folterungen hinrichten. Am 6. September schrieb er seinem Bruder Iwan, Sophia müsse die Herrschaft aus der Hand genommen werden. Ihn wolle er respektieren, bitte ihn aber um Erlaubnis, ihm die Bürde der Macht abnehmen zu dürfen. Iwan widersetzte sich nicht und nahm seine Aufgaben als Zar bis zu seinem Tod 1696 nur noch nominell wahr.

Als nächstes verlangte Peter von Sophia einen Verzicht auf die Regentschaft. Rasch ließen ihre Verbündeten sie im Stich. Nach und nach schlossen sich der Patriarch, die Bojaren, die regulären Truppen und die meisten Strelitzenregimenter Peter an. Am 12. September 1689 wurden unter Peters Herrschaft neue Leiter für die moskowitischen Verwaltungszentren berufen.

6

Die Frauen Peters des Großen

Um seinen Machtantritt zu feiern, veranstaltete der Zar im Kreml ein Fest und lud dazu das Volk ein. Die Regentin Sophia war in dieser Zeit in ein Kloster eingetreten. Als Peter sich nach ihr erkundigte, kam zur Antwort: Seine Halbschwester wolle als Nonne den Namen annehmen, den Seine Majestät vorschlage. Der junge Zar blickte seinen Gesprächspartner kühl an und antwortete trocken:

»Sag ihr, sie soll tanzen lernen und sich Salome nennen, dann bringe ich ihr den Kopf des Führers der Strelitzen.«

Von der Regentin Sophia befreit, regierte nun Zarin Natalja mit Unterstützung des Clans der Naryschkin. Der junge Zar verehrte seine Mutter. In ihrer Gegenwart trank und fluchte er nie und war nicht wiederzuerkennen. Glaubt man dem Historiker Walisewski, bereitete ihm allerdings ihr bewegtes Liebesleben Kopfzerbrechen:

»Während einer Orgie stellte Peter den Bojaren Tichon Streschnew zur Rede. Es hieß, er sei mit Natalja intim gewesen: ›Der da‹, sagte Peter und deutete auf einen Mann aus seinem Gefolge, ›weiß zumindest, daß er der natürliche Sohn des Zaren Alexei, meines angeblichen Vaters, ist. Aber von wem bin ich der Sohn? Vom Patriarchen Nikon? Von einem anderen? Rede! Los, rede ohne Furcht… Rede, oder ich erwürge dich!‹

Peter packte ihn am Hals. Bleich und am ganzen Körper zitternd brachte Tichon heraus:

›Majestät… Ich bitte Euch… Laßt mich gehen. Ich kann meinem Zaren nicht so antworten, wie ich müßte.‹

›Und warum nicht?‹

›Majestät… Wie soll ich sagen… Ich war nicht der einzige im Bett der Zarin Natalja…‹«

Zu dieser Zeit gehörten zu Peters Umgebung bereits zwei Männer, die in seinem Leben eine wichtige Rolle spielen würden: Alexander Menschikow, der spätere »Fürst von Ijora«, und Baron Pjotr Schafirow. Peter hatte beide einige Jahre zuvor kennengelernt: bei einem Gang durch die Stadt, als er auf das Geschrei aus einem Kramladen aufmerksam geworden war. Als er sich einen Weg durch die Menge gebahnt hatte, stieß auf einen kleinen Mann, der einen Halbwüchsigen am Kragen festhielt. Er schüttelte jenen und schimpfte, er sei ein Gauner und habe ihm Stoff für fünf Rubel gestohlen. Der Dieb war ein großer gelockter Bursche mit breiten Schultern. Er sträubte sich und beteuerte seine Unschuld. Er sei ein »ehrbarer Piroggen-Junge«. Schon schloß sich um ihn ein bedrohlicher Ring aus Passanten, als Peter eingriff:

»Was ist hier los?«

»Mein Herr«, schaltete Lefort sich ein, »das ist Alexander Menschikow, der Sohn von Daniel, dem Stallmeister des Bojaren Samsonow. Er ist ein anständiger Junge. Ich kenne ihn. Er steht in meinem Dienst.«

»Laß ihn los«, befahl der Zar dem Krämer. »Was soll er getan haben, und wieso dieser Lärm am Feiertag?«

Die Männer, die sich eingemischt hatten, waren an der Kleidung als hohe Herren erkennbar. Der kleine Händler ließ sich aber nicht beirren.

»Er hat mir einen Stoffrest Seide für fünf Rubel gestohlen. Wenn er nicht dafür bezahlt, übergebe ich ihn dem Büttel.«

Peter musterte den Händler und sagte:

»Du bist starrköpfig. Laß den Mann los und komm morgen zu mir nach Preobraschenskoje. Dort gebe ich dir die fünf Rubel.«

Zu dem Burschen sagte er:

»Und du, Alexander Menschikow, dienst ab heute dem Zaren, anstatt dich dem Büttel in die Fänge zu werfen!«

Am nächsten Tag kam der Händler nach Preobraschenskoje:

»Wo bist du geboren?« fragte Peter.

»In Holland.«

»Wie heißt du?«

»Pinkus Issajewitsch Schapiro, reisender Kaufmann.«

»Bist du viel gereist? Sprichst du mehrere Sprachen?«

»Jawohl, Majestät. Ich kenne die Länder hinter der Weichsel, der Pruth und dem Schwarzen Meer. Ich spreche Deutsch, Holländisch, Lateinisch, Polnisch, Englisch und ... Jiddisch, Majestät.«

»Bist du Jude?«

»Jawohl, Majestät.«

Peter kratzte sich am Kopf.

»Gut, du heißt jetzt Pjotr Petrowitsch Schafirow.«

»Sehr wohl, Majestät.«

Der Mann trat leicht hinkend einige Schritte zurück.

»Man findet nicht überall Leute«, sagte Peter, »die

mit all diesen ausländischen Mundarten zurechtkommen. Irgendwann mache ich dich zum Außenminister«, schloß Peter.

Der künftige Vizekanzler des Russischen Reichs, der »Jude Peters des Großen«, kniete vor seinem Zaren nieder …

Als Schafirow Menschikow wiedersah, spuckte er vor ihm aus und sagte zum Zaren:

»Mit ihm werden Eure Majestät immer Ärger haben. Ein Dieb bleibt ein Dieb, besagt ein lateinisches Sprichwort.«

Menschikow blickte den kleinen Mann an:

»Wir haben ein russisches Sprichwort: ›Vor einem begnadigten Dieb mußt du dich in acht nehmen‹ …«

Nach diesem Schlagabtausch wurde Alexander Menschikow vom Zaren zum Adjutanten ernannt. Er schlief fortan im Nachbarzimmer oder bei Auslandsreisen am Fuß seines Bettes und hielt sich rund um die Uhr zur Verfügung. Menschikow arbeitete mit ihm auf den Schiffswerften in Amsterdam und Depford. Er war begabt und lernte rasch Deutsch und Holländisch, blieb im Innersten aber ein Russe. Mit seiner Bereitschaft, mit alten Gewohnheiten zu brechen und Neues anzunehmen, war er genau der neue Typ Bürger, den Peter für sein Land anstrebte.

Nach Leforts Tod 1699 wurde Menschikow zu Peters Vertrautem. Echte Zuneigung verband beide Männer miteinander. Wie sein Dienstherr strotzte Alexander vor Lebensenergie. Er glänzte in jeder körperlichen Übung und erfüllte jede Aufgabe. Mit ein und derselben Begeisterung nahm er an Peters Orgien teil, besprach seine Liebesabenteuer, kommandierte seine Kavallerie oder regierte als Minister mit. Alexaschka, wie der Zar ihn nannte, wurde zu einer der herausragenden Figuren der Ära Peters des

Großen. Sein Taktgefühl, sein Optimismus und das Einfühlungsvermögen, mit dem er Peters Befehle umzusetzen verstand und seine Wutausbrüche vorhersah, machten ihn unersetzbar. Allerdings schuf er sich bei seinem fulminanten Aufstieg auch zahlreiche Feinde.

Alexaschka, der zu Peters *alter ego* geworden war, sah alle Reaktionen des Zaren voraus. Seine Befehle wurden deshalb immer prompt ausgeführt. »Er kann machen, was er will, ohne mich nach meiner Meinung zu fragen«, sagte der Herrscher, »aber ich entscheide nichts ohne seinen Rat.« Das galt auch für die Liebesaffären des Herrschers.

Im Januar 1694 starb mit vierundvierzig Jahren Zarin Natalja. Peter war noch keine zweiundzwanzig Jahre alt. Damit debütierte er zum zweiten Mal als Zar.

Im Jahr 1697 trat der Zar aller Russen mit seinen engsten Vertrauten eine lange Reise ins Ausland an, »um nützliche Dinge zu lernen« und zu sehen, »wie die anderen leben«. Staatsbesuche vermied er möglichst, um seine »Zeit nicht mit Empfängen zu verschwenden«. Er verabscheute die Etikette und reiste inkognito als Pjotr Michailowitsch, ein Volontär aus der Botschaft des Zaren.

In Utrecht erhielt er vor seiner Abreise aus Holland eine Einladung Wilhelms III. von Oranien, des Königs von England. Unter dem Eindruck der Begegnung entschloß er sich zur Weiterreise nach England. Dort sollte der Schiffsbau noch besser organisiert sein als in Holland. Als erstes besuchte er die Werft von Depford. Menschikow zeigte sich auf diesem Gebiet fast als ebenbürtig: Außer Peter war er der einzige Russe, der ein echtes Wissen als Schiffszimmermann besaß. Die Aktivitäten des Zaren wurden in einem Reisetagebuch festgehalten, so der Besuch in London:

»Haben das Theater, die Kirchen besucht. Den

Besuch englischer Bischöfe empfangen, die uns über zwei Stunden langweilten. Haben die Riesin zu uns beordert, die vier Arschinen (2,40) mißt: Ohne sich zu bücken, paßte der Zar unter ihrem Arm hindurch. Besuchten das Observatorium, gingen zum Tower, besichtigten die Münze, das Gefängnis und das Parlament...«

Bei der Begegnung mit der Riesin kam es zu einem Zwischenfall. Die Russen boten der Frau für eine wissenschaftliche Untersuchung und eine eingehende Betrachtung anatomischer Details eine stattliche Summe. Die »Forscher« wurden allerdings allzu indiskret und fragten – im Namen der Wissenschaft – nach ihren Praktiken beim Geschlechtsverkehr! Die Frau steckte empört ihr Geld ein und ging.

Nach drei Monaten Aufenthalt reiste der Zar aus England ab. Auf dem Weg nach Wien machte er in Dresden halt. Dort empfingen ihn die Witwe des Kurfürsten von Brandenburg und eine Prinzessin zu Hannover, die schöne Gräfin Aurora von Königsmarck. Eine Schar hübscher Frauen aus dem deutschen Adel umgab bald darauf das »Enfant terrible aus dem Kreml«. Auf einem Festabend wollte Peter seine Virtuosität als Musiker unter Beweis stellen, ließ eine große Trommel holen und bot den Damen ein stundenlanges, lärmendes Schauspiel! Der junge Mann bekannte sich zu seiner Abneigung gegen klassische Musik und Jagden, vor allem gegen die Falknerei, eine »dumme russische Tradition«. Seine Lieblingsbeschäftigungen, so sagte er, seien das Reisen, der Schiffsbau und das Feuerwerk.

Auf diese Bekenntnisse folgten Tänze. Der kräftige Zar hob seine Tanzpartnerinnen an einem Arm in die Höhe, warf sie in die Luft und fing sie auf. Ein zehnjähriges Mädchen, das man ihm vorstellte, war die spätere Mutter Friedrichs des Großen. Peter wollte sie küssen und an den Ohren zu sich hochziehen!

Beim Bankett verschmähte er Messer, Gabel und Servietten. Trotzdem kam der russische Koloß in der Gesellschaft gut an. Seine Unterhaltung entzückte die Prinzessinnen, die ihn amüsant, intelligent, seltsam und galant fanden. Allerdings hoben sie hervor, er fluche ja »wie ein betrunkener Kutscher«.

In Wien erreichten Peter schlechte Nachrichten: Die aus Moskau verbannten Strelitzen waren auf die Hauptstadt vormarschiert, um die Deutschen niederzumetzeln, den Zaren zu töten und Sophia auf den Thron zu setzen. General Gordon und seine sieben Regimenter ritten den Aufständischen auf der Straße nach Rjsan entgegen. Am 18. Juni 1698 tobte die Entscheidungsschlacht, aus der Gordon als Sieger hervorging. Ungefähr fünfzig Männer wurden enthauptet. Die Verhöre der Strelitzen ergaben eine Verwicklung des Nowodewitschi-Klosters, in das Sophia sich zurückgezogen hatte.

Peter erhielt in Wien den Bericht zum Ausgang der Revolte. Die Erinnerung an die Schreckenstage vom 15. bis zum 19. Mai wurde wieder lebendig. Damals hatten die Strelitzen unter seiner Familie ein Blutbad angerichtet. Der Zar reiste sofort nach Moskau zurück. Während der gesamten Reise sprach er über Maßnahmen gegen Sophia und die Aufständischen. »Ich werde diese verdammte Saat für immer aus dem russischen Boden reißen. Ich werde diesen Banditen die Lust auf Rebellionen austreiben, und wenn ich Tausende von ihnen niedermachen muß.«

Die Hinrichtungen begannen am 10. Oktober 1698. Alle ausländischen Fürsten und Potentaten wurden vom Zaren nach Preobraschenskoje geladen. Sie sollten dort mitverfolgen, wie die Gerechtigkeit unerbittlich ihren Lauf nahm. Sophia blieb verschont, aber Peter ließ die Rädelsführer des Aufstandes unter ihrem Fenster aufhängen. Die ehemalige Regentin kehrte ins Nowodewitschi-Kloster zurück. Dort lebte sie unter verschärfter Bewachung als Schwester Susanne bis zu ihrem Tod am 3. Juli 1704.

Die Herrschaft Peters begann zum dritten Mal. Die Bestrafung der Strelitzen war der Auftakt zu einem erbitterten Kampf gegen russische Traditionen. Ein Kernbereich seiner Reformen zielte auf die Befreiung der Frauen. Verschiedene *Ukasse* verboten den *Terem* und schafften die im alten Rußland vorgeschriebenen Häubchen und Kopfbänder ab. Die Frauen reagierten auf die Neuerungen zunächst ablehnend, erkannten dann aber die Vorteile und wurden begeisterte Anhängerinnen des Zaren. Peter verordnete für Söhne von Bojaren und Adligen eine Schulpflicht. Die Untertanen mußten ihre Bärte scheren und polnische Kleider tragen.

In der allgemeinen Aufbruchstimmung beschloß der Zar, seine Frau Jewdokia loszuwerden. Die Zarin, die an ihrem Gemahl zunächst wenig Interesse gezeigt hatte, tat inzwischen ihr Bestes, um seine Gunst zu erringen. Wenn er auf Reisen war, schrieb sie ihm zärtliche Briefe voller echter Zuneigung. Diese Botschaften unterzeichnete sie gewöhnlich mit »Eure Duschka« – »kleine Seele«. Peter nannte sie »Lapuschka«, »kleine Pranke«. Sie erhielt auf die Briefe allerdings nie eine Antwort.

Von London aus bat Peter ihren Beichtvater, Jewdokia zum Eintritt ins Kloster zu bewegen. Nach seiner Rückkehr ließ er sich bei ihr drei Wochen lang nicht blicken. Beim Postmeister Winnius kam es schließlich zu einer stürmischen Aussprache. Nach vier Stunden weigerte sich die Zarin noch immer, den Schleier zu nehmen. Erbost schlug Peter sie vor Winnius' Augen. Wenige Tage später fuhr Jewdokia in einer bescheidenen Kutsche zum Kloster von Susdal…

Peter war in Anna Mons immer mehr vernarrt und wollte sie heiraten. Er wußte allerdings nicht, daß sie gleichzeitig die Mätresse Keyserlings, des preußischen Botschafters in Moskau, war. Er sollte es erst drei Jahre später erfahren.

Im Jahr 1703 legte der Zar die ersten Grundsteine für die Stadt St. Petersburg an der Newa. Im Jahr 1706 begegnete er der Frau, die später seine geliebte Gattin, Zarin Katharina I., werden sollte.

Die Bauernmagd Marta Skawronskaja war 1684 als Tochter polnischer Calvinisten in Livland geboren worden. Im russisch-schwedischen Krieg wurde sie wie viele Frauen vergewaltigt. Sie vermied den Eintritt in ein Soldatenbordell dadurch, daß sie den schwedischen Dragoner Johann Rabe heiratete. Sie folgte ihm als Marketenderin in den Krieg. Rabe wollte an ihrer Schönheit aber auch verdienen und verkaufte sie an einen livländischen Soldaten, der sie zur Prostitution zwang. Die Russen befreiten sie von ihrem »Beschützer«. Marta floh nach Marienburg und trat als Verwalterin in den Dienst eines Pastors. Das hochgewachsene, schöne Mädchen hatte nicht lange Ruhe. Bald wurde es die Beute von Kalmücken. Nach der Eroberung von Marienburg durch die Russen stellte sie der Dragoner Demin unter seinen persönlichen Schutz. Marta trat anschließend in den Dienst des alten Marschalls Scheremetjew. Manche sagen, Menschikow sei von ihr so begeistert gewesen, daß er sie Scheremetjew abgekauft und nach Moskau mitgenommen habe. Zu dieser Zeit nahm Marta den Namen Katharina an.

Menschikow war zweiunddreißig, Katharina erst

siebzehn Jahre alt. Beide gehörten später zu den engsten Vertrauten Peters des Großen und waren eingeschworene Freunde.

Der Zar sah Katharina zum ersten Mal bei Menschikow und war auf Anhieb hingerissen. Sie trug einen malvenfarbenen *Sarafan,* eine Bluse mit bauschigen Ärmeln, eine Halskette mit Korallen und Ohrringe mit silbernen Kugeln. Ihr blondes Haar war schnurgerade gescheitelt.

»Eure Majestät sind durchnäßt«, murmelte das junge Mädchen schüchtern. Sie nahm ihm die schneebedeckte Fellmütze ab, zog ihm die Fuchspelzjacke aus und schüttelte sie heftig.

»Wer ist dieses schöne Mädchen?«, fragte der Herrscher.

Menschikow wich der Frage aus. Vergeblich. Da er dem Zaren nichts abschlagen konnte, trat er sie ihm anstandslos ab.

Der rasend verliebte Peter wollte Katharina bald heiraten. Aber diese Entscheidung war nicht leicht. Jewdokia lebte noch. Und Katharina war Ausländerin, Analphabetin und Bäuerin. Eine Heirat würde bei den traditionsbewußten Russen wahrscheinlich Empörung auslösen. Aber die Liebe war stärker.

Peter heiratete Katharina im November 1707. Die Zeremonie wurde im engsten Kreis der Vertrauten in St. Petersburg vollzogen. Der Zar hielt die Ehe vor dem Volk, den Ministern und manchen Familienmitgliedern lange Zeit geheim, obwohl Katharina ihm fünf Kinder gebar. Erst im März 1711, vor dem Abmarsch beim Feldzug gegen die Türken, rief er seine Schwester Natalja und seine Schwägerin Praskowaja zu sich und stellte ihnen seine Frau vor. Sie sei als Zarin zu betrachten, teilte er ihnen mit. Er wolle diese Verbindung feierlich in der Öffentlichkeit begehen.

Falls er vorher sterbe, sollten sie seine Frau als seine Witwe anerkennen.

Peter hielt Wort und beging im Februar 1712 mit großem Gepränge seine Hochzeit. Die junge Frau war zuvor getauft und in die russisch-orthodoxe Kirche aufgenommen worden. Als Taufpate diente der Thronerbe Alexei, Jewdokias Sohn. Mit der Heirat wurde die schöne Bauernmagd offiziell, wenn auch noch ungekrönt, zur Zarin Katharina Alexejewna.

Peter stürzte sich anschließend noch in einige Liebesabenteuer, die für ihn aber keine Bedeutung hatten. In seinem Leben fühlte er sich vier Frauen eng verbunden: seiner Mutter, seiner Schwester, Anna Mons und Katharina. Die beiden letzteren übten auf ihn besonderen Einfluß aus. Katharina war für ihn fast eine zweite Mutter mit ihrer vollkommenen und bedingungslosen Liebe. Wie Zarin Natalja besaß sie die Fähigkeit, seinen Zorn zu besänftigen. Sie hatte Qualitäten, die Peter bislang in keiner Frau entdeckt hatte. Sie war herzlich, fröhlich, mitfühlend und großzügig. Dabei hatte sie ein dickes Fell und eine erstaunliche Lebensenergie.

Katharina und Menschikow waren die einzigen, die mit der höllischen Geschwindigkeit, mit der Peter mit seiner phänomenalen Tatkraft die Dinge veränderte, Schritt halten konnten. Niemals sah man die Zarin ärgerlich oder beleidigt. Sie vergaß nie ihre früheren Lebensumstände und hielt sich bei Anstandsbesuchen bei Königen im Ausland diskret zurück:

»Während ihrer Visite in Berlin zeigte die Zarin gegenüber der Königin die größte Ehrerbietung... Trotz ihres außergewöhnliches Glückes vergaß sie nicht den Unterschied zwischen dieser Fürstin und sich selbst. Sie hatte ein großes Bedürfnis, ihre Rolle gut zu erfüllen, und wenn sie nicht alle Reize ihres

Geschlechtes besaß, so hatte sie doch dessen ganze Liebenswürdigkeit...«, schrieb der preußische Botschafter über sie in einer Depesche. Katharina hatte den gesunden Menschenverstand einer Frau vom Land und durchschaute treffsicher alle Lügen und Schmeicheleien. In der Öffentlichkeit hielt sie sich taktvoll im Hintergrund.

Für Peter war sie die Lebensgefährtin seiner Träume. Sie begleitete ihn auf Reisen fast immer. Zwei oder drei Tage reiten, auf dem Boden schlafen und im Schlachtengetümmel ausharren, das alles war für sie kein Problem. Selbst bei den endlosen Gelagen war sie dabei, auch wenn sie versuchte, Peter beim Trinken zu zügeln. Einmal klopfte sie an die Tür, hinter der Peter mit Gefolgsleuten becherte: »Es ist Zeit zu gehen«, sagte sie. Die Tür öffnete sich, und der Zar folgte gehorsam seiner Gemahlin.

Katharinas Liebe und Duldsamkeit spiegelte sich in der Geburt von zwölf Kindern wider, sechs Mädchen und sechs Jungen. Nur zwei erreichten das Erwachsenenalter, Anna, die künftige Herzogin von Holstein und Mutter des Zaren Peter III., und Elisabeth, die Kaiserin von 1740 bis 1762.

Die Eheleute vergaben an ihre Kinder mehrfach gleiche Namen in der Hoffnung, ein neuer Peter oder Paul oder eine neue Natalja würde überleben: Peter 1704–1707; Paul 1705–1707; Katharina 1707–1708; Anna 1708–1728; Elisabeth 1709–1762; Natalja 1713–1715; Margarete 1714–1715; Peter 1715–1719; Paul 1717; Natalja 1718–1725; Peter 1723; Paul 1724.

Am deutlichsten drückte sich Peters und Katharinas gegenseitige Zuneigung in Briefen aus, die heute in russischen Archiven verwahrt werden. Während der seltenen Trennungen schrieb Peter seiner Frau alle drei oder vier Tage. Er erkundigte sich besorgt nach ihrer Gesundheit, versicherte, ihm gehe es gut, und teilte seine Sorgen und Freuden mit: »Gott sei dank ist hier alles guter Dinge, aber wenn ich in ein Haus gehe, in dem Du nicht bist, stimmt mich das traurig.« Oder: »Aber wenn Du mir versicherst, es sei erbärmlich, alleine Spaziergänge zu unternehmen, obwohl der Park schön ist, glaube ich Dir, denn für mich ist es ebenso.« Die Zarin diktierte ihre Briefe einem Sekretär. Sie sind weniger offen, aber ebenso liebevoll. Katharina beklagte sich nie und gab ihrem Gemahl selten politische oder persönliche Ratschläge. Sie machte schelmische oder liebevolle Scherze und ließ sich lange über ihre Kinder aus. Fast immer begleiteten ihre Briefe Päckchen mit Süßigkeiten oder Kleidern.

Im Jahr 1710 kerkerten die Türken den russischen Botschafter in Konstantinopel, Andrei Tolstoi, in einen Wehrturm ein. Der russisch-türkische Krieg war mit voller Härte entbrannt. In diesem politischen Klima zeigte der russische Außenminister Schafirow einen herausragenden Scharfblick. Er erklärte dem Zaren, der Konflikt mit dem Osmanischen Reich sei nur unter der Vermittlung der Franzosen beizulegen, die auf den Sultan großen Einfluß hätten. »Ich verteidige die gesamte Christenheit«, antwortete Peter, »und werde nicht weichen.« Damit lehnte er einen provisorischen Rückzug gegen alle Ratschläge aus seiner Umgebung ab.

Die Strategie des Zaren schlug fehl. Rasch wurden die russischen Soldaten in Moldawien in die Enge getrieben. Ohne Nachschub gerieten sie in eine verzweifelte Lage. Peter, der in höchster Bedrängnis war, fiel in eine Depression. Schafirow schrieb in seinen Memoiren, der Zar habe den Türken nicht lebend in die Hände fallen wollen. Um ihn am Selbstmord zu hindern, habe er ihm eine Pistole entreißen müssen. In diesen entscheidenden Augenblicken eilte Katharina auf einen Hilferuf hin zu ihrem Mann an die Front. Schafirow sandte dem Großwesir einstweilen eine bedeutende Summe und versprach für die Unterzeichnung eines Waffenstillstandes das Doppelte. Mit Katharina begab er sich ins Lager der Türken, um die Klauseln eines Friedensvertrages auszuhandeln. Der Großwesir stattete beiden häufig Besuche zum Plaudern oder Schachspielen ab.

Am 12. Juli 1711 kehrten Katharina und Schafirow mit einem Waffenstillstand ins russische Lager zurück. Peter rief beim Lesen des Vertrages aus: »Du bist ein Hexenmeister, Schapirka. Wie hast du das dem Großwesir abgetrotzt?« Schafirow lächelte bescheiden, nahm Katharina am Arm und erklärte: »Nicht ich habe Rußland gerettet, sondern sie.«

Tatsächlich hatte die Zarin dem Großwesir und dem Führer der Janitscharen ihren gesamten Schmuck und zweihunderttausend Goldrubel ausgehändigt. Dabei war Peter zuvor noch bereit gewesen, außer St. Petersburg alle eroberten türkischen und schwedischen Gebiete abzutreten und den Schweden die Stadt Pskow (eine der ältesten Rußlands) zu überlassen. Dank seiner geschickten Frau blieb ihm dieser verheerende diplomatische Fehler erspart. Peter stiftete daraufhin den Katharinen-Orden mit dem Wahlspruch: »Für Liebe und Vaterland.« Der einzige Mann, der diese Auszeichnung je erhielt, war später Menschikows Sohn – eine ironische Anspielung auf seine mädchenhafte Schüchternheit auf Hofbällen. Im 19. Jahrhundert erhielten Frauen diese Auszeichnung für ihr soziales Engagement.

Der Zar mußte nur Asow und Taganrog abtreten und schloß mit Karl XII. einen Friedensvertrag. Bei der Unterzeichnung verlangte der Großwesir bis zur Erfüllung aller Klauseln die Auslieferung von Schafirow als Geisel.

»Du hast mein Werk gerettet, Schapirka«, sagte der Zar, bevor er das Osmanische Reich verließ. »Daran darfst du mich erinnern. Ich gebe meiner Frau diesen Ring mit, damit sie ihn dir bei deiner Rückkehr aushändigt.«

Schafirow kam erst 1714 wieder frei. Peter überschüttete ihn mit Gunstbeweisen, trotz der höhnischen Bemerkungen von Schafirows Erzfeind Menschikow. Katharina protegierte Schafirow und spielte mit ihm fast täglich Karten. Und sie ließ ihn aus seiner Zeit als Geisel des Osmanischen Reiches erzählen. Im Jahr 1716 empfahl Schafirow Peter eine Annäherung an Frankreich: Die Beziehungen beider Länder, so die Worte des Zaren, seien »süß-sauer« geworden.

Im Jahr 1717 traf der Zar in Paris ein und sah sich neugierig um. Er trat in Geschäfte ein, hielt Karossen auf der Straße an, fragte die Kutscher aus und schwatzte mit ihnen. In den Versailler Parkanlagen stieg er – »nur zu einer näheren Betrachtung« – den Damen hinterher. Zur Entschädigung gewährte er ihnen eine so hohe Summe, daß sich die Versailler Alleen binnen kurzem mit Spaziergängerinnen füllten, die auf einen weiteren Besuch der »russischen Barbaren« hofften!

Peter der Große besuchte Museen und Arsenale, Bronzegießereien, Sammlungen anatomischer Wachspräparate und die Gobelinmanufaktur. Von »Les Invalides« bis zum Observatorium, von Marly bis Saint-Cyr fragte er die Leute aus, machte Aufzeichnungen und fertigte Skizzen an. Er nahm den königlichen Truppen auf den Champs-Élysées die Parade ab und wohnte einer Sitzung der Akademie der Wissenschaften und einer Beratung des *Parlements,* des Obersten Gerichtshofs, bei.

Die Pariser erlebten jetzt einen ganz neuen Zaren. Er hatte mit dem Peter, der die Gesellschaft 1697 durch seine Grobheit in Erstaunen gesetzt hatte, kaum noch etwas gemein. Der französische Minister Rambaud äußerte sich dazu so: »Er bleibt der größte ausländische Staatsgast, den Paris je gehabt hat.«

Weniger lobend waren die Gerüchte auf der Straße. In den ersten Tagen seines Besuchs beobachteten die Pariser erstaunt diesen Herrscher, der die Etikette außer acht ließ. Sie tuschelten über ihn und sein merkwürdiges Gefolge. Ein Gesprächsthema war die unmögliche Kutsche, die Peter selbst konstruiert hatte. Saint-Simon entdeckte am Zaren »einen Rest barbarischer Sitten, aber daneben auch Größe!«

Bald war bei Hof die Rede von einer Heirat zwischen Ludwig XV. und der Zarewna Elisabeth, Peters zweiter Tochter. Höflinge hatten beobachtet, wie der Zar den König herzlich umarmte und dem Regenten Worte ins Ohr flüsterte, und hielten die Hochzeit für beschlossene Sache. In seinen *Mémoires* gibt Marschall Tessé seine Unterhaltung mit Schafirow in Versailles wieder:

»Stimmt Euch die bedrohliche Macht des Hauses Österreich nicht besorgt? Laßt uns an die Stelle Schwedens treten, und wir übernehmen all das, was Ihr Euch von Schweden gegen Österreich erhoffen könnt.«

Am 4. August 1717 unterzeichneten Frankreich, Preußen und Rußland in Amsterdam folgendes Abkommen:

»Die vertragschließenden Parteien verpflichten sich durch ihre Guten Dienste zur Aufrechterhaltung der öffentlichen Ruhe beizutragen, die durch die Verträge von Utrecht und Baden wiederhergestellt wurde. Dies werden auch die Verträge zur Befriedung des Nordens tun.«

Der Zar und der König von Preußen stimmten der Vermittlerrolle Frankreichs im Konflikt ihrer beider Länder mit Schweden zu. Das Verhältnis zwischen St. Petersburg und Versailles erhielt neue Perspektiven. Doch am Abend der Unterzeichnung lehnte Kardinal Dubois in einer Privatunterredung mit dem russischen Botschafter Kurakin die Verlobung Elisabeths von Rußland mit Ludwig XV. ab. Vorgeschlagen wurden jetzt andere Heiratskandidaten wie der Herzog von Chartres oder der Herzog von Bourbon. Die Eheschließung, die ein enges Bündnis zwischen Frankreich und Rußland hätte besiegeln sollen, kam nicht zustande. Die preußischen Diplomaten, die gegen diese Verbindung waren, suchten ebenfalls nach einem anderen Verlobten für Elisabeth. Und in Paris wurde bereits eine Heirat Ludwigs XV. mit der Tochter des entthronten polnischen Königs Stanislaus I., Maria Leszcynska, erwogen …

In dieser Zeit bereitete Katharina für ihren Gatten eine Überraschung vor. Sie ließ mitten auf dem Land, ungefähr zwanzig Kilometer von St. Petersburg entfernt, heimlich einen Palast errichten. Der zweigeschossige Steinbau stand auf einem Hügel zwischen der Newa und der Stadt. Als der Zar aus Frankreich zurückkehrte, erklärte ihm Katharina, sie habe einen idealen Bauplatz für ein Haus auf dem Land gefunden … Am nächsten Morgen brach eine große Gesellschaft in Richtung der neuen Hauptstadt auf. Auf Befehl des Zaren folgte ihr ein Karren mit einem großen Zelt, in dem die Gäste ihr Frühstück einnehmen sollten. Auf den Hügel führte eine Lindenallee hinauf, und an deren Ende erblickte man bereits die fertige Residenz. Katharina erklärte: »Das ist das Landhaus, das ich meinem Herrn und Gebieter errichtet habe.« Peter drückte begeistert seine Frau an sich und sagte: »Wie ich sehe, willst du mir zeigen, daß es um St. Petersburg herum schöne Plätze gibt, auch wenn sie nicht am Wasser liegen!« Peter kam aus dem Staunen nicht heraus. Nach einem Rundgang durch den Palast führte die Zarin ihn in einen Speisesaal mit einer festlich gedeckten Tafel. Der Zar brachte einen Toast auf ihre Begabung als Architektin aus. Als sie ihr Glas auf den Hausherrn erhob, feuerten elf versteckte Kanonen im Park eine Salve ab. Das Anwesen erhielt den Namen Zarskoje Selo, das »Dorf des Zaren«. Ihre Tochter Elisabeth beauftragte später den Architekten Rastrelli, an gleicher Stelle einen Prunkpalast mit bläulich getünchten Mauern zu errichten. Er wurde nach Katharina I. benannt.

Inmitten dieser Heiterkeit brach über Rußland eine Familientragödie herein. Der Nordische Krieg zog sich in die Länge, und die Unzufriedenheit im Land wuchs. Um Peters Sohn Alexei und Ex-Zarin Jewdokia herum hatte sich eine Opposition gebildet. Der schwindsüchtige Zarewitsch hatte offenbar das weltliche Rußland hinter sich. Und Alexei hatte es seinem Vater niemals verziehen, daß er seine Mutter verstoßen und »die Hure« Katharina geheiratet hatte.

Alexei war mit Prinzessin Charlotte von Braunschweig verheiratet, zog ihr aber seine Mätresse Aphrossinia vor, ein fröhliches finnisches Bauernmädchen. Charlotte starb im Oktober 1715 bei der Geburt des künftigen Peters II. Katharina brachte am Tag ihrer Beisetzung einen Jungen zur Welt, der ebenfalls Peter getauft wurde.

Einige Tage später erhielt Alexei einen Brief seines Vaters. Peter warf ihm darin subversive Umtriebe vor.

Alexei bekam es mit der Angst zu tun. Auf Rat seiner Freunde floh er nach Österreich und dann nach Italien. Als Page verkleidet, begleitete ihn seine Geliebte. Wien war damals ein Zentrum für politische Flüchtlinge aus Rußland. Während der Reise erhob der junge Mann weiterhin Vorwürfe gegen seinen Vater. Peters Emissäre suchten daraufhin in ganz Europa nach ihm. Als Alexei in Geldnöten erneut in Wien eintraf, wartete auf ihn Fürst Tolstoi, eine der feinsten Spürnasen des Zaren. Tolstoi versprach ihm freies Geleit und überredete ihn zur Rückkehr. Aber an der Grenze wurde er verhaftet.

Eine Untersuchungskommission unter der Leitung Tolstois, Menschikows und des Senators Puschkin ließ Tausende von Opponenten verhaften. Jewdokias Brüder und Cousins, ihr Geliebter und Hunderte von Bojaren, darunter Fürst Dolgoruki, wurden dem Henker übergeben. Die Ex-Zarin wurde in ein Kloster am Ladogasee verbannt. Menschikow ließ auch Alexeis Geliebte festnehmen und in einen Kerker in der Peter-und-Pauls-Festung werfen. Das Verhör leitete der Zar persönlich. Ohne gefoltert zu werden, gab das Mädchen die Pläne seines Geliebten preis: Nach der Thronbesteigung wolle er in Moskau residieren, den Großteil der Armee auflösen und die Flotte abwracken. Dem Zarewitsch ging es also vor allem darum, Peters Lebenswerk zu vernichten. Für den Zaren kam dies einem massiven Angriff auf die vitalen Interessen Rußlands gleich. Alexei wurde für schuldig befunden, als Kopf einer Verschwörerbande »das Leben des Zaren« und die »Sicherheit des Staates« gefährdet zu haben. Das Urteil sah Auspeitschen bis zum Tode vor. Die Vollstreckung fand am 26. Juni 1718 in den unterirdischen Verliesen der Festung Schlüsselburg statt – durch Menschikows Leute und

Peter persönlich. Die Historiker haben für ein Komplott gegen den Zaren nicht den geringsten Beweis gefunden. Eher sah es so aus, als habe die wachsende Unzufriedenheit dem Zarewitsch immer mehr Sympathisanten beschert. Aus Gründen der Staatsraison und zum Schutz der Interessen Rußlands mußte er beseitigt werden.

Nach Alexeis Tod bereitete Peter eine Nachfolge durch seinen zweiten Sohn Peter vor. Aber eine weitere Tragödie erschütterte den Zaren bis tief ins Mark. Ein heftiges Gewitter brach über dem Park des Palastes von Peterhof los. Die Gouvernanten flohen mit dem Kind zur Höhle an einer Kaskade. Dort wurden sie alle vom Blitz erschlagen. Der Zar war fassungslos. Tagelang weinte er vor dem leeren Bettchen.

Seine Verbitterung wuchs. In seiner Umgebung herrschte dauernd Streit. Menschikow, inzwischen zum Fürsten von Ijora erhoben, hatte ein Millionenvermögen aufgehäuft. Überall blühte die Korruption.

Im Jahr 1721 ging nach einundzwanzig Jahren der Nordische Krieg zu Ende – dank der Bemühungen des französischen Vermittlers Campredon. Die Situation in Rußland war alles andere als rosig. Der Krieg, die Aufstände und die Errichtung von St. Petersburg auf Sumpfland, ein wahrhaft pharaonisches Werk, hatten das Land ruiniert. Hunderttausende waren umgekommen. Und Peter erkannte offenbar nicht den Ernst der Lage.

Nach der Rückkehr aus Astrachan kehrte das Kaiserpaar Ende November 1722 zum Karneval nach Moskau zurück. Der Gesandte Sachsens beschrieb den Umzug so: »Das Defilee bestand aus sechzig Schlitten, die als Schiffe gestaltet worden waren. Ein Bacchus auf dem ersten wirkte durch und durch lebensecht, denn er hatte drei Tage und drei Nächte hindurch getrunken. Der nächste Schlitten wurde von vier Schweinen gezogen und ein weiterer von zehn Hunden. Es folgte das Kardinalskollegium in Prunkgewändern auf Ochsen. Dann kam ein Papst, umgeben von Erzbischöfen, die die Menge segneten, und ein Cäsar zwischen zwei Bären. Den Höhepunkt des Defilees bildete eine Miniaturfregatte mit zwei Brücken und drei Masten, zehn Meter lang, alle Segel gesetzt und mit zweiunddreißig Kanonen bestückt. Auf der Brücke stand in Marineuniform der Zar und bediente die Segel. Auf das verblüffende Schauspiel folgte eine dreißig Meter lange Seeschlange, getragen von vierundzwanzig kleinen Schlitten, die so aneinandergebunden waren, daß sie sich durch den Schnee wanden. Auf die Schlange folgte eine große goldene Prahm mit Katharina in der Gewandung einer friesländischen Bäuerin und mit Höflingen, die sich als Mohren verkleidet hatten. Dann kamen nacheinander Menschikow als Abt und weitere Würdenträger als Deutsche, Polen, Chinesen, Perser, Tscherkessen und Volk aus Sibirien verkleidet. Die vorüberdefilierenden ausländischen Gesandten trugen blaue und weiße Dominos, der Fürst von Moldawien hatte sich als Türke verkleidet.«

Im Jahr 1723 fiel Menschikow in Ungnade. Schafirow wurde wegen Korruption zum Tod verurteilt. In einem schlichten, granatfarbenen Morgenrock mußte der kleine Mann am 15. Februar das Blutgerüst besteigen. Der Henker hob bereits das Beil, als in letzter Sekunde ein Emissär des Zaren eintraf. Nach dem von ihm überbrachten Erlaß wurde die Strafe in lebenslängliche Verbannung nach Sibirien umgewandelt. Katharina hatte den Ring, den Peter Schafirow bei seiner Abreise ins Osmanische Reich als Zeichen seiner Schuld geschenkt hatte, nicht vergessen. Der zum Tod Verurteilte durfte sich nach Nowgorod zurückziehen. Katharina holte ihn nach dem Tod des Zaren wieder nach St. Petersburg und gab ihm seine Titel zurück.

In gleichen Jahr, 1723, bot Peter, der seine Abreise aus Moskau in die neue Hauptstadt vorbereitete, der Zarin ein staunenswertes Schauspiel dar: den Brand des Holzhauses von Preobraschenskoje, in dem er unter Geheimhaltung den Krieg gegen Schweden vorbereitet hatte. Eigenhändig stopfte er brennbares Material und Feuerwerkskörper in Schränke und steckte das Haus in Brand. Knatternd und funkensprühend ging der Bau in Flammen auf. Lange Augenblicke hob sich die schwarze Silhouette des schweren Gebälks vor dem Feuerschein mit den bunt schillernden Feuergarben ab. Dann stürzte alles in sich zusammen. Schließlich verkündete der Zar vor den rauchenden Trümmern:

»Das ist das Bild des Krieges: Glanzvolle Siege und Zerstörung. In diesem Haus sind meine ersten Kriegspläne gegen Schweden herangereift. Möge mit ihm jeder Gedanke an einen bewaffneten Konflikt gegen dieses Königreich untergehen. Es soll stets der treueste Verbündete meines Königreichs sein.«

Im Sommer fanden zahlreiche Feste statt. Um sich von den bacchantischen Feiern zu erholen, kurte Peter mit eisenhaltigem Wasser, das man kurz zuvor etwa vierzig Kilometer von St. Petersburg entfernt entdeckt hatte. Im Winter vergnügte er sich mit Schlittenfahrten über diesen See. Katharina begleitete ihn oft dabei. Er beachtete die ärztlichen Ratschläge übrigens auf seltsame Art: Morgens trank er bis zu einundzwanzig Gläser von diesem Wasser. Und obwohl er frisches Obst, Gurken, gesalzene Zitronen und gewisse Sorten Käse meiden sollte, verschlang er nach dem Trinken einmal ein Dutzend Feigen und mehrere Pfund Kirschen! Während des eintönigen Kuraufenthalts suchte er Abwechslung und schnitzte hölzerne und elfenbeinerne Gegenstände. Und als er wieder bei Kräften war, hämmerte er in den Schmieden der Umgebung auf Eisenstäben oder Bandeisen herum.

Im November 1723 kündigte ein *Ukas* Katharinas Krönung an: »Unsere teure Gattin, Kaiserin Katharina, war uns von großem Nutzen und hat uns überallhin begleitet und alle unsere kriegerischen Operationen bereitwillig und freiwillig unterstützt. Sie zeigte dabei nicht die gewöhnlichen Schwächen ihres Geschlechtes. Zur Anerkennung von all dem haben wir beschlossen, sie kraft unserer souveränen Macht zu krönen. Dies soll nach dem Willen Gottes in diesem Winter in Moskau geschehen.«

Die Kaiserkrönung einer litauischen Bauernmagd, die als Gefangene nach Rußland gekommen war, bedeutete für Peter ein Risiko. Trotzdem stieß seine Ankündigung, seine Frau werde gekrönt und erhalte das Anrecht auf die Regentschaft des Landes, bei den Senatoren und kirchlichen Würdenträgern auf keinen Widerstand.

Obwohl sonst so sparsam, wollte Peter eine Zeremonie mit größtmöglicher Prachtentfaltung. Der Senat, der Heilige Synod, Vertreter des öffentlichen Lebens und Adlige aller Ränge wurden eingeladen. Der Krönungsmantel entstand in Paris, während in St. Petersburg der beste Juwelier den Auftrag für die bislang prachtvollste russische Zarenkrone erhielt. Die Liturgie fand nicht in St. Petersburg, sondern nach der Tradition der früheren Zaren im Moskauer Kreml statt.

Am frühen Morgen des 7. Mai 1724 gab ein Kanonenschuß aus dem Kreml das Signal. Zehntausend Mann der kaiserlichen Garde und eine Schwadron Reiter, deren prachtvolle Pferde bei moskowitischen

Händlern beschlagnahmt worden waren, setzten sich in Bewegung. Um zehn Uhr läuteten in der Stadt alle Glocken. Von den hohen staatlichen Würdenträgern eskortiert, erschienen Peter und Katharina auf der »roten Freitreppe« des Kreml. Die stolze Zarin trug eine violette und goldverbrämte Robe mit einer Schleppe, die von fünf Ehrendamen getragen wurde. Peter trug einen himmelblauen und silbernen Umhang und rote Seidenstrümpfe. Beide schritten die Treppe hinab, überquerten den Platz und traten in die Mariä-Himmelfahrts-Kathedrale ein. In der Mitte des Gotteshauses, auf einer Plattform unter einem Baldachin aus Seide und Gold, standen für sie zwei mit Edelsteinen eingelegte Throne bereit.

Am Kirchenportal nahmen Würdenträger der orthodoxen Kirche die Herrscher in Empfang. Der Patriarch hielt ihnen das Kreuz zum Kuß hin und geleitete sie zu den Thronen. Dann war der feierliche Augenblick gekommen. Der Zar erhob sich, nahm vom Patriarchen die Kaiserkrone entgegen, wandte sich an die Menge und verkündete: »Wir krönen jetzt unsere liebe Gemahlin.« Peter der Große setzte Katharina die Krone aufs Haupt und reichte ihr den Reichsapfel, während er in der anderen das Zepter, das Insignium der höchsten Macht, hielt. Die Krone war mit 2564 Diamanten, Perlen und Edelsteinen besetzt. Auf der Spitze saß auf einem taubeneigroßen Rubin ein Kreuz aus Diamanten.

Katharina, der Tränen über die Wangen rollten, kniete vor Peter nieder und wollte seine Hand küssen. Der Zar zog sie zurück, und als sie ihm die Knie umarmen wollte, half er ihr auf. Glockengeläut, donnernde Salutschüsse und Chorgesang begleiteten den Auszug des Zarenpaares aus der Kathedrale.

Nach der Zeremonie kehrte der von seiner Kur

noch geschwächte Zar in seinen Palast zurück und ruhte sich aus. Katharina führte derweil allein den Zug an, der sich zur Erzengel-Michaels-Kathedrale bewegte. Dort würde sie nach altem Brauch an der Grablege der Zaren eine Andacht halten. Ihr Krönungsmantel war mit Hunderten goldener Doppeladler bestickt und wog so schwer, daß sie mehrfach Rast machen mußte. Hinter ihr warf Menschikow Gold- und Silbermünzen in die Menge. Auf dem Roten Platz brieten derweil zwei gewaltige, mit Wildbret und Geflügel gefüllte Ochsen. Aus zwei Brunnen sprudelte Weiß- und Rotwein.

Auf Wunsch ihres Gatten war Katharina jetzt für den Fall, daß er vor ihr sterben sollte, offiziell als Regentin und Herrscherin anerkannt.

Auf einen Triumph folgt oft eine Tragödie. Die Zarin hatte seit einigen Wochen einen neuen Vertrauten, einen in Rußland geborenen Deutschen. Dieser elegante, fröhliche, intelligente und ehrgeizige junge Mann war vom Sekretär zum Kammerherr aufgestiegen: William Mons, sozusagen »ein Verwandter der linken Hand« des Zaren, denn er war der jüngere Bruder von Anna Mons, die fünfundzwanzig Jahre zuvor Peters Geliebte gewesen war. Beziehungen zu den Mons waren inzwischen von unschätzbarem Wert, und dies war den Vertrauten des Zaren ein Dorn im Auge. Und Katharina unterschätzte offenbar die Eifersucht ihres Gatten.

Am Abend des 8. November 1724 aß der Zar mit seiner Frau und seinen Töchtern zu Abend und redete mit Mons über alltägliche Dinge. Er sei müde, sagte er schließlich und fragte Katharina nach der Uhrzeit. Es war neun Uhr. »Es ist Zeit, daß alle zu Bett gehen«, ordnete Peter an. Mons ging in fröhlicher Stimmung nach Hause. Es war eine sternklare Nacht. Die schwarzen Äste der Bäume hoben sich vom Himmel ab. Mons hatte sich zu Hause kaum entkleidet, als General Uschakow in sein Schlafzimmer eindrang und ihn verhaftete. Der Vorwurf lautete auf Korruption. Am nächsten Morgen legte Mons in Gegenwart des Zaren ein Geständnis ab: »Schmiergeldnahme und Veruntreuungen von Finanzmitteln der Zarin.« Zwei Tage lang war auf Moskaus Straßen ein Ausrufer unterwegs: Er forderte alle, die an Mons Schmiergelder gezahlt hatten, zur Selbstanzeige auf.

Katharina konnte für ihren Günstling keine Gnade erwirken. Peter redete mit ihm am Tag vor der Hinrichtung in seiner Zelle. Er bedaure, einen Mann mit großartigen Fähigkeiten zu verlieren, aber die Gerechtigkeit müsse ihren Lauf nehmen.

Am 16. November wurde Mons auf einem Schlitten zur Hinrichtungsstätte gefahren und enthauptet. Der Zar zwang seine Frau, anschließend das Blutgerüst im Schlitten zu umfahren. Katharina, die eine Liebesaffäre mit dem jungen Mons stets bestritten hatte, blieb gefaßt. Sie wußte, daß Peter sie bei der leisesten Regung vielleicht erwürgt hätte.

Die Angelegenheit vergiftete ihr Eheleben. Sie sprachen kaum noch miteinander, aßen und schliefen getrennt. Der Zar verfiel in eine immer tiefere Depression. Stundenlang durchstreifte er einsam und verlassen die Straßen der Stadt. Am Ufer der Ostsee lauschte er manchmal den angriffslustigen Möwen. Ihre klagenden Rufe kündigten kommende Stürme an.

Peters Herrschaft neigte sich dem Ende entgegen. Schon schmiedeten die Vertrauten hochfliegende Pläne, so Menschikow: »Katharina tritt Peters Nachfolge an. Ich muß mich nur noch scheiden lassen, um sie zu heiraten und Zar aller Russen zu werden …«

Für Mitte Januar berichten die Chroniken: »Die

Zarin hat vor dem Zaren einen langen Kniefall gemacht. Die Aussprache dauerte drei Stunden. Sie aßen gemeinsam zu Abend.«

So rasch wie mit der Gesundheit des Zaren ging es auch mit dem Land bergab. Der preußische Botschafter schrieb König Friedrich Wilhelm: »Kein Ausdruck ist stark genug, um Eurer Majestät eine richtige Vorstellung von der Nachlässigkeit und der unerträglichen Konfusion zu geben, mit denen hier die wichtigsten Angelegenheiten behandelt werden. Weder die ausländischen Gesandten noch die russischen Minister wissen, an wen sie sich wenden sollen. Alle Antworten, die wir von ihnen erhalten, sind Seufzer, und die Schwierigkeiten, auf die sie überall stoßen, lassen sie verzweifeln. Nichts wird hier als wichtig eingestuft, solange man noch nicht am Rand des Abgrunds steht.«

Zwei aufeinanderfolgende Mißernten, die Korruption der höchsten Würdenträger des Staates und schließlich die Affäre Mons: Rußland schien am Ende. Der Abgesang einer Regierungszeit ist immer traurig. Die Diener in den Palästen holten nicht einmal mehr Winterholz, wenn der Zar es ihnen nicht ausdrücklich befahl.

Allein Katharina konnte ihren Mann beruhigen, wenn sie ihren Kopf in seinen Schoß bettete. Im Jahr 1724 war er zweiundfünfzig Jahre alt. Aber die Ausschweifungen hatten seiner robusten Konstitution schwer geschadet. Neben allen Leiden plagten ihn Nierensteine.

Am 24. Januar 1725 fühlte der Zar sich unwohl. Er griff zur Feder und begann ein Testament zu schreiben. Seine zitternde Hand kritzelte ganze drei Wörter: »Ich vermache alles ...« Wer alles erben sollte, weiß nur Gott: Er fiel ins Koma und verstarb am nächsten Tag.

Nach dem *Ukas* von 1722, in dem Peter seine Frau begünstigt hatte, konnten die russischen Zaren einen Thronerben benennen, unabhängig von dessen Geschlecht. Diese wichtige Urkunde hat es ermöglicht, daß Rußland fast das ganze 18. Jahrhundert hindurch von Frauen regiert wurde. In den folgenden siebzig Jahren herrschten nacheinander Katharina I., zwei Annas, Elisabeth und schließlich Katharina II.

7

Das Jahrhundert der Kaiserinnen

Als vom Palasthof herauf Trommelwirbel tönten, eilte die Gesellschaft ans Fenster. Um die Anlage herum standen in Reih und Glied die Garden. Es war eine sternklare Nacht. Fürst Repnin rief empört:

»Wer hat sich erlaubt, die Garde antreten zu lassen?«

»Exzellenz«, antwortete kühl der Kommandant, »das ist ein ausdrücklicher Befehl unserer Herrscherin, Kaiserin Katharina. Ihr, ich und alle treuen Untertanen schulden ihr unverzüglichen und bedingungslosen Gehorsam.«

Die Soldaten, viele unter Tränen, riefen:

»Unser Väterchen ist tot, aber unser Mütterchen lebt!« Auf diese Art ließ sich Katharina zur »Autokratin« ausrufen – zur Kaiserin »mit allen Prärogativen ihres verstorbenen Gatten«.

Die Sonne war aufgegangen. Der Morgendunst am verschneiten Horizont hatte sich aufgelöst. Die Zarin verkündete blaß, mit umränderten Augen und schluchzend, sie sei jetzt »Witwe und Waise«. Die Garden mit ihren Persianermützen, silbernen Achselschnüren, blauen Hosen und schwarzen Stiefeln bejubelten die neue Selbstherrscherin. Katharina, die einstige Bauernmagd, Dienerin eines livländischen Pastors, Mätresse Menschikows und jetzige Witwe Peters des Großen dankte der Menge mit einem Lächeln.

Im Lager der Herrscherin scharten sich zwangsläufig neue Anhänger, »Vögelchen aus Peters Nest«, wie Puschkin sie später nannte. Das Schicksal dieser Herzbuben war mit der neuen Hauptstadt verknüpft. Bei einem Machtwechsel konnten sie nur verlieren. Im gegnerischen Lager setzten die alten Bojarenfamilien auf Moskau gegen St. Petersburg. Damit Katharina und ihre Verbündeten Peter den Großen nicht vereinnahmen konnten, verlangten sie seine Bestattung bei den Ahnen in der Moskauer Erzengelkathedrale. Peter wurde wenig später feierlich in der Peter-und-Pauls-Festung in St. Petersburg beigesetzt, ein Zeichen für ihre Niederlage.

Der einbalsamierte Leichnam wurde über einen Monat lang in einem Raum aufgebahrt. An den Wänden hingen die französischen Teppiche, die Peter während seines Besuchs in Paris geschenkt bekommen hatte. Das Volk durfte an ihm vorüberdefilieren und ihm so die letzte Ehre erweisen.

Weiterer Kummer bedrückte Katharina. Wenige Tage nach Peters Tod starb siebenjährig ihre Tochter Natalja. Beide Särge wurden am 8. März 1725 im Schneegestöber in die Kathedrale überführt. Katharina schritt in der ersten Reihe des Zuges, gefolgt von hundertfünfzig Hofdamen und einer endlosen Schlange aus Höflingen, staatlichen Würdenträgern, ausländischen Gesandten und Offizieren, alle trotz des eisigen Windes mit barem Haupt. In der Trauerrede verglich Metropolit Feofan Prokopowitsch Peter den Großen mit Mose, Salomon, Samson, David und Konstantin. »Was ist uns widerfahren?«, fragte er, um die allgemeine Trauer auszudrücken. »Wo stehen wir Russen? Was sehen wir? Was tun wir? Wir begraben Peter den Großen!«

Die Herrschaft Katharinas I. dauerte kaum zwei

Jahre. In ihnen förderte sie die wissenschaftliche Expedition Berings, der die gleichnamige Meerenge zwischen Asien und Amerika entdeckte, weihte die Akademie der Wissenschaften in St. Petersburg ein und schränkte ernsthaft die Machtbefugnisse des Senates ein. Sie trieb die Politik und die Reformen ganz in Peters Sinn weiter voran. Pragmatisch und scharfblickend sorgte sie dafür, daß die Soldaten pünktlich Sold erhielten, ließ neue Uniformen ausgeben und organisierte zahlreiche Militärparaden.

Aber der eigentliche Herr über das Land war Menschikow. Am 8. Februar 1726, ein Jahr nach Katharinas Thronbesteigung, entstand ein neues Organ, »um Ihrer Majestät die schwere Bürde der Regierung zu erleichtern«.

Im Jahr 1727 verliebte sich Katharina in einen jungen Offizier. Wegen ihrer beträchtlichen Leibesfülle bereitete ihr das Tanzen Mühe. Deshalb entschloß sie sich zu einer Hungerkur, die ihr bald darauf Herzprobleme verursachte.

Am 21. Januar wohnte sie am vereisten Fluß dem Fest der Wasserweihe bei und nahm anschließend zwanzigtausend Soldaten eine Parade ab. Durch das stundenlange Ausharren in eisiger Kälte bekam sie Nasenbluten und Fieber. Zwei Monate lang mußte sie das Bett hüten. Nach einer Besserung erlitt sie einen Rückfall. Am 6. Mai 1727 ereilte sie im Schlaf der Tod.

In Vorahnung ihres nahen Endes hatte die Zarin Großfürst Peter, den Enkel Peters des Großen und den Sohn des Zarewitschs Alexei, zu ihrem Nachfolger und den Obersten Geheimen Rat zur Regentschaft bestimmt. Ihre Töchter Elisabeth und Anna, die Herzogin von Holstein, die sechzehn und siebzehn Jahre alt waren, sollten dem Rat ebenfalls angehören.

Einen Tag nach Katharinas Tod wurde feierlich ihr »Testament« verlesen:

Erster Nachfolger: Zarewitsch Peter, der Enkel Peters des Großen.

Zweite Nachfolgerin: Anna, Herzogin von Holstein, Tochter Peters des Großen.

Dritte Nachfolgerin: Zarewna Elisabeth.

Vierte Nachfolgerin: Zarewna Natalja, die Schwester Peters des Großen.

Menschikow wurde nun zum starken Mann des Regimes. Einige Gegner wie die Herzogin von Holstein und ihr Gatte gingen daraufhin lieber ins Exil. Menschikow nahm die Nachricht begeistert auf und gewährte beiden eine großzügige staatliche Pension. Anna starb ein Jahr später, am 28. Mai 1728, in Kiel – kurz nach der Geburt ihres Sohnes, des späteren Peters III. Von den zwölf Kindern Katharinas I. und Peters des Großen lebte jetzt nur noch Elisabeth.

Am 8. Mai 1727 bestieg Peter II. den Thron Rußlands. Der junge Zar war ein hübscher, körperlich robuster, großer Knabe. Seit einiger Zeit empfand er eine innige Liebe zu seiner Tante Elisabeth, die mit ihm ausritt, jagte und tanzte. Der zwanzigjährige Iwan Dolgoruki, ein Günstling Peters und ebenfalls kräftig, war stets mit von der Partie.

Der Zar hatte sich bislang wenig um die Staatsgeschäfte gekümmert. Aber bald begann er sich für sie zu interessieren. Er verkehrte in einem Kreis von Gleichaltrigen und wollte mit seinen Freunden regieren. Bei regelmäßigen Versammlungen notierte er ihre Beschlüsse in einem Schulheft, das er dann Menschikow und dem Obersten Geheimen Rat zuleitete. Zunehmend selbstbewußt, weigerte er sich schließlich, sich weiter von seinem Hauslehrer Ostermann unterrichten zu lassen.

Nach einer Überlieferung soll sich Menschikow über Peters Benehmen geärgert und ihn zu sich zitiert haben. Er zog ihm die Hose herunter und verabreichte ihm eine Tracht Prügel. Der blasse Jugendliche sagte kaltschnäuzig: »Wir werden schon sehen, wer Kaiser ist! Du oder ich.«

Zur Festigung seiner Position versuchte Menschikow eine Verlobung des Zaren mit seiner damals zwölfjährigen Tochter Maria zu arrangieren. Umsonst. Der junge Zar floh nach Peterhof und rief unverzüglich einige hohe Würdenträger des Reiches zu sich. Die Versammlung beschloß, Menschikow lebenslänglich nach Sibirien zu verbannen. Im September 1727 trat er nach Entzug aller Güter und Titel die Reise in das Städtchen Beresow an. Dort starb er nach seiner Frau Darja. Seine Tochter Maria, die kurzzeitige Verlobte von Zar Peter II., blieb allein zurück.

Fürst Alexei Dolgoruki, Iwans Vater, wurde der Vertraute des jungen Kaisers. Zur Absicherung seiner Position führte er seine sechzehnjährige Tochter Katharina in Peters Freundeskreis ein. Insgeheim strebte er danach, Katharina mit Zar Peter und seinen Sohn Iwan mit der Zarewna Elisabeth zu verheiraten. Nach einem Festbankett, bei dem der Alkohol in Strömen floß, ließ er seine Tochter für die Nacht beim Zaren zurück. Am nächsten Tag erklärte Iwan: »Die Ehre gebietet, daß der Kaiser Katharina heiratet...«

Einige Tage später wurde dem Volk der Beschluß des Zaren verkündet: Er werde Fürstin Dolgorukaja heiraten. Moskau solle wieder Rußlands Hauptstadt werden. »Es ist Zeit, alle Untertanen des Königreichs, das mein Großvater uns hinterlassen hat, miteinander auszusöhnen. Dies werden Katharina und ich tun.«

Die sterblichen Überreste seines Vaters Alexei wurden in der Festung Schlüsselburg beigesetzt. Das ganze

Land bejubelte den jungen Zaren, der einen entschlossenen, aber nicht grausamen Charakter hatte. Er achtete wie sein Vater die alten russischen Traditionen, stand aber wie sein Großvater der Außenwelt offen gegenüber. Von jetzt an weigerte er sich, nach St. Petersburg zurückzukehren. »Was soll ich an einem Ort, wo es nur Salzwasser gibt?«, sagte er. Die Regierungsorgane kehrten nach und nach in die alte Hauptstadt zurück.

Das Zwischenspiel nahm ein jähes Ende: Anfang 1730 erkrankte Peter. Die Diagnose lautete auf Blattern. Nach einer Verschlechterung starb er am 11. Januar, einen Tag vor seiner Hochzeit. Er war gerade vierzehn Jahre alt gewesen.

Ein zäher Kampf um die Nachfolge entbrannte. Ein gefälschtes Testament, von den Brauteltern verfaßt, sah Katharina als Thronfolgerin vor. Der Oberste Geheime Rat erkor schließlich Anna, die jüngere Tochter von Iwan V., dem Halbbruder Peters des Großen.

Anna galt als eine stille, überlegt handelnde und sparsame Frau, die ihrem kleinen Herzogtum Kurland ergeben war. Ihre Thronbesteigung in Rußland knüpfte sich an strenge Auflagen: Sie mußte sich verpflichten, im Einklang mit dem Obersten Geheimen Rat zu regieren, niemals eigenmächtig zu handeln und von ihm alle Entscheidungen gegenzeichnen zu lassen. Zudem durfte ihr Geliebter Biron, ein ehemaliger Stallbursche am Hof, nicht mit nach Rußland kommen. Biron übte auf Anna einen gewaltigen Einfluß aus. Aber sie nahm die Bedingungen an.

Ganz neu eingekleidet, verließ die neue Zarin unter Tränen Kurlands Hauptstadt Mitau. Biron und ihre Lieblingshunde, Pekinesen, blieben in dem »kurländischen Loch« zurück, wie diese kümmerliche Kleinstadt genannt wurde. Die Garde eskortierte Anna bis nach Moskau. Unterwegs erklärten die Offiziere: »Wir, die Russen, sind es seit langem gewohnt, *einem* Tyrannen zu dienen. Warum sollten wir Sklaven *mehrerer* Tyrannen sein? Stimmt den Konditionen des Geheimen Rates nicht zu …«

Im großen Gewölbesaal des Kreml empfing Anna den Obersten Geheimen Rat und den moskowitischen Adel. Während die Würdenträger kamen und gingen, streichelte sie ihren Talisman: einen Kleiderknopf von Biron!

Bald strömten Gardeoffiziere in den Saal. Einer fiel vor Anna auf die Knie und flehte erneut:

»Wir wollen eine autokratische Zarin und keinen Obersten Geheimen Rat.«

Anna fragte: »Wie? Kennt Ihr denn nicht die vom Obersten Geheimen Rat verlangten Konditionen? Hat er sich mit Euch nicht abgestimmt?«

»Nein, Majestät«, antwortete ein Major. »Es sind Verräter, und wenn du befiehlst, Mütterchen, rollen zu deinen Füßen die Köpfe dieser Elenden!«

Anna wandte sich an Fürst Dolgoruki, das einflußreichste Mitglied des Rates.

»Du hast mich also getäuscht?«

Die Gardeoffiziere ließen ihn nicht zu Wort kommen und drängten ihn aus dem Saal. Die Herzogin von Kurland hob die Schriftrolle mit den Konditionen, die sie unterschrieben hatte, für alle sichtbar hoch und zerriß sie unter dem Beifall der Garde. »Wenn ich mein Versprechen breche und nur einmal nicht Wort halte«, verkündete sie, »soll mir die Krone von Rußland entzogen werden.« Am Abend erschien über dem Moskauer Himmel ein Nordlicht, in diesen Breiten eine seltene Erscheinung. Man sah es als übles Omen.

Annas Herrschaft begann am 25. Februar 1730. Sie war damals siebenunddreißig Jahre alt. Nach fast achtzehnjährigem Aufenthalt in Kurland hatte die neue Kaiserin einen westlichen Geschmack entwickelt. Sie ermunterte den Hof zur Rückkehr nach St. Petersburg.

Zur Feier ihrer Thronbesteigung veranstaltete sie ein abendliches Festbankett, an das sich ein Ball anschloß. Ihr geliebter Biron war an ihrer Seite. Ihre Pekinesen hatte sie ebenfalls zu sich geholt. Sie kamen in einem ihrer Privatgemächer unter.

Den geladenen Gästen wurde eine Suppe aus Wolgafischen gereicht, dann Hunderte Austern aus dem Kaspischen Meer, Sterlet, Kaviar, zahllose Sorten Schinken aus Sibirien und dem Ural, französische und italienische Weine und Wodka. Anna war eine große und imposante Dame. Sie eröffnete den Ball am Arm eines Gardeobersten und demonstrierte so, daß sie sich auf die Armee stützen würde. Über diese Krönungsfeier wurde in ganz Europa noch lange geredet: Die neugekrönte Zarin hatte die Intrigen einiger wichtiger Adelsfamilien vereitelt, die in Rußland ein konstitutionelles Regime anstrebten ...

Für den Kremlpalast hatte Anna wenig übrig: Alles erinnerte an ihre unglückliche Kindheit bei ihrem Vater, dem schwachsinnigen Iwan V. Nur in ihrem Holzpalast von Ismailskoje bei Moskau fühlte sie sich wohl, und die Staatsgeschäfte kamen bei ihr erst an zweiter Stelle – nach ihrem Geliebten und den Pekinesen. Biron und die Hunde folgten ihr überallhin.

Die Kaiserin hatte eine Märchenerzählerin, eine ledige kalmückische Zwergin. Sie erzählte ihr stundenlang Sagen, in die der Aberglaube aus den duftenden Steppen von Astrachan einfloß. Das tragische Ende der Zwergin sollte in die Kremlannalen eingehen:

Anna beschloß eines schönen Tages, das verwachsene alte Mädchen mit Fürst Golizyn zu verheiraten. Golizyn war zum katholischen Glauben übergetreten und sollte deshalb den Hofnarren spielen. Sie ließ an den Ufern der Newa einen voll eingerichteten Palast ganz aus Eis erbauen. Vor den Augen des diplomatischen Corps begleitete die Kaiserin das Brautpaar zu seiner frostigen Residenz. Der Bräutigam war als Weihnachtsmann, seine Braut als dessen Tochter verkleidet. Einen Tag später waren beide tot. Die Leichen ließ man auf Annas Befehl hin im Eispalast liegen. Sie wurden im Frühjahr vom Schmelzwasser in die Newa gespült.

Anna hatte die Festlichkeiten bald satt. Sie zog sich mit Biron, ihren Pekinesen, Zwergen und Kartenlegerinnen zurück und vergaß die Staatsgeschäfte. Eine ihrer Lieblingsbeschäftigungen war die Jagd. Sofort nach der Thronbesteigung hatte sie in allen Räumen des Palastes Flinten deponieren lassen. Wenn sie die Lust packte, öffnete sie ein Fenster und schoß einen vorüberfliegenden Vogel ab. Die Ehrendamen mußten sich an dem Spiel beteiligen oder mußten gehen.

Während die Zarin sich so vergnügte, erschütterte eine ernsthafte Wirtschaftskrise das Land. Ein Beobachter, der Herzog von Liria, schrieb: »Rußland ist am Ende seiner fiskalischen Möglichkeiten angelangt und erreicht mit seinem Steuersystem nichts mehr. Die Staatsmacht erkennt das Eigentumsrecht seiner Untertanen nicht mehr an und beschlagnahmt unter jedwedem Vorwand ihre Erträge.«

8

Wie ein französischer Botschafter fast Herrscher über Rußland geworden wäre

In der ersten Hälfte des 18. Jahrhunderts stand Rußland mit Frankreich auf keinem guten Fuß. Das Osmanische Reich, Schweden und Polen, Rußlands Gegner, fanden in Versailles stets solide Unterstützung. Die europäische Großwetterlage war angespannt und jeder suchte nach Verbündeten. Frankreich galt als *die* Großmacht auf dem Festland, und England unternahm alles, um diese Vormachtstellung zu brechen. Anna überließ die Außenpolitik ganz ihren Beratern, und die gaben zum Leidwesen des französischen Botschafters, des Marquis de La Chétardie, Preußen den Vorzug.

Dagegen war Elisabeth, die Tochter Peters des Großen, für ihre franzosenfreundliche Haltung bekannt. Überwacht und beargwöhnt, hatte sie unter Annas Herrschaft den Hof verlassen und war in das kleine Moskauer Ismailowopalais übergesiedelt.

Die kinderlose Zarin Anna Iwanowna wollte die Dynastie ihres Vaters an der Macht halten. Sie holte ihre Nichte Anna Leopoldowna und deren Gatten Herzog Anton Ulrich von Braunschweig-Lüneburg an den Hof und erklärte deren Sohn Iwan zum Thronerben.

Anna Iwanowna starb am 28. Oktober 1740 und hinterließ die Regentschaft – »bis zur Volljährigkeit

Iwans VI.« – ihrem geliebten Biron. Der Historiker Kliutschewski faßte im 19. Jahrhundert Birons Herrschaft so zusammen: »Eines der düstersten Kapitel in unserer Geschichte, aber die düsterste Seite darin war die Zarin selbst...«

Mit einem neun Monate alten Säugling als Zaren und dem aus Deutschland stammenden Regenten stand es um Rußland nicht gut. Biron blieb allerdings nicht lange auf seinem Posten. Am Morgen des 9. November 1740 brachte man ihn in die Festung Schlüsselburg und verurteilte ihn zu einer lebenslänglichen Verbannung in Sibirien. Anna Leopoldowna, die Nichte der verstorbenen Zarin, übernahm die Herrschaft. Wieder verkündeten Trommelwirbel den Machtantritt einer Frau.

Das gemeine Volk, die meisten Gardeoffiziere und fast alle Soldaten sehnten die Herrschaft Peters des Großen zurück. Und sie hatten seine jüngste Tochter Elisabeth keineswegs vergessen... Die Zarewna war nach dem Tod ihres Verlobten Karl August von Holstein ledig geblieben, auch wenn sie sich die Einsamkeit mit schönen Jünglingen versüßt hatte. Ein besonders vertrauliches Verhältnis pflegte sie zu Frankreichs Botschafter La Chétardie. La Chétardie hatte begriffen, daß Zarin Annas Berater, die Österreich ergeben waren, Rußland in einen Krieg gegen Frankreich treiben würden. Der Diplomat schmiedete deshalb ein richtiges Komplott mit dem Ziel, Peters Tochter Elisabeth auf den russischen Thron zu hieven.

Diese innige Freundschaft, die in die Geschichte der Diplomatie eingehen sollte, erinnert an ein Mantel-und-Degenstück. Als der Marquis de La Chétardie im Dezember 1739 in Rußland ankam, war er vierunddreißig Jahre alt. Zwölf Sekretäre, sechs Köche und fünfzig Pagen und Lakaien begleiteten ihn. Der

Marquis war ein typischer Lebemann des 18. Jahrhunderts, leger und frivol, Offizier und Diplomat, vor allem aber ein Mann von Welt und ein großer Verführer vor dem Herrn. Sein diplomatisches Debüt in Rußland begann mit einer gastronomischen Neuerung. Um die Petersburger zu beeindrucken, forderte er am Hof von Versailles hunderttausend Flaschen mit französischen Spitzenweinen an. Die edlen Tropfen sollten bald darauf den ungarischen Tokaier der offiziellen Empfänge des Kreml ablösen und waren bald so geschätzt wie Wodka.

Während Anna Leopoldowna ihre Regentschaft vorbereitete und eine prodeutsche Linie verfolgte, rief der Diplomat eine franzosenfreundliche Opposition ins Leben. Zwischen 1739 und 1741 unterhielt La Chétardie zu Elisabeth ganz besondere Kontakte. Wie Michel Heller in seinem monumentalen Geschichtswerk *Histoire de la Russie et de son empire* schreibt, »scheute der Botschafter nicht davor zurück, ins Bett der Großfürstin zu schlüpfen«. Er bat Elisabeth, ihre moskowitische Zuflucht zu verlassen und nach St. Petersburg umzuziehen. Wichtigster Verbündeter in dieser Sache war ein gewisser Lestocq, ein ungarischer Hugenotte, der unter Peter dem Großen nach Rußland gekommen war. Als Heiler, Bader, Magnetopath und Spiritist gewann er rasch das Vertrauen der Zarewna.

Elisabeth war zu dieser Zeit eine prunkliebende Dame von achtundzwanzig Jahren. Sie war so vital wie ihre Eltern. Sie hatte wunderschönes kastanienbraunes Haar, schöne Zähne, einen charmanten Mund und blaue, ausdrucksvolle Augen. Sie liebte Festlichkeiten und Maskenbälle mit Geschlechtertausch. Nichts amüsierte sie mehr als alte Würdenträger, die sich mit ihren haarigen Armen und Waden in Schäferinnen und Feen verwandelt hatten. Später holte der Botschafter auch einen französischen Tanzlehrer in den Palast.

La Chétardie machte der Großfürstin den Hof und verlor sein Ziel nicht aus den Augen: Ihr auf den russischen Thron zu helfen und so ein dauerhaftes Bündnis zwischen beiden Ländern zu schmieden. Am 22. November 1741 forderte Regentin Anna die Zarewna Elisabeth auf, Lestocq den Laufpaß zu geben und zu dem französischen Botschafter sämtliche Beziehungen abzubrechen. Nach einer heftigen Aussprache entschloß sich die Großfürstin zum Handeln. Lestocq hatte sie nach dem Tod Peters II. zu überreden versucht, Ansprüche auf den Thron geltend zu machen. Vergeblich. Im Jahr 1741 hatte sich dies nun geändert. Die Zarewna hatte nicht nur die Unterstützung der Franzosen, sondern auch der Schweden hinter sich. Lestocq konnte sie dazu bewegen, den Regimentern Peters des Großen einen Besuch abzustatten.

Elisabeth erinnerte die Grenadiere daran, wessen Tochter sie war, und erhielt für ihre Sache rückhaltlose Unterstützung. La Chétardie hatte in einem klugen Schachzug an die Grenadiere große Mengen französischer Weine verteilen lassen. Die künftige Zarin versprach die Begnadigung aller zum Tod Verurteilter und zog mitten in der Nacht an der Spitze der Regimenter zum Palast der Regentin. Als Elisabeth das Schlafzimmer Anna Leopoldownas betrat, traf sie bei ihr ihre Busenfreundin Julia Mengden an:

»Es ist Zeit, Euch zu erheben, meine kleine Schwester.«

Anna stand auf und ergab sich widerstandslos. Sie bat nur, von ihrer Freundin nicht getrennt zu werden. Ihr Ehemann wurde im Kriegsministerium verhaftet, wo er seit einem Mißgeschick bei seiner Frau gewöhnlich schlief.

Schließlich holte Elisabeth den kleinen Zaren ab. Der arme Iwan VI., der seit seinem zweiten Lebensmonat Zar gewesen war, wurde mit fünfzehn Monaten entthront und verbrachte die restlichen zweiundzwanzig Jahre seines Lebens in völliger Isolation in Gefangenschaft.

Nach der prodeutschen Ära der vorigen Herrscher hielten in Rußland jetzt die französische Sprache und Lebensart ihren Einzug.

Nach dem geglückten Staatsstreich erhielten die Drahtzieher ihre königliche Belohnung. Lestocq bekam einen Grafentitel, La Chétardie wurde mit dem Band des St.-Andreas-Ordens und der erklecklichen Summe von eineinhalb Millionen Livres ausgezeichnet.

Am 28. November drückte Elisabeth in einem Schreiben an Ludwig XV. ihre Hoffnung aus, die Freundschaft zwischen beiden Höfen zu vertiefen. Dabei hob sie La Chétardies Rolle bei den zurückliegenden Ereignissen hervor. Aber dann brachte die Eitelkeit den Botschafter auf dem Gipfel seines Ruhms zu Fall: In Depeschen an den König von Frankreich scheute er sich nicht, pikante Details seiner diplomatischen Leistung zum Besten zu geben. Elisabeth gefalle ihm durchaus, »obwohl sie die Hüften einer polnischen Köchin hat und sich nicht gerne wäscht«. Außerdem vertrat er die Ansicht, das eigentliche Ziel Frankreichs sei nicht die Allianz mit St. Petersburg. Vielmehr gehe es um »den Wunsch, Rußland in seiner Bedeutungslosigkeit zu halten«. Der Marquis geriet mit seiner Haltung in Gegensatz zu dem einflußreichen Großkanzler Bestuschew-Rjumin. Der sorgte 1742 dafür, daß der Botschafter gehen mußte.

La Chétardie kehrte zwei Jahre später zurück, konnte seinen einstigen Einfluß bei der Zarin aber nicht zurückgewinnen. Aus gutem Grund: Christian Goldbach, ein hoher Beamter unter dem Großkanzler und ein talentierter Mathematiker, hatte den Geheimcode seiner Depeschen entschlüsselt. Elisabeth erfuhr den Inhalt seiner chiffrierten Schreiben und verzieh ihm die unflätigen Bemerkungen über ihre Beziehung niemals. Als *Persona non grata* wurde ihm der angesehene St.-Andreas-Orden aberkannt. Er wurde zur Grenze geleitet und abgeschoben. Auch das Porträtbild, eine mit Diamanten umrahmte Miniatur, das ihm Zarin Elisabeth am Anfang ihrer Freundschaft geschenkt hatte, mußte er wieder zurückgeben.

Der Mann, der gute Aussichten gehabt hatte, der Geliebte der Kaiserin oder sogar Zar von ganz Rußland zu werden, reiste an die Front nach Italien. Später versuchte er als Botschafter in Turin eine zweite Karriere als Diplomat. Sich selbst treu bleibend, buhlte er um die Gunst der Mätresse des Königs von Sardinien und wurde erneut zur *Persona non grata* erklärt. Von allen vergessen, starb das Versailler *Enfant terrible* 1758.

Dagegen bewahrte sich die Kaiserin stets eine gewisse Zuneigung zu Frankreich und erzählte mit Vergnügen, daß ihr Vater, Peter der Große, sie einst mit dem künftigen Ludwig XV. hatte verheiraten wollen.

Die Ausweisung La Chétardies vergiftete allerdings das Verhältnis zwischen Frankreich und Rußland. Versailles hatte in St. Petersburg keinen diplomatischen Vertreter mehr und stützte sich auf Geheimagenten, unter anderem auf den berüchtigten Chevalier Éon. Gerüchten zufolge soll er sich als Frau verkleidet in die unmittelbare Umgebung der Kaiserin eingeschleust und ihr Vertrauen erschlichen haben, eine romaneske Darstellung, die den historischen Tatsachen widerspricht. Richtig ist immerhin, daß Éon Geheimagent war und, als Sekretär des Schotten Douglas getarnt, dem Versailler Hof in St. Petersburg gedient hat. Ab August 1756 unterhielt er direkte Kontakte zur Zarin und trug so zur Wiederaufnahme diplomatischer Beziehungen zwischen Frankreich und Rußland bei.

Unter Elisabeths Herrschaft bildeten sich in Rußland zwei Machtzentren heraus: Gestärkt durch die Nähe zum Dreifaltigkeit-Sergios-Kloster, einem Zentrum der Orthodoxie, wurde Moskau eine »Heilige Stadt«. Die kaiserliche Verwaltung saß in St. Petersburg. Die neue Hauptstadt war damit Kaiserstadt und das Symbol für den Glanz Rußlands.

Die Metropole, die von Peter dem Großen gegründet worden war, hatte inzwischen vergleichbar viele Einwohner wie Moskau. Als das »Venedig des Nordens« wurde es an allen Höfen Europas bewundert. An der Newa entlang reihten sich inzwischen prunkvolle Paläste. Die Bauten und Brücken waren prachtvoller, die Alleen bei weitem breiter als die in der alten Kapitale. Das »elisabethanische Barock« ist vor allem mit dem Namen des Architekten Bartolomeo Rastrelli verknüpft. Dieser Sohn eines italienischen Bildhauers, der unter Peter dem Großen nach St. Petersburg gekommen war, entwarf zahlreiche Paläste, herrschaftliche Stadthäuser, Kirchen und die Anlage des Smolny-Klosters. Von Elisabeth beauftragt, begann er mit dem Bau des Winterpalastes. Allerdings sollte die Zarin dort niemals einziehen, denn die Arbeiten wurden erst ein Jahr nach ihrem Tod vollendet.

Unter Elisabeth wurden 1756 die ersten russischen Theater und ein Jahr später die Akademie der Schönen Künste gegründet. Die Arbeiten an der Akademie der Wissenschaften, die Katharina I. begonnen hatte, wurden abgeschlossen.

Elisabeth, die keine Kinder bekommen konnte, adoptierte den Sohn ihrer verstorbenen Schwester und Karls von Holstein und machte ihn zu ihrem Erben. Der verwaiste Vierzehnjährige traf 1742 in St. Petersburg ein und enttäuschte auf Anhieb seine Tante: Er war mager, unproportioniert, ungebildet und obendrein gewalttätig. Außerdem schwor er auf Friedrich II. von Preußen, während er die Russen verachtete und gezwungen werden mußte, ihre Sprache zu erlernen. Elisabeth tröstete sich damit, daß er sich nach den Flegeljahren bei einer guten Erziehung schon bessern würde. Aber in den nächsten beiden Jahren schienen sich weder sein Charakter noch seine körperlichen Defizite positiv zu verändern. Die Kaiserin hielt eine Heirat für hilfreich. Die Braut war eine Nichte ihres verstorbenen Verlobten Karl August von Holstein. Elisabeths unerfüllte Liebe sorgte so für den märchenhaften Aufstieg von Sophie von Anhalt-Zerbst, der späteren Katharina II. der Großen.

Als die künftige Zarin erstmals St. Petersburger Boden betrat, lagen die Paläste und Uferstraßen in dichtem Nebel verborgen.

Die deutsche Prinzessin hatte einst auf dem Stettiner Hauptplatz mit den Kindern der Stadt gespielt. Gott weiß, ob sie sich damals hätte träumen lassen, daß sie eines Tages den Thron des größten Reiches von Europa besteigen würde.

Die angebotene Partie war in politischer Hinsicht beneidenswert, aber menschlich eine Tragödie: Peter III. hatte ein pockennarbiges Gesicht und einen plumpen Körper. Er war hinterhältig und feige. Fürstin Daschkowa, eine berühmte Memoirenschreiberin, porträtierte Elisabeths Erben so: »Sich morgens als

Hauptgefreiter zum Appell melden, ausgiebig frühstücken, einen guten Burgunder trinken, den Abend mit seinen Hofnarren und einigen Frauen verbringen und die Befehle des Preußenkönigs ausführen, das machte das Glück Peters III. aus.«

Die russisch-orthodoxe Kirche machte aus Sophie Friederike Auguste eine Katharina Alexejewna. Die junge Frau geriet an einen Ehemann, der mit Dienstboten Trinkgelage feierte. Im ehelichen Schlafgemach lagerte eine Hundemeute. Wie sich bald herausstellte, war Peter III. praktisch impotent. Um Abhilfe zu schaffen, so die diplomatischen Berichte der Zeit, wurde ein »rascher chirurgischer Eingriff mit ungewissem Ausgang« vorgenommen. Mit seinem Verhalten sorgte dieser abstoßende Gatte schließlich dafür, daß Katharina sich von ihm endgültig abwandte. »Hätte ich einen Gemahl gehabt«, so schrieb sie später, »den ich hätte lieben können, wäre ich ihm das ganze Leben treu geblieben, denn ich neige überhaupt nicht zur Ausschweifung. Darüber möge Gott urteilen. Mein großes Pech besteht darin, daß ich nicht weiß, ob diese Veranlagung ein Laster oder eine Tugend ist.«

Sie wartete acht lange Jahre, bevor sie ihren Mann zum ersten Mal betrog. Und es geschah nicht einmal aus eigenem Antrieb. Zarin Elisabeth machte sich Sorgen, daß sie nicht schwanger wurde, und kümmerte sich um einen Bettgenossen. Katharina erzählt über Elisabeths Vorschläge: »›Ich schlage Euch vor, zwischen Sergei Saltykow und Leo Naryschkin zu wählen. Wenn ich nicht irre, habt Ihr Euch bereits für den zweiten entschieden.‹ Darauf rief ich aus: ›Nein, ich versichere Euch.‹ Daraufhin sagte sie mir: ›Nun gut, wenn der eine nicht der Richtige ist, ist es gewiß der andere.‹«

Graf Saltykow, nach Depeschen ein »eitler Libertin«, der von den »Frauen allzusehr verwöhnt wird und sich kaum um ihre Gefühle kümmert«, weihte die Großfürstin mit Bravour in die sinnlichen Genüsse ein. Die meisten Historiker gehen davon aus, daß er der Vater von Katharinas erstem Kind, dem späteren Paul I., ist. Gleich nach der Geburt dieses Sohnes schickte Elisabeth Saltykow ins Ausland. Als Zar soll Paul später den Liebhaber seiner Mutter zu sich bestellt und Auskunft verlangt haben, ob er sein Vater sei. Saltykow habe verlegen geantwortet: »Wir sind viele bei deiner Mutter gewesen.« Tatsächlich nahm bald nach seiner Abreise ein anderer seine Stelle ein.

Katharina sollte später die historischen Gepflogenheiten umkehren und ihrerseits Favoriten zu ihren politischen Musen machen. Der zweite Teil ihrer *Education sentimental* fiel romantischer aus: Ihr Geliebter, Stanislaus Augustus Poniatowski, war dreiundzwanzig Jahre alt, wohlerzogen und einfühlsam. Der Pole war 1755 als Sekretär des neuen britischen Gesandten nach Rußland gekommen. Bei der ersten Begegnung mit der Großfürstin verliebte er sich unsterblich in sie. Katharina war die erste Frau in seinem Leben. Wie sie selbst bekannte, sollte Poniatowski ihr alle seine Sehnsüchte und Ängste anvertrauen. Ihre Beziehung wurde zu einer aufrichtigen und dauerhaften Freundschaft. (Katharina machte ihn später sogar zum König von Polen.) Als einziger Liebhaber hinterließ er ein Porträt der großen Zarin, aus dem Liebe und Wertschätzung sprechen: »Sie war fünfundzwanzig Jahre alt und erholte sich von ihrer ersten Niederkunft. Damals eine voll erblühte Schönheit, hatte sie schwarzes Haar, eine erlauchte Blässe, ungemein lange Wimpern, eine griechische Nase, einen Mund zum Küssen, vollkommen geformte Hände und Arme, eine schlanke Taille, einen sehr behenden, aber doch erhabenen Gang, eine angenehme Stimme und ein fröhliches Lachen. Mit größter Leichtigkeit befaßte sie sich nach den lustigsten, ja albernsten Spielen mit einer Tafel mit Zahlen, die sie ebensowenig erschreckten wie Schriften.«

Liebe macht blind, hätte Katharina zu dieser Eloge gesagt. Sie selbst meinte jedenfalls, sie sei nie schön gewesen! Aber auch wenn ihre Züge nicht besonders fein waren, so hatte sie doch unleugbar Charme und Anmut.

Poniatowski kam wie gerufen. Die Großfürstin, die Mutter geworden war, lebte isoliert am Hof. Die Zarin verweigerte ihr den Kontakt zu ihrem Kind, und ihr Gatte, der Großfürst, begegnete ihr immer nur mit Abneigung. Der elegante Pole zog sogar Peter III. in seinen Bann. Und der Großfürst besaß die Dreistigkeit, sich nach intimen Details von Poniatowskis und Katharinas Liebesverhältnis zu erkundigen. »Ich ging oft nach Oranienbaum«, schrieb Poniatowski. »Ich traf dort am Abend ein, betrat über eine Geheimtreppe die Gemächer der Großfürstin und fand den Großfürsten und Elisabeth Woronzow vor. Wir aßen zusammen zu Abend, dann sagte der Großfürst, als er seine Mätresse hinausführte: ›Meine Kinder, ihr braucht mich nicht mehr!‹ Ich blieb, solange ich wollte.«

In dieser Begegnung mit Stanislaus zeichnete sich ein Machtkampf ab. Mit Unterstützung der Briten – der Dienstherren ihres Geliebten – und mit dem Großkanzler Bestuschew arbeitete Katharina einen regelrechten Plan zu ihrer Machtübernahme aus. Die Operation wurde allerdings zu früh gestartet. Elisabeth bekam Wind von den Machenschaften, ließ

Bestuschew (der über Katharinas Beteiligung eisern Stillschweigen wahrte) verhaften und den schönen Poniatowski des Landes verweisen.

Ein Unglück kommt selten allein: Der Großfürst beschloß, Katharina zu verstoßen und seine Liaison mit Elisabeth Woronzow zu legitimieren. Katharina hatte daraufhin eine stürmische Aussprache mit der Zarin. Der zukünftige Zar lauschte versteckt hinter dicken Wandbehängen in Elisabeths Salon und mußte zugeben, daß seine Frau Standhaftigkeit und Mut besaß. Verdankte sie es ihrer kühlen Berechnung, ihrer Charakterstärke oder dem Glück? Jedenfalls eroberte die Großfürstin ihre Position zurück.

Liebe und Macht mußten jetzt in Einklang miteinander gebracht werden. Nach der Trennung von ihrem Geliebten 1758 versuchte Katharina ihren Schmerz durch ein kurzes Zwischenspiel mit dem Russen Jelagin zu vergessen. Von dieser Liaison blieben nur ein paar Briefe, die ersten, die sie in Russisch geschrieben hatte.

Im Jahr 1760 starb Elisabeth. Peter III. bestieg den Thron. Zwischen den Eheleuten entbrannte ein gnadenloser Krieg. Von einer Machtübernahme Katharinas konnte keine Rede sein, sie kämpfte vielmehr ums Überleben: Sofort nach der Thronbesteigung wollte Peter sie für den Rest ihrer Tage in ein Kloster schicken. Wo würde sie wirksame Unterstützung finden? Am Hof? Bei Jelagin? Ihre Umgebung war zu weich, zu sehr mit den eigenen Vergnügungen beschäftigt, um ihre hochfliegenden Pläne zu verwirklichen. Zudem war Katharina Deutsche, und augenblicklich wütete der Siebenjährige Krieg. Es hätte für Katharina ein großes Risiko bedeutet, sich in einer Zeit, in der sich das europäische Kräftegleichgewicht zu Ungunsten Rußlands verändert hatte, ans Ausland zu wenden. Ein Ausweg war erneut der Appell an eine Armee, die mit ihrem Zaren unzufrieden war.

Katharina setzte auf skrupellose Verschwörer, die das Laster, Verwegenheit und Abenteuerlust vereinten: die Gebrüder Orlow. Sehr rasch begriffen die Orlows, daß sie die Macht nur an sich reißen konnten, wenn sie Katharina auf den Thron setzten. Und dazu mußte der Zar beseitigt werden.

Einmal mehr kündigten 1762 die Trommelwirbel der Garde die Thronbesteigung einer Zarin an.

Von nun an sollten sämtliche Favoriten Katharinas die Uniform und goldenen Epauletten der kaiserlichen Garde tragen. Sie hatten alle praktisch das gleiche Profil: eine eindrucksvolle Statur, eine leistungsstarke Manneskraft und grenzenlosen Wagemut. Und keinem sollte Glück beschieden sein.

Die junge Kaiserin, die vor kurzem in den schwachen Armen des schönen Poniatowski vom Absoluten geträumt hatte, schrieb nach dem Staatsstreich ihrem Geliebten: »Adieu. Es gibt im Leben seltsame Situationen.« Aber der Mann, den sie später zum König von Polen einsetzte, wollte nur dies eine: Katharina wiedersehen. Am 27. November 1762, vier Jahre nach seiner Abreise, schrieb sie ihm erneut: »Nun, da Ihr nicht begreifen wollt, was ich Euch seit sechs Monaten sage, muß ich deutlich werden: Wenn Ihr hierherkommt, laufen wir beide Gefahr, getötet zu werden …«

Auf Katharinas Thronbesteigung folgten zehn Jahre Intrigen und Demütigungen. Ihr neuer Günstling, Grigori Orlow, war das genaue Gegenteil seines Vorgängers: ein roher, brutaler Flegel, untreu und eifersüchtig. Aber hatte sie ihm die Knute nicht selbst gereicht, als sie ihm die Initiative überließ, sich um ihren Mann »zu kümmern«? Orlow hatte sie in seiner Gewalt.

Grigori Orlows zahlreiche nächtliche Eskapaden stürzten Katharina in echte depressive Krisen. Trotz ihres Herzschmerzes führte sie mit eiserner Hand das Land, das sie zu ihrer Wahlheimat erkoren hatte. Ihre ungewöhnliche Anpassungsfähigkeit faßte Fürst Wjasemski so zusammen: »Vieles aus unserer Geschichte läßt sich aus der Tatsache erklären, daß ein Russe, nämlich Peter der Große, sich bemüht hat, uns zu Deutschen zu machen, während eine Deutsche, nämlich Katharina die Große, aus uns Russen machen wollte.«

Was war das Erfolgsgeheimnis dieser außergewöhnlichen Frau? Ihr blindes Selbstvertrauen? Ihr unerschütterlicher Mut? Ihr starker Charakter? Katharina, die legendäre Frohnatur, verfügte über einen rastlosen Tatendrang und grenzenlose Lebenslust. Ihr Wesen war facettenreich. Als Autokratin knüpfte und löste sie Allianzen, hob die Moral ihrer Generäle, wies Könige in die Schranken, spähte mit Adleraugen nach Westeuropa und häufte voller Sorge um ihren Ruhm in der Nachwelt Kunstschätze an. Auf der anderen Seite war sie die ewige Mätresse, der man die Ehre nur allzu gerne absprach. Anständig und egoistisch, flatterhaft und energisch, war sie eine liebevolle Mutter, die im reifen Alter von ihren Enkeln erzählte. Aber mußte sie dies nicht auch alles sein, um ein solches Schicksal zu erdulden …?

Was sollte sie im Augenblick tun? Sich ins Unannehmbare fügen? Ihren Liebhaber Orlow, der sie bei Wutausbrüchen körperlich mißhandelte, mit Schmeicheleien besänftigen? Sie hatte bei ihm Einfühlungsvermögen und Zärtlichkeit gesucht, konnte ihn aber mit all ihrem Charme nicht bändigen. Bei diesem Rohling waren Hopfen und Malz verloren. Er war sich seiner Macht und des Einflusses seiner Familie nur allzu sicher und regierte als unangefochtener Herrscher über Rußland.

Katharina wartete geduldig auf eine Möglichkeit, sich ihn vom Hals zu schaffen. Als er einmal abwesend war, bot sich ihr dazu die Gelegenheit. Geschickt gab sie ihm nicht offen den Laufpaß, sondern holte sich einen Günstling, den schönen Wassiltschikow, den Orlows Feinde bei ihr eingeführt hatten, ins Schlafgemach.

Auf den verhaßten, aber trotz allem auch geschätzten Mann folgte so ein anderer, den sie nicht lieben konnte, weil sie ihn für dumm und langweilig hielt. Nach seinem Sturz bekannte sie denn auch demütig: »Ich war nur eine *Femme entretenue.* Und so wurde ich auch behandelt.«

Zu dieser Zeit tauchte der Name eines Mannes auf, der ein ruhmreiches Kapitel der russischen Militärgeschichte eröffnen und Katharinas Herz erobern sollte: Grigori Potemkin. Der General wurde ihr Geliebter und blieb ihr engster Berater – obwohl sie mit seiner stillschweigenden Billigung weiterhin andere Liebhaber hatte.

9

Die Kunst, Großmutter zu sein

Katharina II. hat die Hintergründe der Geburt ihres Sohnes Paul im dunkeln gelassen. Sie zog ihm im übrigen ihren Enkel Alexander vor. Das Kind wuchs im kulturellen Umfeld Frankreichs auf – umgeben von Emigranten, die der Französischen Revolution entflohen waren. Sein Hauslehrer, der Philosoph La Harpe, erzog ihn im Geist der Aufklärung und übte auf ihn nachhaltig Einfluß aus. Alexander sollte später gleich nach seiner Thronbesteigung den Schweizer Romand, den sein Vater Paul I. entlassen und der eine Zeitlang an der Spitze der Eidgenossen gestanden hatte, wieder zu sich rufen. Katharina II. wählte La Harpe aus, obwohl er überzeugter Republikaner war: Ihre Enkelkinder sollten später aufgeklärte Monarchen werden. Der Historiker Wassili Kliutschewski hat die russischen Monarchen am treffendsten porträtiert. Nach ihm waren die persönlichen Qualitäten Alexanders I. nicht mit denen des Zaren Alexei, dem Sohn Michael Romanows, vergleichbar: Alexander sei »eine schöne Treibhausblume gewesen, die weder die Zeit noch die Fähigkeit hatte, sich an den russischen Boden zu gewöhnen. Er wuchs und gedieh, solange die Zeiten gut waren, doch kaum fegten die Stürme aus dem Norden über das Land, verkümmerte und verfiel er.«

Katharina spielte auch die entscheidende Rolle bei

der Auswahl der künftigen Zarinnen, indem sie Deutsche an ihren Hof holte. Alle Zarinnen sollten von da an mit einer Ausnahme (Alexander III. heiratete eine Dänin) deutscher Abstammung sein.

Die Prinzessinnen wurden blutjung ausgewählt, im Alter zwischen vierzehn und sechzehn Jahren, solange sie noch schüchtern und formbar waren. Alle Zeremonien liefen streng nach der Etikette ab, beginnend bei der feierlichen Ankunft der künftigen Großfürstin bis hin zu ihrer Vermählung. Das junge Mädchen wurde am Bahnhof von den Karossen des Hofs abgeholt. Den gesamten Weg bis zum Winterpalast, wo der Braut die hohen Würdenträger vorgestellt wurden, standen die kaiserlichen Garden Spalier. Der Zar eskortierte hoch zu Roß die von acht grauen Pferden gezogene Kutsche mit der Kaiserkrone obenauf. Die Großfürsten folgten zu Pferd, die Großfürstinnen ebenfalls in Prunkkarossen. Der nächste Parcours war eine Art Besichtigungstour zu den kaiserlichen Palästen in St. Petersburg und der Umgebung, eine Gelegenheit, die junge Ausländerin in die Landesgeschichte einzuführen. Als weitere wichtige Etappe wurde der jungen Braut die Kultur ihres künftigen Heimatlandes eingeimpft, um eine nahtlose Integration zu gewährleisten. (Katharina II. gelang dies bis zur Perfektion.) Die künftigen Großfürstinnen mußten Russisch lernen und sich zum russisch-orthodoxen Glauben bekehren. Sehr schnell verloren sie jeden Kontakt zu ihrer Heimat. Wenn sie ihre deutsche Identität erst einmal abgelegt hatten, konnten sie echte Slawinnen werden. Das Hochzeitszeremoniell blieb bis zur Herrschaft Nikolaus' II. unverändert.

Nach ihrer Vermählung steckte die junge Gattin in der Zwangsjacke der russischen Monarchie. Sie mußte auf einen eigenen Geschmack und eine eigene Persönlichkeit verzichten. Auf diese Art mutierte sie zur

Hüterin der jahrhundertealten russischen Traditionen und zu einer Galionsfigur der russischen Nation.

Vorerst aber machte Katharina sich Sorgen, weil sich bei ihrem vierzehnjährigen Enkel Alexander bereits »sowohl in den Reden als auch in nächtlichen Streifzügen starke körperliche Begierden zeigten, die sich im Zuge seiner häufigen Unterhaltungen mit hübschen Frauen verstärkten«. Die Kaiserin übertrug daraufhin einer Hofdame die Aufgabe, ihren Enkel in die »Mysterien aller von der Sinnenlust hervorgebrachten Leidenschaften« einzuführen. Weitblickend dachte Katharina an die künftige Vermählung und holte zwei Schwestern an den Hof, die Prinzessinnen Luise und Frederike von Baden. Von Maria Fjodorowna, der Gattin Pauls I., erfuhr Katharina schließlich, Alexanders Herz schlage für Luise: »Alexander schreibt uns, die entzückende Luise gefällt ihm täglich besser. Sie sei eine Schönheit der besonderen Art, und so charmant und bescheiden ...«

Luise schrieb ihrerseits ihrer Mutter: »Der Großfürst Alexander ist sehr groß und gut gebaut. Vor allem hat er sehr gut geformte Beine und Füße, obgleich sein Fuß etwas groß ist, aber nicht unangemessen für seine Größe. Er hat hellbraunes Haar, blaue, nicht sehr große, aber auch nicht zu kleine Augen, sehr schöne Zähne, eine nette Gesichtsfarbe und eine gerade, sehr hübsche Nase. Sein Mund erinnert an den der Kaiserin.«

Der spätere Sieger über Napoleon kleidete sich gerne von Kopf bis Fuß in Schwarz. Er hatte die Angewohnheit, seine ledernen Hosen anzufeuchten, damit seine klassisch schönen Körperformen besser zur Geltung kamen. Die Hofdamen beurteilten seine Figur so: »Alle Partien seines Leibes hätten einem Bildhauer als Modell dienen können.«

10

Die Amouren des russischen Sphinx

Großfürst Alexander heiratete am 23. September 1793 Luise von Baden, die von der russisch-orthodoxen Kirche in Elisabeth umgetauft worden war. Nach dem Ritus, den seine Großmutter eingeführt hatte, trug er einen Kaftan aus Silberbrokat mit diamantverzierten Knöpfen. Das quer laufende Band des St.-Andreas-Ordens schmückte seine Brust. Elisabeth legte nach dem Gottesdienst das schwere, steife und mit Silberfäden durchwirkte Hochzeitskleid mit Brillanten und Perlen an. An ihre Taille wurde eine Schleppe angeheftet, die mit Lilien und silbernen Rosen bestickt war. Auf ihren Kopf drapierte man einen Schleier aus Spitze und darüber eine kleine Krone aus Apfelsinenblüten. Eine hermelinverbrämte Samtschärpe bedeckte schließlich ihre Schultern. Unter der Last dieser Prunkgewänder geriet die kleinste Bewegung zur Strapaze. Katharina schenkte der Großfürstin zur Hochzeit ein Diadem mit einem prachtvollen rosa Diamanten, eine kleine diamantbesetzte Krone, Ohrringe, Ringe und Armbänder.

Am Abend der Hochzeit besiegelten ein Festbankett und ein anschließender Ball die feierliche Aufnahme der Großfürstin in die Familie. Man tanzte die Polonaise, die Katharina II. in Mode gebracht hatte. Alexander schritt drei Runden durch den Saal und wechselte jedesmal die Partnerin. Bei der Trennung versanken die Damen in einen Knicks, während die Kavaliere sich vor ihnen verneigten. Schließlich traf Alexander wieder auf Elisabeth. Die Brautleute, gerade sechzehn und fünfzehn Jahre alt, waren ein vollkommenes Paar.

»Amor und Psyche vereint«, schrieb die große Zarin dem Fürsten von Ligne.

Als eine privilegierte Beobachterin der Romanze porträtierte Gräfin Choiseul-Goffier die Großfürstin so: »Ein griechisches Profil wie eine Kamee, große blaue Augen, ein makelloses Oval und bewundernswert blondes Haar.«

Die Diplomaten geizten nicht mit Lob: »Sehr hübsch, mit einem süßen, interessanten Gesicht, ist sie größer und weiter entwickelt als in ihrem Alter üblich.« »Ihre Person strahlt Eleganz aus, und sie hat einen majestätischen, schwebenden Gang.«

In Zarskoje Selo wurde den Jungvermählten ein Schloß errichtet. Sie erhielten zudem im Winterpalast prunkvoll ausgestattete Gemächer. Die Wandbespannungen und die Täfelung des Schlafzimmers beherrschten die Farben Rosa, Weiß und Gold. Die großen Fenster des blauen und silbernen Salons gingen zur Newa hinaus.

Die jungen Eheleute stürzten sich Hals über Kopf ins gesellschaftliche Leben. Der Großfürst, von allen Frauen vergöttert, genoß den Trubel besonders. Seine Gattin, ein zartbesaitetes Naturell mit schwacher Konstitution, suchte allerdings eher Geborgenheit als öffentliche Auftritte. Sie träumte von einem ruhigeren Leben in der Familie.

»Man ist ständig mit Nichtstun beschäftigt«, schrieb sie ihrer Mutter. »Diese Woche verbringen wir mit Tanzen. Seit Montag ist kein Tag vergangen, an dem wir nicht getanzt haben. Dienstag hatten wir einen Ball, sogar mit Walzer; gestern einen Maskenball bei einer der ersten Hofdamen der Kaiserin; heute abend eine Gesellschaft in der Eremitage. Das Verhalten Alexander Pawlowitschs hat meine Hoffnungen im Oktober und November nicht erfüllt. Er befaßt sich mit kindischen und vor allem militärischen Nebensächlichkeiten und treibt in seinem Kabinett nach dem Beispiel seines Bruders mit den Dienern alberne Spiele. Diese Spiele sind für sein Alter typisch, aber für seinen Stand ungehörig. Seine Frau kann das bezeugen.«

Unreif war das Verhalten des Großfürsten auch gegenüber seiner Gattin. Er brachte ihr zwar eine große Zuneigung entgegen, war aber auch etwas grob, was für einen Mangel an Erziehung sprach. Das junge Paar, das so oft als Vorbild gepriesen wurde, geriet in eine Krise.

Die Umgebung bemühte sich nach Kräften, den Eheleuten Gelegenheiten zum Seitensprung zu geben. Platon Subow, der neueste Favorit der Kaiserin, stellte der Großfürstin eine Falle. Im Vertrauen auf seine Immunität machte er ihr vor aller Augen beharrlich den Hof. Elisabeth geriet in eine heikle Situation. Sie tat ihr Bestes, den zudringlichen Verehrer, der zugleich Katharinas Geliebter war, möglichst zuvorkommend abzuweisen. Alexander war zwar besorgt, begegnete dem potentiellen Nebenbuhler aber auch mit Höflichkeit: »Graf Subow ist seit dem ersten Sommer meiner Ehe in meine Frau verliebt, das heißt, seit einem Jahr und einigen Monaten. Stellt Euch vor, in welch unbehaglicher Situation meine Frau, die sich wahrhaftig wie ein Engel verhält, jetzt stecken muß. Ihr werdet allerdings zugeben, daß die Haltung, mit der man Subow begegnen muß, schrecklich unangenehm ist... Behandelt man ihn gut, kommt dies einer

Billigung seiner Liebe gleich, und begegnet man ihm kühl, um ihn zu maßregeln, nimmt die Kaiserin, die davon nichts weiß, es einem womöglich übel, daß man einen Mann, der ihre Gunst hat, nicht auszeichnet. Es ist ungemein schwierig, die Mitte zu halten, vor allem angesichts einer Öffentlichkeit, die so bösartig ist und so gerne Bosheiten austeilt, wie unsere.«*

Katharina wußte von den Avancen ihres Geliebten durchaus und amüsierte sich. Als er den Bogen überspannte, rief sie ihn allerdings zur Ordnung. Aus Angst vor einem Laufpaß kam er wieder zur Ruhe.

Die Zarin war vor allem damit befaßt, ihren Sohn vom Thron fernzuhalten und ihren Enkel Alexander als Nachfolger aufzubauen: Ein Zar Paul hätte das Ende ihres Traums vom aufgeklärten Absolutismus in Rußland bedeutet. Allerdings schien Großfürst Alexander die Herrschaft gar nicht anzustreben. Er kritisierte ungeniert die Politik seiner Großmutter, wenn auch nur hinter ihrem Rücken. Er erklärte, er hasse die Alleinherrschaft. Die Französische Revolution habe trotz aller Exzesse eine heilsame Wirkung ausgeübt. Außerdem näherte er sich seinem Vater an.

Paul und seine Gattin Maria Fjodorowna lebten bei St. Petersburg im Palast von Gatschina. Der zukünftige Zar, der sich zu Friedrich II. als seinem Vorbild bekannte, hatte aus dem Gut ein richtiges deutsches Lehen gemacht. Ohne ersichtlichen Grund donnerten dort immer wieder Kanonen. Die Soldaten trugen deutsche Uniformen, hohe Stiefel, Handschuhe bis zu den Ellenbogen und überdimensionierte Dreispitze. Paradoxerweise gefiel Alexander diese Atmosphäre.

* Alexander hatte diesen Brief auf Französisch an seinen Freund geschrieben, Graf Viktor Kutschubej, den Botschafter Rußlands in Konstantinopel.

Drei- bis viermal die Woche zog es ihn nach Gatschina. Gleich nach der Ankunft legte er die französische Tracht ab und schlüpfte in eine preußische Uniform.

In Zarskoje Selo konnte Katharina den fernen Donnerhall der Artillerieübungen hören, mit denen sich ihre Enkelkinder vergnügten. Alexanders Annäherung an Paul war ihr ein Dorn im Auge. Zum Handeln entschlossen, verfaßte sie einen feierlichen Erlaß, der statt Paul Alexander zum Thronerben bestimmte. Der *Ukas* sollte am 24. November 1796, dem Tag der Heiligen Katharina in Rußland, öffentlich verkündet werden. Aber es kam anders.

Zwanzig Tage vor dem entscheidenden Datum stand die Familie am Sterbebett der Zarin. Alexander wollte keinen Anspruch auf die Krone erheben. Aber sein Vater verbrannte trotzdem vorsichtshalber Katharinas Testament. Seiner Ausrufung zum Zaren stand nichts mehr im Wege.

Am 6. November 1796 betrauerte Rußland Katharina die Große und bejubelte den neuen Herrscher Paul I.

»Ach, wie war ich betroffen, daß der Kaiser [Paul] so wenig Schmerz zeigte«, schrieb Elisabeth. »Man gewann den Eindruck, sein Vater und nicht seine Mutter sei gestorben, denn er sprach nur von diesem und hat sämtliche Räume mit seinen Porträts ausgeschmückt. Über seine Mutter sagt er kein Wort, es sei denn, er tadelt sie oder zerreißt lauthals alles, was in ihrer Zeit erreicht worden ist.«

Maria Fjodorowna trat mit der Thronbesteigung ihres Mannes aus dem Schatten heraus, in dem sie unter Katharina gestanden hatte. Ihr neues Selbstbewußtsein sollte als erste Großfürstin Elisabeth zu spüren bekommen.

Alexanders Frau war bei der Krönung Pauls I. 1797

achtzehn Jahre alt und eine voll erblühte Schönheit. Mit ihrer schmalen und geschmeidigen Taille erinnerte sie an eine Sylphide. Ihr aschblondes Haar fiel wallend in ihren Nacken und in ihre Stirn. Für den Krönungstag hatte sie frische Rosenblüten in den Diamantenschmuck gesteckt, den sie an der Seite trug. Maria Fjodorowna blickte sie streng an, riß die Blumen heraus und warf sie auf den Boden. »Das paßt nicht zu diesem großen Schmuck!« zischte sie.

Die Großfürstin sollte sich bald über die Regierungsweise ihres Schwiegervaters aufregen. »Oh! Madame«, schrieb sie, »es tut weh, schrecklich weh, täglich die Ungerechtigkeiten, die Brutalität mit anzusehen, mit denen Menschen ins Unglück gestürzt werden (wie viele hat er nicht auf dem Gewissen), und gleichzeitig Respekt und Wertschätzung für einen solchen Menschen vorzuschützen … Ich bin zwar die ehrerbietigste Schwiegertochter, aber in Wahrheit ohne Zuneigung. Im übrigen ist es ihm gleichgültig, ob er geliebt wird, wenn man ihn nur fürchtet. Das hat er selbst gesagt. Sein Wunsch geht im allgemeinen in Erfüllung. Er wird gefürchtet und gehaßt …«

Allein in feindseliger Umgebung litt Elisabeth unter der Gleichgültigkeit ihres Ehemanns. Wenn Alexander entnervt von den subalternen Tätigkeiten zurückkehrte, die sein Vater ihm auferlegte, schenkte er ihr nicht die gewünschte Aufmerksamkeit. Die Liebe, die sie sich seit ihrer Hochzeit vergebens erträumte, fand sie schließlich bei Alexanders bestem Freund, dem Fürsten Adam Czartoryski, einem anziehenden Polen. Alexander stieß sich nicht an dem Verhältnis und förderte es sogar. Daß er nicht eifersüchtig war, hatte er während Platon Subows Avancen bereits gezeigt. Fand er es amüsant und vergnüglich, Elisabeth mit einem engen Freund zu teilen? Jedenfalls begünstigte er diese Liaison, über die der Hofstaat tuschelte. Alexander hob ja gerne seine Erziehung hervor, die sich »auf die Prinzipien Natürlichkeit, Vernunft, Freiheit des Individuums und eine gesunde und normale Lebensart« gegründet hatte.

Am 18. Mai 1799 brachte Elisabeth ein Mädchen zur Welt. Die kleine Maria hatte schwarze Haare und schwarze Augen. Als man sie dem Kaiser zeigte, meinte er trocken: »Glaubt Ihr, ein blonder Ehemann und eine blonde Frau können ein dunkles Mädchen bekommen?«

Diesmal hatte die Affäre für Adam Czartoryski Konsequenzen. Paul befahl seinem Premierminister Rostopschin, der dies in seinem Tagebuch festhielt, den Polen »möglichst rasch auf diplomatische Mission nach Sardinien zu entsenden«.

Kurz nach seiner Abreise verlor Elisabeth ihre Tochter.

»Seit diesem Morgen habe ich kein Kind mehr. Sie ist tot!« schrieb sie am 27. Juli 1800 auf Französisch ihrer Mutter. »Mama, es ist furchtbarer, als man sagen kann, wenn man sein Kind verliert. Ich kann Euch über dieses Unglück heute keine Einzelheiten mitteilen.«

Alexander war ratlos. Nach der Abreise des unersetzbaren Adam Czartoryski hatte sich die kleine Gruppe seiner engsten Berater aufgelöst. In seinem Weltschmerz und seiner Einsamkeit näherte er sich seiner Frau wieder an.

»Ich möchte dem Kaiser nichts schuldig bleiben …«, schrieb sie ihrer Mutter. »Um sich am Großfürsten und seinen Freunden zu rächen, arbeiten gewisse Kreise an der Zerstörung meines Rufs. Was sie davon haben, weiß ich nicht, es ist mir aber auch ganz gleich. Ich habe mir nichts vorzuwerfen. Falls man mich mit dem Großfürsten auseinanderbringen will, so wird dies nicht gelingen. Er, der alle meine Gedanken und mein Tun kennt, wird sich mit mir niemals überwerfen.« Oder: »Vor einiger Zeit gefiel er mir wahnsinnig, aber jetzt, da ich ihn kennenlerne, fallen mir gewisse Nichtigkeiten auf, wirklich Nichtigkeiten ... und einige von ihnen gefallen mir nicht und haben meine *exzessive* Liebe zu ihm zerstört. Ich liebe ihn noch immer sehr, aber auf andere Weise.«

Zwischen den jungen Eheleuten war längst jede körperliche Anziehungskraft erloschen. Die Leidenschaft ersetzten nun Freundschaft und gegenseitiges Vertrauen, um nicht zu sagen, eine Komplizenschaft. Sie waren gerne mit sich allein, ohne indiskrete Zuhörer, und redeten über ihre Zukunft.

Pauls Außenpolitik gestaltete sich noch konzeptionsloser als seine Innenpolitik, die jede freiheitliche Regung im Keim erstickte. Nach Beendigung des Persienfeldzugs, den Katharina II. begonnen hatte, war ihm die Besetzung Maltas durch Napoleon Bonaparte ein Dorn im Auge. Er ließ sich zum Großmeister des Malteserordens wählen und erklärte Frankreich den Krieg. Dann wurde Napoleon für ihn ein neuer Friedrich II., ein leuchtendes Vorbild und ein Freund, den man sich warmhalten mußte. Mit seiner Annäherung an Frankreich überwarf er sich mit England, weil es entgegen seinem Versprechen Malta den Malteserrittern nicht zurückgegeben hatte. Anschließend sandte der Zar Truppen zur Eroberung Indiens aus.

Aus Sorge über diesen zerfahrenen Kurs wurden in Pauls Umgebung konkrete Umsturzpläne geschmiedet. Eine Verschwörung, an der sich Mitglieder der kaiserlichen Familie und die Garde beteiligten, besiegelte sein Schicksal.

In der Nacht vom 22. auf den 23. März 1801 drang

eine Gruppe Offiziere in Pauls Gemächer im Michailowskipalast ein. Angeführt wurden sie von Graf von Pahlen. Walerian Subow, Platons Bruder, schlug den Zaren mit einer schweren Tabakdose nieder, dann erdrosselte ihn ein anderer Offizier mit seinem Halstuch.

Als Pahlen in Alexanders Privatgemächer trat, traf er den Zarewitsch in Galauniform an. Er weinte in den Armen seiner Frau.

»Genug der Kindereien«, soll Pahlen gesagt haben. »Jetzt wird regiert!«

Nach einigen Verschwörern soll Alexander dem Mord an seinem Vater hinter einem Vorhang beigewohnt haben. Dazu schrieb Großfürst Nikolaus, ein beschlagener Historiker der Familie Romanow: »Der Thronerbe kannte sehr genau alle Details des Komplottes, unternahm aber nichts, um es zu vereiteln.« Dagegen gehen die meisten russischen Historiker davon aus, daß Alexander mit einer Abdankung seines Vaters gerechnet hatte und die Verschwörer ihn mit dessen Ermordung vor vollendete Tatsachen stellten.

Von da an wurde das Kaiserpaar von der Angst verfolgt: Elisabeth vergaß nie, daß Alexanders Großvater und sein Vater aus politischen Gründen von Verschwörern aus dem direkten Umfeld getötet worden waren. So verkündete denn auch das Manifest, das die Thronbesteigung des jungen Zaren ankündigte, er werde »nach den Gesetzen und dem Herzen Katharinas der Großen« regieren.

Alexander I. begann seine Regierungszeit mit populären Maßnahmen. Er rief die Kosaken zurück, die sein Vater in einen Eroberungsfeldzug nach Indien geschickt hatte, begnadigte Gefangene, ließ Verbannte zurückkehren und ersetzte die preußischen durch russische Uniformen. Zu den ersten Rückkehrern gehörten sein einstiger Hauslehrer La Harpe und sein Freund Czartoryski. Die Russen durften wieder ins Ausland fahren und Ausländer nach Rußland einreisen.

In den Stunden des Triumphes nimmt das Schicksal mitunter eine unerwartete Wendung. Während Elisabeth jubelte: »Ich atme mit ganz Rußland auf!«, erlag ihr Gatte den Reizen Maria Naryschkinas, einer »überirdischen Schönheit« polnischer Abstammung. Die überspannte Maria war eine Verwandte von Napoleons Mätresse Maria Walewska und trug einen großen russischen Namen. Die Naryschkins besaßen ein beträchtliches Vermögen und hatten in den Annalen des russischen Hofs seit Jahrhunderten eine Rolle gespielt. Auch die Mutter Peters des Großen war eine Naryschkina gewesen!

Maria suchte bei ihrem kaiserlichen Geliebten jedenfalls niemals materielle Vorteile.

Alexander pflegte zu seinen Kameraden zu sagen: »Ihr versteht nichts von den Reizen einer Unterhaltung mit Frauen, ihr treibt die Dinge immer gleich zu weit.« Würde diesmal er die »Dinge« zu weit treiben? Maria Naryschkina weckte in ihm eine Leidenschaft, über die er selbst staunte. In ihren Armen vergaß er den Prunk und die Zwänge bei Hof.

Als seine Favoritin eine kleine Sophia zur Welt brachte, jauchzte der Zar vor Freude. Elisabeth, die noch immer darunter litt, daß sie kein Kind hatte, teilte ihrer Mutter (wieder in Französisch) ihre Verbitterung mit: »Sie war so schamlos, mich in ihre Schwangerschaft als erste einzuweihen …«

Alexander verließ seine Frau nicht, sondern führte zwei sich ergänzende Leben. Er nahm seine Mahlzeiten mit Elisabeth ein und umgab sie in der Öffentlichkeit mit Aufmerksamkeiten. Er übernachtete sogar in ihrem Schlafzimmer. Er war zwar glücklich, daß ihm

Festessen Iwans des Schrecklichen
(Russische Chronik)

Strafvernehmung des Zarewitschs Alexei Petrowitsch
durch Peter den Großen in Peterhof;
Peter ließ seinen ältesten Sohn 1718 des Hochverrats
anklagen und zum Tode verurteilen.
(Gemälde von Nikolai N. Ge, 1872, Öl auf Leinwand)

Katharina I.
Gemahlin Peters des Großen,
Zarin von Rußland 1725–1727
(Zeitgenössischer Kupferstich
von Christian Albrecht Wortmann)

Elisabeth Petrowna
mit ihrer älteren Schwester Anna Petrowna
(Gemälde von Louis Caravaque, 1717, Öl auf Leinwand)

Elisabeth Petrowna
Zarin von Rußland 1741–1762,
Tochter Peters des Großen
(Gemälde von Alexej P. Antropow,
um 1750/60, Öl auf Leinwand)

Katharina II. (die Große)
Zarin von Rußland 1762–1796
(Gemälde von Pietro Antonio Rotari,
um 1758, Öl auf Leinwand)

Maria Fjodorowna
Gemahlin Pauls I., geb. Prinzessin Sophia Dorothea von Württemberg
(Gemälde aus dem Kreis um Johann Baptist Lampi, Ende des 18. Jahrhunderts)

Zarin Maria Alexandrowna
mit ihrem Mann Alexander II.,
Zar von Rußland 1855–1881
(Fotografie, späte 1860er Jahre)

Nikolaus II.
Zar von Rußland 1894–1917
mit seiner Braut Alix von Hessen-Darmstadt,
der späteren Zarin Alexandra
(Fotografie, 1894)

Nikolaus II.
mit Zarin Alexandra und ihren Kindern
Maria, Alexei, Tatjana, Olga und Anastasia
(Fotografie, 1913)

Leonid Iljitsch Breschnjew
mit seiner Ehefrau Viktoria und der Urenkelin Galia
(Fotografie, 1981)

Die »rote Zarin«: Raissa Gorbatschowa
(Fotografie, 1989)

seine Mätresse Kinder schenkte, hoffte aber noch immer auf einen legitimen Erben.

Von der Insel Kamenny mußte der Zar nur eine Holzbrücke überqueren, um auf die Insel Krestowski und zur Residenz der Naryschkins zu gelangen, einem gewaltigen Bau mit grüner Kuppel und einem römischen Portalvorbau mit weißen Säulen. Die Empfänge bei den Naryschkins waren denkwürdig. Zum Bankett wurden stets mindestens drei Menüs serviert: ein russisches, ein französisches und ein italienisches. An Marias Arm eröffnete Seine Majestät mit einer Polonaise den Ball. Anschließend zogen sich die Verliebten in ein Boudoir zurück, daß man unter dem Dach der Familie eigens für diese Treffen eingerichtet hatte.

Maria erschien auf den Empfängen bei Hof stets in einem weißen Plisseekleid. Wie Madame Récamier verzichtete sie auf jeden Schmuck. Der Dichter Derjawin, der einst Elisabeths Schönheit verherrlicht hatte, pries jetzt die Rundungen der Favoritin. Maria Naryschkina überstrahlte alle Damen des Hofes. Ihre Schönheit sei so vollkommen, hieß es, daß sie »unmöglich erschien«. General Kutusow, der spätere Sieger über Napoleon, verkündete: »Die Frauen sind es wert, daß man sie liebt, weil man unter ihnen ein so reizendes Geschöpf wie Frau Naryschkina findet.« Der französische Diplomat und Philosoph Joseph de Maistre, der im frostigen Rußland eine Zuflucht gefunden hatte, beschrieb sie so: »Sie ist keine Pompadour und auch keine Montespan. Eher eine La Vallière, außer daß sie nicht hinkt und niemals zu den Karmelitinnen gehen wird.«

Alexander unterhielt zu seiner Mätresse eine sexuelle Beziehung, zu seiner Mutter ein respektvolles Verhältnis und zu seiner Frau eine innige Freundschaft. Etwas anrüchig war seine Leidenschaft für seine Schwester Katharina. Der russische Historiker Karamsin beschrieb das junge Mädchen so: »Feurige Augen und die Taille einer Halbgöttin.« Nach allgemeinem Urteil besaß Katharina eine große Anziehungskraft, einen scharfsinnigen Verstand und eine zuweilen schamlose Dreistigkeit. »Was macht die liebe Nase, die ich so gerne flachdrücke und küsse...«, schrieb der Zar seiner Schwester. »Wenn Ihr eine Irrsinnige seid, so zumindest die charmanteste, die es je gab. Ich bin verrückt nach Euch.« »Zu wissen, daß Ihr mich liebt, ist für mein Glück unerläßlich. Denn Ihr seid eines der hübschesten Geschöpfe auf der Welt.« »Nachdem ich wie ein Besessener zu Euch geeilt bin, hoffe ich in Euren Armen zu ruhen.«

Alexander eroberte im Sturm die Herzen. Dem schönen Zaren von Rußland lagen berühmte französische Künstlerinnen zu Füßen, so Mademoiselle Georges, Mademoiselle Phillis und Madame Chevalier. Auch Sterne aus dem Lokaladel hatten es ihm angetan, so die Damen Bascharcah, Kremmer, Severin oder Schwartz.

Bei der Geburt von Maria Naryschkinas erstem Kind schrieb er seiner Schwester: »Ich schreibe Euch von zu Hause aus, und meine Gefährtin und mein Kind liegen Euch zu Füßen und danken Euch für Eure Anteilnahme... Das Glück, das ich in meinem kleinen Haushalt genieße, und die Zuneigung, die Ihr mir bezeigt, machen den ganzen Reiz meines Daseins aus.«

Noch mehr als Alkovengeschichten schätzte der Kaiser die Politik. Alle seine Musen übten Einfluß auf sie aus. Auf Betreiben seiner Frau und seiner Mätresse stellte er einstige Mitarbeiter kalt und ersetzte sie durch junge Freunde. Und gegen den erbitterten Widerstand seiner Mutter, der Kaiserinwitwe, bildete er die Ministerien um. Er nahm seinen engen Vertrauten und Exgeliebten seiner Frau, Fürst Czartoryski, erneut in seine Dienste und machte ihn zum Minister für Auswärtiges.

Während Alexander regelmäßig die Holzbrücke zu Marias benachbarter Sommerresidenz überquerte, verliebte sich Elisabeth in den schönen Gardeoffizier Alexei Ochotnikow. Die Romanze dauerte nicht lange: Beim Verlassen eines Theaters wurde er unter mysteriösen Umständen erstochen. Elisabeth errichtete ihm ein Mausoleum: Es zeigte eine weinende Frau am Fuß einer vom Blitz gefällten Eiche. Die Zarengattin war wieder allein.

Die Kaiserinwitwe sorgte sich sehr um den Einfluß »der Polen und Polinnen« auf ihren Sohn ... Czartoryski, ein umsichtig handelnder und aufrichtiger Mann, hatte für die Russen einen großen Fehler: eine übergroße Liebe zu seinem Heimatland. Er hoffte, Alexander werde Polen in seinen historischen Grenzen wiederherstellen. Aber dem Zaren war bewußt, daß für Rußland, Österreich und Preußen eine Abtretung ihrer polnischen Provinzen nicht in Frage kam. Als Sohn einer Prinzessin von Württemberg und Ehemann einer Prinzessin von Baden konnte er das Schicksal dieser beiden kleinen deutschen Staaten, die von Frankreich bedroht wurden, nicht ignorieren. Von Elisabeth unterstützt, strebte er eine Entente mit den deutschen Mächten an. Czartoryski versuchte eine Annäherung mit allen Mitteln zu hintertreiben. Maria Fjodorowna, die für alles Deutsche aufgeschlossen war, übte auf ihren Sohn moralischen Druck aus, um Czartoryskis Einfluß zu begrenzen. In einem Schreiben verlangte sie seine Ablösung aus den Ämtern, warnte Alexander allerdings auch vor den Preußen.

Das Hauptproblem der damaligen russischen Außenpolitik war Napoleon. Maria Naryschkina verabscheute ihn aus politischen Gründen, aber auch wegen einer merkwürdigen Aversion gegen seine heißblütige Mätresse, ihre Cousine, die Polin Maria Walewska.

Auch Elisabeth war eine überzeugte Gegnerin Napoleons. »Ach! Diese tapfere Nation«, schrieb sie, »zeigt sehr wohl, was sie ist, und was ihre Kenner seit langem wissen, obwohl man sie stur als barbarisch bezeichnet. Je weiter Napoleon voranmarschieren wird, desto weniger wird er glauben können, daß ein Friede möglich ist. Dies ist die einhellige Meinung der gesamten Nation und aller Stände: In dieser Hinsicht herrscht die vollkommenste Eintracht. Damit hat Napoleon nicht gerechnet. Darin hat er sich getäuscht, wie in vielen Dingen.« Elisabeths patriotische Haltung war typisch für die Zarinnen deutscher Abstammung, die echte Russinnen geworden waren. Elisabeth trug es dem »korsischen Tyrannen« zudem nach, daß er den Herzog von Enghien auf badischem Gebiet, dem Stammland ihrer Familie, nach Frankreich hatte verschleppen lassen.

Alexander reagierte auf die Niederlagen von Austerlitz und Friedland mit einer Mischung aus Verunsicherung, Trotz, Tatkraft und Wankelmut. Sein nervöses Gemüt schwankte im allgemeinen zwischen Begeisterung und Resignation, Kühnheit und Furcht, Genießertum und Nachdenklichkeit. Nach den Niederlagen zweifelte er an seiner Befähigung für das Regierungsamt. Jetzt blieben nur noch Verhandlungen.

Im Juni 1807 stimmte Alexander einem Waffenstillstand zu und begegnete Napoleon auf einem Floß auf der Memel bei Tilsit. Nach der Unterzeichnung eines Friedens- und Bündnisvertrages durch Frankreich, Rußland und Preußen bat Napoleon Alexander, seinen »großen Freund«, um die Hand seiner Schwester Katharina. Der Zar überhörte die Bitte ...

Im folgenden Jahr begegneten sich beide Bündnispartner in Erfurt erneut. Diesmal hielt Napoleon ganz offiziell um die Hand von Alexanders Schwester an. Alexander gab sich im Grundsatz einverstanden, schützte aber vor, er müsse die Einwilligung seiner Mutter und vor allem seiner Schwester einholen. Maria Fjodorowna sah die Verbindung als Mesalliance an. Katharina, wie gewohnt charakterstark, zeigte sich aber zunächst zuversichtlich, den schrecklichen Freier »zähmen« zu können. Auf den Rat ihres Geliebten, des Generals Fürst Pjotr Iwanowitsch Bagration, verzichtete sie dann aber doch auf die Kaiserinnenkrone von Frankreich. Der vierzigjährige Georgier hatte dem »Unbesiegbaren« nämlich auf dem Schlachtfeld mehrmals gegenübergestanden und überzeugte sie davon, daß er ein »unbezähmbarer Rohling« sei. Katharina heiratete daraufhin Georg von Oldenburg, den Fürsten eines unbedeutenden Zwergstaates.

Napoleons Gesandter Caulaincourt ließ nicht lokker und bat für ihn um die Hand einer anderen Zarenschwester, der kaum fünfzehnjährigen Anna. Wieder berief sich Alexander auf den Widerstand seiner Mutter. Die Idee eines Heiratsbündnisses zwischen Frankreich und Rußland wurde endgültig begraben. Schon zwei Wochen später kursierte das Gerücht, die österreichische Kaisertochter Marie Louise werde Kaiserin der Franzosen. Alexander und Napoleon wurden zwar nicht zu Schwägern, aber über die Cousinen Maria Naryschkina und Maria Walewska, die jeweiligen Geliebten der beiden Herrscher, gab es gewissermaßen »in wilder Ehe« zwischen ihnen eine »verwandtschaftliche« Beziehung.

Ein ernstzunehmenderes Problem als die gescheiterten Heiratspläne war die polnische Frage. Sie machte beide Männer zu Rivalen. Frankreich wie Rußland strebten danach, in Polen den entscheidenden Einfluß auszuüben.

Napoleon hielt Alexander zwar für »intelligent, amüsant und gebildet«, fügte aber hinzu: »Man kann ihm nicht trauen. Er ist nicht aufrichtig: Er ist ein richtiger Byzantiner … raffiniert, verschlagen und gerissen.« Schwedens Botschafter Lagerbilke versicherte: »In der Politik, aber auch in der Liebe ist Alexander raffiniert [...], scharfsinnig [...] und trügerisch wie Meerschaum.«

Am 24. Juni 1812 überschritten Napoleon und seine Truppen die Memel und drangen auf russisches Territorium vor. Tolstoi beschreibt in *Krieg und Frieden* einen Napoleon, der darauf wartet, daß ihm die Bojaren wie zuvor in anderen eroberten Städten die Schlüssel zur Stadt überbringen. Er wartete vergeblich. Moskau blieb menschenleer. Am nächsten Tag schlug der Kaiser der Franzosen im Kreml sein Hauptquartier auf. »Endlich in Moskau, endlich im Kreml!« rief er aus. Sein Glück währte kurz. Kaum war er in der russischen Kapitale angekommen, erleuchtete ein roter Feuerschein den Nachthimmel. Napoleon starrte lange in die Flammen. Fast die gesamte Stadt loderte. Voller Bewunderung für das russische Volk rief er aus: »Welch schreckliches Schauspiel! Welche außergewöhnliche Revolution! Welche Menschen … Das sind Skythen!«

Elisabeth und Maria Naryschkina verloren zu dieser Zeit beide ihr zweites Kind. Verzweifelt zogen sie sich aus dem öffentlichen Leben zurück, bildeten aber nach wie vor mit Mutter und Schwester um den Zaren eine geschlossene Front. Während Alexanders Abwesenheit wurde die Kaiserinwitwe politisch verstärkt aktiv. Sie erreichte schließlich Czartoryskis Absetzung. Die herausragende Rolle im Krieg spielte allerdings Alexanders Schwester Katharina. Alexander wußte im September 1812 nicht, welche Linie er einschlagen sollte. Aus dem Generalstab kamen widersprüchliche Ratschläge. In dieser Situation bestimmte die entschlossene Katharina seine Haltung: »Moskau ist erobert«, schrieb sie ihm, »es gibt unerklärliche Dinge. Vergeßt nicht, was Ihr beschlossen habt. Keinen Frieden, und Ihr habt die Hoffnung, Eure Ehre wiederzuerlangen. Mein lieber Freund, keinen Frieden, auch wenn Ihr jetzt in Kasan seid, keinen Frieden.« Zwei Jahre später, am 13. März 1814, zog Alexander in Paris ein.

Der Zar, der nach dem Krieg gegen Napoleon noch immer franzosenfreundlich gesinnt war, verspürte das Bedürfnis nach einer Aussöhnung mit dem französischen Volk. In Paris wurde er mit Jubel empfangen. Aber in der Stunde des Ruhms traten die Widersprüche seines Charakters deutlich hervor. Zu dieser Zeit schien keine irdische Befriedigung seine gemarterte Seele mehr trösten zu können. Eine weitere Frau trat in sein Leben: die aus dem Baltikum stammende Baronin Juliane von Krüdener. Der Zar lernte sie während eines Zwischenaufenthalts in Heilbronn kennen. Juliane, eine hübsche Blondine mit zarter Haut, war groß und hatte eine Figur von klassischer Schönheit. Alexanders künftige spirituelle Muse war eine Mystikerin.

Juliane von Krüdener fühlte sich zur Gründung einer neuen Religion berufen. In Alexander sah sie den von der Vorhersehung auserwählten Apostel zur Verbreitung des neuen Glaubens. Und sie kam scheinbar wie gerufen, um dem orientierungslosen Zaren einen Halt zu geben.

Während seines zweiten Aufenthaltes in Paris 1815 kam Juliane seiner Einladung in die französische Hauptstadt nach. Es gab galante Treffen im Élysée-Palast. Alexander besuchte sie fast jeden Abend anschließend in ihrer Residenz, dem Hôtel de Charost, heute die Botschaft Englands, in der Rue du Faubourg-Saint-Honoré. Da beide Paläste zusammengehörten, mußte er nur die beiden angrenzenden Parks durchqueren.

Der Kaiser hatte zu seiner neuen Freundin volles Vertrauen gefaßt. Er erkundigte sich bei ihr danach, wie er sein Bedürfnis nach Spiritualität befriedigen könne. Die Baronin antwortete mit folgenden Worten: »Ihr müßt Euch an die Spitze einer neuen Kirche setzen, die unter ihrer Schirmherrschaft alle Kreaturen Gottes und alle Kirchen vereint. Alexander, der Geliebte Gottes, die Hoffnung der Völker, muß zu diesem gewaltigen Werk einen Beitrag leisten. Ich wünschte, Frankreich würde Eure christliche Gnade genießen.«

Unter Frau von Krüdeners Einfluß arbeitete der Zar folglich im Sommer 1815 den Vertrag zur sogenannten Heiligen Allianz aus, der von Metternich geprüft und am 26. September von ihm selbst, von Friedrich Wilhelm III. von Preußen und Franz II. von Österreich unterzeichnet wurde. Ludwig XVIII. unterzeichnete einige Monate später. Der erste Artikel des Abkommens legte fest: »Getreu dem Wortlaut der Heiligen Schrift, wonach sich alle Menschen als Brüder betrachten sollen, vereinen die drei Monarchen echte und unauflösliche Bande der Brüderlichkeit… Sie werden einander zu jeder Gelegenheit und an jeder Stelle beistehen… Sie betrachten sich als die Väter ihrer Untertanen und ihrer Armee und werden sie in eben diesem Geist der Brüderlichkeit zum

Schutz der Religion, des Friedens und der Gerechtigkeit führen.«

Zu dieser Zeit gewannen am Petersburger Hof Katharina Tatarinowa, die Witwe eines gefallenen Obersten, und einige Randfiguren großen Einfluß. Der amerikanische Historiker James Bellington verglich die Macht dieser »charmanten Damen« über die »Reaktionäre« in der Umgebung des Zaren mit dem Einfluß der Frauen auf die konservativen Bojaren unter Zar Alexei.

Maria Fjodorowna beunruhigten die mystischen Verirrungen ihres Sohnes. Sie verlangte eine Distanzierung von der Baronin. Alexander verabschiedete sich am 27. September 1815 von seiner spirituellen Muse.

Juliane von Krüdener, die von ihrer religiösen Sendung nach wie vor überzeugt war, bemühte sich dennoch um ein Wiedersehen. Aber dies gelang ihr erst sechs Jahre später. Nach ihrer Rückkehr ins heimatliche St. Petersburg zog sie in ein großes Haus am Stadtrand abseits des prachtvollen Newski-Prospektes, wo sich die teuersten Luxusgeschäfte aneinanderreihten, wo abends im Glanz der Laternen die kostbaren Auslagen der Juweliere blinkten und die bunten Phiolen der Apotheker glänzten.

Die Hoffnungen der Baronin, um sich herum die Atmosphäre ihres Pariser Lebens aufzubauen, erfüllten sich nicht. Der schöne Alexander stand inzwischen unter dem Einfluß eines rauhbeinigen Vertrauten, des Generals Araktschejew, und der ließ Juliane nicht zu ihm. Als Gipfel der Demütigung wurde sie 1822 vom Zaren sogar verbannt – weil sie allzusehr für den Aufstand in Griechenland eingetreten war. Ein Jahr danach stellte ihr eine enge Freundin, Fürstin Golyzina, die Hälfte ihres Vermögens zur Verfügung.

(Die andere Hälfte benötigte die extravagante Gräfin als Abfindung für ihren Ehemann, der versprechen mußte, nie in ihr Bett zu steigen!) Juliane verwendete das Geld zum Aufbau einer esoterisch-orthodoxen Gemeinde auf der Krim. Fürstin Golyzina, die sich als Mann verkleidete, und Juliane von Krüdener mit blonder Perücke bildeten ein seltsames Paar. Später gesellte sich ihnen eine dritte Frau zu, eine Französin, die in St. Petersburg unter dem Namen Gräfin Hachette bekannt war. Die Dame war keine andere als Jeanne de La Motte, die Heldin aus der Halsbandaffäre um Marie-Antoinette.

Der Zar hatte sich über die Jahre verändert und entwickelte gegenüber seiner Frau Schuldgefühle. Er zog sich von seiner Mätresse allmählich zurück und intensivierte sein Eheleben. Im Winter 1822 überredete er Elisabeth, in seine Privaträume überzusiedeln – unter dem Vorwand, die Heizung sei dort besser. Beide gingen wieder gemeinsam spazieren und redeten ausgiebig miteinander. Und wie in der Jugend schlüpfte Elisabeth erneut ins Schlafzimmer ihres Mannes.

»Man könnte meinen«, vertraute sie ihrer Mutter an, »ich wollte mich brüsten mit dem, was die göttlichen und menschlichen Gesetze vorschreiben, aber wegen der Rivalitäten [der kaiserlichen Familie] fühle ich mich manchmal so, als sei ich Alexanders Mätresse oder heimlich mit ihm verheiratet.«

Im Jahr 1824 starb unerwartet die achtzehnjährige Tochter Alexanders und Maria Naryschkinas – einen Tag vor ihrer Hochzeit mit Graf Schuwalow. Elisabeth tröstete in diesen tragischen Stunden nicht nur ihren Gatten, sondern auch die einstige Rivalin.

Im Jahr 1825 begleitete der Zar seine Frau nach Südrußland zur Kur – für Alexander eine Gelegenheit, fernab der Hauptstadt in Ruhe ein Vorhaben in

Angriff zu nehmen, das ihm am Herzen lag: seine Abdankung. Am 20. Oktober erwarb er ein Gut auf der Krim, auf das er sich bald zurückziehen wollte. Aber am 27. holte er sich eine Erkältung. Er kehrte nach Taganrog, einem Städtchen am Asowschen Meer, zu Elisabeth zurück, legte sich ins Bett und stand nie wieder auf. Am 18. November fiel er ins Koma und starb am nächsten Tag. Sein Tod nährte einen der großen Mythen der russischen Geschichte. Viele glaubten, Alexander sei *Starez* geworden und habe unter dem Namen Fjodor Kusmisch noch viele Jahre in Sibirien als Einsiedler gelebt.

Nach dem Tod Alexanders I. überschlugen sich die Ereignisse. Der Kaiser hatte keinen direkten Erben. Einer seiner Brüder sollte ihm nachfolgen, nach der Erbfolgeregelung Großfürst Konstantin, der Statthalter von Polen. Dennoch herrschte über den Nachfolger zwei Wochen lang Unklarheit: Konstantin hatte lange zuvor seinen Thronverzicht erklärt. Er fühlte sich sehr wohl in Warschau bei seiner schönen polnischen Gattin, die keinen Wert darauf legte, sich die Bürde der Krone Rußlands aufzuladen. Während Konstantin mit einer endgültigen Antwort zögerte, wurde ein Staatsstreich vorbereitet. Das Komplott ging am 14. Dezember 1825 blutig zu Ende. Die unzulänglich vorbereiteten Verschwörer wurden von loyalen Streitkräften unter dem neuen Zaren Nikolaus I. mit Kanonenschüssen auseinandergetrieben. Die »Dezembristen«, wie die Komplotteure genannt wurden, hatten Rußland eine neue, westlich beeinflußte Marschrichtung aufzwingen wollen.

Die neue Zarin Alexandra Fjodorowna war eine gebürtige Prinzessin Charlotte von Preußen, die Tochter der berühmten Königin Luise. Bei Beginn ihrer Romanze war sie siebzehn und Nikolaus achtzehn

Jahre alt gewesen. Das Liebespaar spazierte händchenhaltend auf dem Land oder hörte in der Berliner Oper Mozart oder Beethoven. Die romantisch veranlagte und exaltierte Charlotte hatte am 13. Juli 1817 als Alexandra den künftigen Zaren Nikolaus I. geheiratet. Damals hatte das junge Mädchen nicht die geringste Ahnung, daß auf seinen zarten Schultern dereinst die Kaiserwürde lasten sollte ...

Die Kaiserinwitwe Maria Fjodorowna war von ihrer neuen Schwiegertochter begeistert und verglich sie mit einem »Frühlingsmorgen«. Dagegen war Elisabeth für ihren Charme kaum empfänglich.

Der mißtrauische und unerbittliche Nikolaus I. war ein anspruchsvoller und geradezu despotischer Ehemann. Seine zarte Gattin verlor unweigerlich an Frische. Der vom Zaren aufgezwungene Lebensrhythmus und sieben aufeinanderfolgende Schwangerschaften setzten ihrer Gesundheit heftig zu. Die beste Beschreibung des Verhältnisses zwischen den Eheleuten stammt vom Marquis de Custine: »Er wacht bei ihr, bereitet Getränke vor und flößt sie ihr ein wie ein Krankenwärter. Kaum ist sie wieder auf den Beinen, traktiert er sie erneut mit Geschäftigkeit, Festen, Reisen, Liebe [...] Frau, Diener, Eltern und Günstlinge, in Rußland müssen alle dem kaiserlichen Trubel lächelnd bis in den Tod folgen.«

Tatsächlich bemerkte Nikolaus weder die Erschöpfung noch die Resignation in Alexandras müden Augen. »Es ist sehr lustig«, schrieb sie ihrem Bruder, »wenn man immer ein kleines Kind im Haus hat, aber so gerne würde ich mich einige Jahre lang ausruhen ...«

Noch nach zwanzig Jahren Ehe schrieb der Kaiser seiner Frau: »Gott hat Dir einen so glücklichen Charakter gegeben, daß es kein Verdienst ist, wenn man

Dich liebt. Ich lebe für Dich, du bist mein – anders kann ich es nicht sagen… Wenn ich manchmal anspruchsvoll bin, so nur deshalb, weil ich alles in Dir suche: Glück, Freude, Ruhe… Ich hätte dich hundertmal glücklicher machen wollen…«

11

Die heimliche Muse Alexanders II.

Diese fügsame Zarin brachte ein Kind zur Welt, das zu einem der bedeutendsten russischen Zaren werden sollte: Alexander II., der sogenannte Zarbefreier. In seiner *Voyage en Russie* hat ihn Théophile Gautier sehr vorteilhaft beschrieben. »An jenem Abend trug Kaiser Alexander II. eine elegante Militäruniform, die seine hohe und schlanke freiliegende Taille zur Geltung brachte. Es war eine Art weiße Jacke oder ein Jackett, das bis zur Mitte der Schenkel hinabreichte. Mit goldenen Schnüren versehen, war es am Kragen, den Manschetten und Schößen mit sibirischem Blaufuchs gesäumt. An der Seite trug er große Ordenszeichen. Eine himmelblaue enge Hose schmiegte sich um seine Beine. Sie reichte bis zu seinen schmalen Stiefeln hinab. Der Kaiser trägt das Haar kurzgeschoren, so daß man seine ebenmäßige, glatte und wohlgeformte Stirn sieht. Seine Züge sind vollkommen regelmäßig. Das Blau seiner Augen hebt sich aus den bräunlichen Tönen seines Gesichtes heraus; die tieferliegenden Partien sind wegen seiner Reisen und Militärübungen im Freien dunkler als die Stirn. Sein Mund zeigt die klaren Züge der klassischen griechischen Schönheit. Auf seinem Gesicht liegt ein Ausdruck majestätischer, gnadenreicher Willensstärke. Diese Miene heitert zuweilen ein anmutiges Lächeln auf.«

Die erste Begegnung Alexanders mit der künftigen Zarin verlief ohne die üblichen diplomatischen Arrangements. Es war Liebe auf den ersten Blick. Der schüchterne und empfindsame, ja empfindliche Großfürst sah Maria von Hessen während einer Europareise erstmals im Theater von Darmstadt. Er geriet sofort in ihren Bann. Die Fünfzehnjährige hatte eine schlanke Taille, einen lilienblassen Teint und einen sanftmütigen Gesichtsausdruck. Alexander tanzte mit ihr tags darauf auf dem Ball. Mit einer eleganten Neigung zur Seite und mit geschlossenen Augen walzerte sie leichtfüßig auf den Spitzen ihrer Seidenschuhe durch den Saal. Mit dem langen weißen Handschuh erinnerte der anmutige Bogen ihres Armes an einen Schwanenhals.

»Wir brauchen nicht mehr weiterzureisen«, teilte der Großfürst Graf Orlow mit. »Ich habe meine Wahl getroffen. Ich heirate Prinzessin Maria von Hessen, wenn sie mir die Ehre erweist, mir ihre Hand zu reichen.«

An den europäischen Fürstenhöfen hielten alle den Atem an. Man hatte viel erwartet von dieser Reise des russischen Thronfolgers, der auf Brautschau war: Und jeder wußte, Prinzessin Maria von Hessen war eine natürliche Tochter des Großmarschalls Baron von Grancy, des Geliebten der Großherzogin Wilhelmine … Man erwartete von dem hochmütigen und strengen Zaren Nikolaus I. eine barsche Reaktion. Aber zur allgemeinen Verblüffung stimmte er Alexanders Wahl zu und verkündete sogar herausfordernd: »Soll es einer in Europa wagen, zu erklären, daß Rußlands Thronfolger eine natürliche Tochter zur Verlobten hat!«

Das Verlobungsfest fand im Frühjahr 1840 statt. Am 8. September dieses Jahres rollte Maria in einer vergoldeten Kutsche neben der Kaiserin feierlich in St. Petersburg ein. Sechs Monate später heiratete sie unter dem Namen Maria Alexandrowna den Thronfolger Alexander. Sie war siebzehn Jahre alt, ein hübsches, argloses und kokettes Mädchen.

Nach dem Tod Nikolaus' I. 1855 wurde die Großfürstin Zarin. Maria Alexandrowna trug zur Krönung ein weißes Brokatkleid mit dem breiten roten Band des Katharinenordens. Nach russischer Mode rahmten zwei Zöpfe ihr Gesicht ein. Eine dreireihige Kette aus Perlen und Diamanten schmückte ihren Hals. In einem besonders feierlichen Augenblick machte das ergriffene junge Mädchen eine so ungeschickte Bewegung, daß ihm die Krone vom Kopf rutschte. Betroffen hob Maria Alexandrowna sie vom Boden auf, setzte sie sich wieder auf das Haupt und flüsterte verwirrt dem Großmarschall Graf Tolstoi zu: »Das ist das Zeichen, daß ich sie nicht lange tragen werde ...«

Maria brachte sieben Kinder zur Welt. Nach der Geburt des letzten war sie so blaß und geschwächt, daß die Ärzte von jedem weiteren sexuellen Kontakt zu ihrem Mann dringend abrieten. Alexander beugte sich wohl oder übel der ärztlichen Verordnung.

Die Zarin zog sich von nun an immer öfter in ihre Privaträume zurück, in denen ihre Lieblingsmöbel, Geschenke Marie-Antoinettes, standen und in denen Gemälde von Murillo, Ruysdael und Raphael hingen. Sie starrte stundenlang die Ikonen an, die sie unermüdlich gesammelt hatte. In der religiösen Erbauung fand sie ihre einzigen Anregungen. Aber zu Ostern erwachte sie aus ihrer Lethargie. Sie nahm Anteil an den Bräuchen des russischen Volkes, das freudig den »auferstandenen Christus« feierte, an der Tradition des Eierbemalens und an den Gebeten der russisch-orthodoxen Kirche.

Die meiste Zeit verbrachte sie bei ihrem Beichtvater. Marias Hauptbeschäftigung waren wohltätige Werke, vor allem ihr Engagement für das Smolny-Institut, einer Bildungsanstalt für höhere Töchter an einem Arm der Newa. Dieser nüchterne Bau, den der Italiener Giacomo Quaranghi entworfen hatte, bildete einen Gegensatz zu Rastrellis Auferstehungskathedrale, die mit ihrer blauen, weißen und goldenen Fassade ein typisches Beispiel des russischen Barocks ist.

Unübersehbar unter den Schülerinnen dieses Pensionates waren die Schwestern Dolgorukaja. Das hübsche blonde Haar der Jüngeren war bemerkenswert, reichte aber nicht an den elfenbeinernen Teint und das wunderschöne Haar der Älteren, Katharina, heran.

Katischa, wie man sie vertraulich nannte, war am 14. November 1847 in eine Familie mit acht Kindern und mit einem illustren Namen hineingeboren worden: Ihr Urahn Juri Dolgoruki hatte Moskau gegründet. Da ihr Vater Michail durch Finanzspekulationen in den Ruin geraten war, mußte er seine Töchter auf Kosten des Zaren erziehen lassen.

Ein Jahrhundert später sollten Danielle Darrieux und anschließend Romy Schneider in Kinofilmen die Katharina Dolgorukaja spielen, diese junge Elevin, die Zar Alexander Katja nannte: Unvergessen die Unbefangenheit und Fröhlichkeit, mit denen sie dem Zaren ein Lächeln entlockte.

Katharina war bald siebzehn Jahre alt, hatte das Institut verlassen und lebte bei ihrem Bruder. Während eines Spaziergangs im Sommergarten Peters des Großen begegnete sie erneut dem Zaren. Alexander erinnerte sich noch an das hübsche Kindergesicht des schelmischen Mädchens. Kaum hatte er Katischa erkannt, knüpfte er ein Gespräch an. Das junge Mädchen geriet sofort in den Bann dieses gereiften Mannes und wußte nicht, ob und wie sie sich gegen das Schicksal wehren sollte.

Daß Alexander verheiratet und dreißig Jahre älter war als sie, störte sie offenbar nicht. Dagegen fand sie es lästig, daß er der Zar war, und widersetzte sich seinen Avancen. An einem Juliabend, im Park von Peterhof auf dem Belvedere von Babylon, gab sie seiner Liebe dann doch nach. Alexander schrieb an diesem Tag: »Heute ist es geschehen! Ich bin nicht frei. Aber ich heirate Dich bei erster Gelegenheit, denn ich betrachte Dich jetzt und für immer als meine Frau vor Gott ... Bis morgen, ich segne Dich!« Von diesem Zeitpunkt an und bis zu Alexanders Tod sollte beide eine große Liebe miteinander verbinden.

Der Zar schrieb Katharina jeden Tag mehrseitige Briefe: »Vergiß nicht, daß in Dir mein ganzes Leben liegt, Engel meiner Seele, und daß das einzige Ziel dieses Leben darin liegt, Dich so glücklich zu sehen, wie man es in dieser Welt sein kann. Ich glaube, ich habe Dir seit dem 13. Juli bewiesen: Wenn ich jemanden wirklich liebe, kann ich dies nicht auf egoistische Weise tun ... Du verstehst, nur noch die Hoffnung hält mich am Leben, daß ich Dich kommenden Donnerstag wieder in unserem Nest sehe ...«

Dieses »Nest« lag im Winterpalast. Katharina öffnete mit einem Schlüssel eine Geheimtür und gelangte über eine verborgene Treppe in ein Schlafzimmer in Alexanders Privaträumen.

Die heimliche Romanze des Zaren war bald dem ganzen Hof bekannt. Sie kam gerüchteweise auch Katharinas Schwägerin, der Marchesa di Cercemaggiore, zu Ohren. Sie beschloß sofort, dem Kaiser die viel zu junge Geliebte zu entziehen und sie mit zu sich nach Neapel zu nehmen. Aber der Zar dachte nicht daran, sich mit der Trennung abzufinden. Anläßlich eines Besuchs der Weltausstellung verlangte er von den Dolgoruki in Neapel, sich ihm in Paris anzuschließen. Katharina wurde in Paris überwacht, aber es gelang ihm dennoch, sie jeden Abend in seine Räume im Élysée-Palast zu holen. Sie schlich sich freudig zu dem Geliebten, nach dem sie sich so lange gesehnt hatte. Damals schrieb Alexander: »Seitdem ich begonnen habe, Dich zu lieben, gab es für mich keine andere Frau mehr ... In dem ganzen Jahr, in dem Du mich grausam abgewiesen hast, und in der Zeit, die Du in Neapel verbrachtest, habe ich keine Frau begehrt, mich keiner anderen genähert.«

Am 6. Juni 1867 fuhren Napoleon III. und Alexander mit seinen beiden ältesten Söhnen nach einer Truppenparade in einer Kalesche durch den Bois de Boulogne. Plötzlich tauchte ein Mann auf, zog eine Pistole und schoß auf den Zaren. Er erlitt nur einen Streifschuß. Der Anschlag dieses Exilpolen konnte Alexander jedoch nicht erschüttern. Ohne sich um die eigene Sicherheit zu kümmern, fuhr er sofort zum Élysée-Palast zurück, um Katja zu beruhigen. Er wimmelte die besorgten Offiziere um sich herum ab und genoß in den Armen der Geliebten, wie er sagte, das Vergnügen, noch am Leben zu sein.

Nach der Rückkehr nach St. Petersburg wohnte Katharina in einem herrschaftlichen Stadthaus am Kai der Engländer. Trotz seiner Ehe mit Zarin Maria lebte Alexander in einer eheähnlichen Gemeinschaft mit Katharina zusammen. Über die Liaison wurde in St. Petersburg laut gespottet. Katharina vermied daher öffentliche Auftritte.

Sie teilte mit ihrem Geliebten die Sorge um die Zukunft Rußlands und gab ihm häufig politische Ratschläge. Alexander hörte ihr aufmerksam zu und schätzte ihren gesunden Menschenverstand. An manchen Abenden nahm er einen Block zur Hand, zeichnete sie nackt auf dem Bett liegend und betrachtete sie lächelnd. (Diese Skizzen liegen heute in russischen Archiven.)

Am 30. April 1872 brachte Alexanders Geliebte einen kleinen Buben zur Welt, der dann auf den Namen Georgi getauft wurde. Während der schwierigen Geburt rief der Kaiser aus: »Opfert, falls nötig, das Kind, aber rettet sie mir um jeden Preis!«

Wie zur Zeit der Beziehung von Alexander I. und Maria Naryschkina löste die Geburt des kleinen Bastards in der Zarenfamilie und am Hof einen Skandal aus. Es gab einen weiteren, als Katja im folgenden Jahr ein Mädchen, die kleine Olga, gebar. Zarin Maria hatte sich ganz zurückgezogen. Trost fand sie wohl nur noch im Gebet.

In Erinnerung an Juri Dolgoruki gab der Zar den beiden Kindern den Vaternamen Jurijewski und legalisierte sie. In einem *Ukas* vom 11. Juli 1874 für den Senat heißt es: »Den minderjährigen Georgi Alexandrowitsch Jurijewski und Olga Alexandrowna Jurijewskaja. Wir gewähren ihnen die mit dem Adelsstand verbundenen Rechte und erheben sie in die Fürstenwürde mit dem Titel der Hoheit.« Dies kam einer offiziellen Anerkennung gleich.

Im Jahr 1877 trennte der Krieg gegen die Türken das Liebespaar. Alexander schrieb Katja einen Tag nach seiner Abreise folgende Worte: »Guten Tag, lieber Engel meiner Seele. Ich habe recht gut geschlafen, aber es war ein trauriger Traum, nach all dieser Zeit des Glücks, die wir gemeinsam verbracht haben. Es bricht mir mein armes Herz, daß ich Dich verlassen habe, und ich spüre, daß ich Dein Leben mit mir nehme und daß meines bei Dir geblieben ist.« Nachmittags fügte er als Postskriptum hinzu: »Ich habe den ganzen Morgen mit Arbeit verbracht und mich dann mit einem Seufzer zur Ruhe gelegt: Weil ich Dich beim Erwachen nicht sehe, und auch die lieben Kinder nicht... Auf Dich, für immer!«

Bei seiner Rückkehr ignorierte der Zar alle Vorurteile, ernannte Katja zum Ehrenfräulein der Zarin und brachte sie im Winterpalast unter. Solche Zeichen der Anerkennung hatte sie niemals angestrebt. Ihr war nur wichtig, mit und für Alexander zu leben. Deshalb beugte sie sich seinem Willen, obwohl sie der Trubel am Hof völlig kalt ließ. Über dieser großen Liebe vergaß der Kaiser allerdings keineswegs sein Reformwerk, das ihn als einen bedeutenden Zaren auszeichnen sollte. Seit dieser Zeit wirkte Katharina als Alexanders wichtigste politische Beraterin.

Bei seiner Thronbesteigung 1855 hatten in Rußland noch 20 Millionen leibeigene Bauern gelebt. 4,7 Millionen arbeiteten auf den Gütern des Hochadels, in Minen und Fabriken, mehrere Millionen gehörten Großgrundbesitzern und 1,5 Millionen waren Dienstboten. Nach seiner Krönung hatte Zar Alexander II. auf Betreiben seiner Frau die nach Sibirien verbannten Aufständischen von 1825 amnestiert. Vordringlich bemühte er sich um die Abschaffung der Leibeigenschaft, dann um eine Bodenreform und schließlich um Reformen des Rechts- und Militärwesens.

Das Land steckte mitten im Umbruch. Eine neuentstandene feministische Bewegung stritt für eine verbesserte Stellung der Frauen. Die junge Generation, beeinflußt von der russischen Gesellschaftskritik und von Zeitungen wie *Der Zeitgenosse* und *Das Wort,* stieß alle althergebrachten Moralvorstellungen um. Die Anhänger dieser neuen Anschauungen, die sogenannten »Nihilisten«, lehnten jede Art von Beschränkung und Konvention kompromißlos ab. Ihre Parole lautete:

Nieder mit den »aristokratischen« Gewändern, der Religion, den guten Manieren und jeder Autorität, angefangen bei der elterlichen. Ihre Methode war der politische Terror.

Ob adlig, kaufmännisch oder bäuerlich, die russische Familie funktionierte seit Jahrhunderten nach dem immergleichen Muster, dem autokratischen Patriarchat. Sie war das Miniaturkönigreich des Familienoberhauptes, eine getreue Kopie der zaristischen Selbstherrschaft. In den sechziger Jahren des 19. Jahrhunderts verlangten die Kinder fast aller Adelsfamilien, über ihr Leben selbst bestimmen zu können. Die jungen Mädchen drängten in die Universitätsstädte.

Nachdem Alexander die Leibeigenschaft abgeschafft hatte, sahen die Frauen ihre Stunde gekommen. Immer mehr verlangten das Recht, ihren häuslichen Tyrannen zu verlassen. Ein Hindernis waren die Paßgesetze. Ohne Paß durfte in Rußland niemand seinen Geburts- oder Wohnort verlassen. Unverheiratete Mädchen waren im Paß ihres Vaters eingetragen und erhielten erst nach der Heirat einen eigenen Ausweis, gerieten dann aber einem Ehemann in die Hände. Immer mehr hatten nur ein Ziel: zum Studium oder für eine Berufsausbildung aus dem elterlichen Haus auszuziehen und so die Bevormundung durch die Familie abzuschütteln.

Gegen Ende 1878 rollte über Rußland eine Terrorwelle hinweg. Ein General, der Kommandant der Petersburger Gendarmerie, ein Fürst, ein Gouverneur und der Chef der Staatspolizei starben, der Zar entging knapp einem Attentat. Wie erklärt sich dieser Haß auf einen Mann, der mutig die Aufhebung der Leibeigenschaft in Angriff genommen hatte? Seine Reformbereitschaft bedrohte die Revolution, deshalb setzten die Terroristen lieber auf Alexanders Beseitigung.

Im Hinblick auf die angespannte politische Lage vertraten Alexanders Frau und seine Geliebte unterschiedliche Standpunkte. Während Maria Alexandrowna das fortschrittliche Gedankengut offen bekämpfte, trat Katja für die Ausrufung einer konstitutionellen Charta ein. Über die Zarin schrieb ein Zeitgenosse: »Empfang bei der Kaiserin. [Der Premierminister] Gortschakow erzählt, diese habe ihm vier Seiten geschrieben und ihm mitgeteilt, wenn er sich während ihrer Abwesenheit Österreich annähere, opfere er damit seinen Ruf und seine Person. Mir sagte sie, sie hoffe, ich werde ihr keine Überraschung bereiten. Aus ihrem Mund heißt dies soviel wie konstitutionelle Reformen oder Zugeständnisse an religiöse Minderheiten oder an die Altgläubigen ... Ich bekomme nicht zum ersten Mal den verhängnisvollen, wenn auch kaum sichtbaren Einfluß zu spüren, den sie auf die Staatsgeschäfte ausübt.«

Der Tod der Zarin im Juni 1880 setzte diesen Einmischungen ein Ende. Jetzt konnte Alexander niemand mehr daran hindern, seine langjährige Geliebte vor den Traualtar zu führen. Nach Ablauf der protokollarischen Trauerzeit von einem Monat legte er seine Hochzeit auf den 18. Juli desselben Jahres fest. Die Entscheidung schockierte die Umgebung des Zaren um so mehr, als der Kronprinz nicht informiert werden durfte. Als man dem Autokraten vorsichtig zu bedenken gab, dies werde seinen Sohn tödlich kränken, antwortete er: »In meinem Haus bin ich der Herr und entscheide allein, was ich zu tun habe.«

Die Hochzeit fand wie vorgesehen statt. »Auf diesen Tag warte ich schon allzu lange«, sagte Alexander. »Vierzehn Jahre lang. Ich konnte nicht mehr. Ich hatte immer das Gefühl, als beschwere eine gewaltige Last mein Herz. Ich bin über mein Glücksgefühl erschreckt. Ach! Möge Gott es mir nur nicht wieder allzufrüh nehmen ...«

Auf Anweisung des Zaren billigte der Senat Katharina den Titel der Fürstin Jurijewskaja zu. Sie und ihre Kinder durften sich Erlauchte Hoheiten nennen. Dann wollte Alexander seinen Traum verwirklichen: Katjas Krönung. Sein neuer Premierminister, der Reformer Loris-Melikow, witterte die Gelegenheit, in Rußland ein konstitutionelles System einzuführen. So würde das Volk Katharinas Krönung eher akzeptieren. Diese Überzeugungsarbeit leistete er am Ufer des Schwarzen Meeres, wo der Zar zur Sommerfrische weilte. Gemeinsam mit Katja als seiner Verbündeten gelang es schließlich dem geschickten Minister, ihn für dieses wichtige Anliegen zu gewinnen.

Am 1. März 1881 unterzeichnete der Zar eine konstitutionelle Charta, die das Prinzip einer nationalen Vertretung vorsah. Drei Tage später sollte sie vom Ministerrat gebilligt werden. Alexander begab sich nach der Unterzeichnung in die Michail-Manege, um einer Wachablösung beizuwohnen. Unterwegs schleuderten Terroristen auf seine Kutsche eine erste Bombe. Es gab mehrere Verletzte. Alexander II. stieg aus, um den Verwundeten Mut zuzusprechen. Dann traf ihn selbst eine zweite Bombe und verletzte ihn tödlich.

Die Detonation richtete Alexander schrecklich zu. Sein rechtes Bein wurde abgetrennt. Sein Kopf und Gesicht waren von Wunden übersät. Ein Auge war geschlossen, das andere starrte ins Leere.

Katja beugte sich lange über seinen Leichnam. Sie küßte seine unversehrten Hände und murmelte immer wieder: »Sascha.«

Sie hatte ihn angefleht, auf öffentliche Auftritte zu verzichten. Alexander hatte sich sicher gefühlt. Nach der Prophezeiung einer Zigeunerin sollte er erst bei einem siebten Attentat ums Leben kommen. Nun waren es nur fünf gewesen… Katja konnte nichts anderes tun, als Rußland für immer den Rücken zu kehren.

Bei der Beisetzung erhielt die gesamte Familie Gelegenheit, sich von dem Verstorbenen mit einem letzten Handkuß zu verabschieden. Kurz vor Ende der Zeremonie erschien in langen Schleiern aus Crêpe Katharina. Sie stützte sich auf Graf Adlerberg. Ein französischer Diplomat schilderte die Szene so: »Sie stieg unsicheren Schrittes die Stufen zum Katafalk empor. Sie fiel auf die Knie, beugte den Kopf über den Sarg und versenkte sich in ein Gebet. Einige Minuten später erhob sie sich mit Mühe, nahm erneut Graf Adlerbergs Arm und schritt langsam zum Ausgang der Kirche… Von den Szenen dieser Reise ist mir der kurze Auftritt der Fürstin Jurijewskaja in der Kathedrale der Festung besonders lebhaft in Erinnerung geblieben.«

Vierzig Jahre später, am 15. Februar 1922, starb in Nizza eine alte russische Fürstin. Nur wenige Vertraute erwiesen der Verstorbenen die letzte Ehre. Dennoch ging Katharina Dolgorukaja, Fürstin Jurijewskaja, in die Geschichte ein: als Impulsgeberin des großen Reformzaren Alexander, der am 2. März 1861 die Aufhebung der Leibeigenschaft in Rußland und die Gleichheit aller Bürger verkündet hatte.

Hinter dem gegenwärtigen Puschkin-Museum in St. Petersburg steht am Katharinenkanal eine Kirche aus Marmor und kostbaren Steinen. Sie ähnelt stark der Moskauer Basiliuskathedrale. Die Fassaden und Wände sind innen mit Mosaiken und Ikonen ausgeschmückt. Ihre zahlreichen Kuppeln wetteifern mit ihren verschiedenen Formen und Farben mit der Barockkirche auf dem Roten Platz. Alexander III. ließ sie an genau der Stelle errichten, wo sein Vater am 1. März 1881 ermordet worden war.

Alexander III. steuerte zu Beginn seiner Herrschaft einen gegenläufigen Kurs zu den liberalen Reformen seines Vaters. Seine Frau stand in seinem Schatten und spielte politisch kaum eine Rolle. Dreizehn Jahre lang sicherte der Zar seinem Land den inneren und äußeren Frieden. Er ließ Hunderte von Kilometern Schienen legen, ordnete den Bau der Transsibirischen Eisenbahn an, sorgte in der Industrie und Landwirtschaft für einen großen Sprung nach vorn und füllte die Kassen des Schatzamtes. Und er sicherte Rußland in ganz Europa, vor allem in Frankreich, erneut Ansehen und Einfluß. Beides hatte nach dem russisch-türkischen Krieg, den sein Vater begonnen hatte, stark gelitten.

Aber seine Politik bestimmten slawophile Grundsätze. Diese Prinzipien waren mit den Gegebenheiten des im Innersten zerrissenen Vielvölkerreichs nicht vereinbar.

12

Alexandra Fjodorowna oder das Rätsel der letzten Zarin

Am 17. Juli 1998, genau achtzig Jahre nach der Ermordung der letzten Zarin Alexandra und ihres Gatten Nikolaus II., wurden ihre Gebeine in der Krypta der Peter-und-Pauls-Kathedrale zu St. Petersburg feierlich bestattet. Diese Kathedrale war seit Peter dem Großen das Mausoleum der Romanow-Dynastie. Ihre Kinder und die anderen mit ihnen im Kellergeschoß des Hauses Ipatjew von Jekaterinburg ermordeten Personen wurden neben ihnen beigesetzt: drei ihrer Töchter, die Großfürstinnen Tatjana, Olga und Anastasia, ihr Arzt Dr. Ewgeni Botkin, der Koch Tscharitonow, das Zimmermädchen Anna Demidowa und schließlich der Diener Alexei Trupp. Zwei Opfer fehlten: der Zarewitsch Alexei und die Großfürstin Maria. Ihre sterblichen Überreste wurden bei der offiziellen Exhumierung im Jahr 1979 nicht gefunden.

Diese »Rückkehr der sterblichen Überreste« wurde als ein Akt der kollektiven Sühne und Versöhnung verstanden: *Pokoianijé y soglassijé* in russischer Sprache – aus der orthodoxen Theologie entlehnte Ausdrücke.

Die Monarchisten sahen darin eine vollständige Rehabilitierung des letzten Zaren und seiner Leistungen. Die Liberalen dagegen wollten durch die »Märtyrer von Jekaterinburg« alle Opfer der leninistischen und stalinistischen »Liquidationen« ehren. Und die

Nationalisten, einschließlich der nationalen Kommunisten, rückten »die Wiederherstellung der Kontinuität der tausendjährigen russischen Geschichte« in den Vordergrund.

Die Sehnsucht nach dem einstigen kaiserlichen Glanz ist in allen Milieus stark ausgeprägt. Doch für »eine Restauration am Ende des 20. Jahrhunderts«, so heißt es in Moskau, wäre ein »Don Carlos« nötig gewesen. Und dieser Don Carlos existierte nicht. Weder Jelzin, dem die immer dreister werdende Presse den Beinamen Boris I. gab, noch seine Tochter Tatjana Djatschenko, die sogenannte »Zarin«, oder Georguy, durch seine Mutter kaukasisch geprägt, haben diese Rolle für sich in Anspruch nehmen können. Nikolaus und Alexandra scheinen selbst nach ihrer Rehabilitierung dazu bestimmt, der letzte Zar und die letzte Zarin zu bleiben.

Alexandra verkörpert für die Russen nach wie vor den guten Geist in der Politik. Sie hatte ein glückliches Privatleben, liebte ihren Gatten und gab ihm exzellente Ratschläge bei der Auswahl seiner Mitarbeiter: Zunächst Graf Sergei Witte, dann Peter Stolypin. Dem Zar und der Zarin verdankt Rußland seinen extrem raschen Aufschwung und sein glanzvolles kulturelles Leben. Es war das »Silberne Zeitalter« in der Literatur, die Zeit der Symbolisten und der ersten Kubisten in der Malerei, die Epoche des russischen Balletts in der Musik und im Tanz. Was man Alexandra zum Vorwurf machte, waren die beiden Kriege – der eine wurde 1904 gegen Japan verloren, der andere Krieg von 1914 kostete zu viele Russen das Leben – sowie die zwei Revolutionen in den Jahren 1905 und 1917. Viele waren der Meinung, daß sie in der kaiserlichen Ehe eine fatale Rolle spielte und nicht die Eigenschaften besaß, die zur Ausübung solch hoher Aufgaben nötig waren. Aufgrund ihrer Zartheit und ihres introvertierten Wesens habe sie sich nicht dafür geeignet, in Krisenzeiten eine politische, für Rußland günstige Rolle zu spielen. Dennoch setzt sich im heutigen Rußland, in dem Maße wie die kommunistische Ideologie verblasst, allmählich wieder ein positiveres Bild von der letzten Zarin durch. In den 1970er Jahren wurde dieses Bild vom *Samisdat* – der »parallelen« Ausgabe – und sogar von einigen offiziellen Medien vermittelt. 1972 veröffentlichte die auflagenstarke Zeitung *Swiesda* einen detaillierten und objektiven Bericht über die Ermordung des Zaren und seiner Familie: »Die 23 Stufen.« Im Jahr 1977 erschien in der Leningrader Zeitschrift *Awrora* eine Elegie zur Erinnerung an die kaiserliche Familie. Porträts von der Zarin und ihrer Familie kursieren heute in der Öffentlichkeit. Das Archivmaterial spricht auch für den außergewöhnlichen Mut Alexandras während ihrer Gefangenschaft.

Alles hatte wie im Märchen begonnen. Der Erbe der Romanows, Zarewitsch Niki, traf die reizende Alix von Hessen-Darmstadt, Lieblingsenkelin von Königin Victoria und Cousine von Wilhelm II., auf einer fürstlichen Hochzeit in St. Petersburg. Sie waren von allem erdenklichen Prunk des kaiserlichen Rußlands umgeben. Auf den Kleidern der Hofdamen glitzerten silberne Spitzen und Edelsteine. Die Anzüge, Hüte und Schwerter der eleganten Höflinge waren mit Diamanten und anderen Juwelen besetzt. Der Zarewitsch war sechzehn, seine Fürstin zwölf Jahre alt. Es war Liebe auf den ersten Blick. Der junge Mann mußte jedoch fünf lange Jahre warten, bevor seine Familie die Zurückhaltung aufgab und der Heirat zustimmte. Alexander III. und seine Gattin Maria Fjodorowna hätten sich als Schwiegertochter eine junge Dame gewünscht, die einen bedeutenderen Namen trug als den von

Hessen. Sie dachten an Helene von Orléans, die Tochter des Grafen von Paris, folglich eine Verwandte von Ludwig XVI., oder auch an Margerita von Preußen. Ein familiäres Komplott verhalf dem jungen, bis über beide Ohren verliebten Niki jedoch zum Sieg. Königin Victoria, die Gattin des Prinzen von Wales (die Schwester der Kaiserin Maria Fjodorowna), Wilhelm II., ein Cousin des Zarewitsch, und schließlich Ella, die ältere Schwester von Alix und Gemahlin eines der Onkel des Zaren, verbündeten sich, um die Zustimmung von Alix, Alexander III. und dessen Frau zu erhalten. Im letzten Augenblick tauchte jedoch ein unerwartetes Hindernis auf: Die junge Fürstin weigerte sich, zum orthodoxen Glauben überzutreten. Drei Tage intensiver Verhandlungen waren notwendig, um sie umzustimmen. Schließlich fügte sich Alix in ihr Schicksal. Am 23. April 1894 verlobte sie sich mit Nikolaus. »Ihr Gesicht war von stiller Freude erfüllt«, berichtete der Zar. Mit einem Mal veränderte sich die schüchterne Alix. Mit jedem Tag wirkte sie verliebter. Die künftige Zarin strahlte vor Glück. Sie nahm ihren Verlobten mit nach Coburg und machte mit ihm ihre Lieblingsausflüge.

Die Fürstin war eine Schönheit. Golden glänzendes Haar umrahmte ihr Gesicht. Ihre Gesprächspartner gerieten aus dem Konzept, wenn sie mit ihren großen grauen Augen ins Leere blickte. Sie errötete leicht und lächelte selten. Nikolaus hatte sich seit ihrer ersten Begegnung kaum verändert, er hatte noch immer den gleichen verträumten Gesichtsausdruck. Sein Schnurr- und Kinnbart war »tabakblond« mit einem seidigen Glanz. Nikolaus war nicht groß, aber kräftig gebaut. Und ein Blick seiner blauen, ins Grüne spielenden Augen ließ das junge Mädchen immer noch erröten.

Vor ihrer Hochzeit wirkte Alix bei ihren Aufenthalten am russischen Hof wenig einnehmend. Sie hatte keinen positiven Eindruck hinterlassen. Einige fanden sie unbeholfen und »schlecht gekleidet«, andere hielten sie für hochmütig und dünkelhaft. Sie konnte kein Russisch und kaum Französisch und sprach deshalb meistens nur Englisch. In Wirklichkeit war Alix vor allem sehr schüchtern und gehemmt.

Die Hochzeit wurde auf den kommenden Sommer anberaumt. Doch diese Pläne scheiterten am Tod des Zaren Alexander III. Am 1. November 1894 wurde der Zarewitsch zu Kaiser Nikolaus II. Er schrieb in sein Tagebuch: »Herr! Herr! Was für ein Tag! Gott hat unseren heißgeliebten Vater, unseren lieben Papa, unseren Schatz zu sich gerufen. Mir schwindelt, ich kann es nicht fassen ...«

Ihren ersten öffentlichen Auftritt absolvierte die künftige Zarin, als sie hinter dem Sarg Alexanders III. einherschritt. »Ein schlechtes Vorzeichen«, munkelte man. Gemäß dem Protokoll hätte das Paar eine zweijährige Trauerzeit einhalten müssen, bevor an eine Heirat zu denken war. Doch so lange konnten die Verliebten unmöglich warten. Deshalb wurde die Zeremonie für den 9. Dezember festgesetzt, den Geburtstag der Kaiserin Maria Fjodorowna.

Eine Woche nach seiner Thronbesteigung heiratete Nikolaus Alix von Hessen, die von der orthodoxen Kirche auf den Namen Alexandra Fjodorowna getauft worden war. In der Morgendämmerung legten die Witwe Alexanders III. und die Großfürstinnen Xenia und Olga, Nikolaus' Schwestern, Alexandra das traditionelle Hochzeitsgewand an: Ein schweres, mit Silberfäden durchwirktes Brokatkleid. Ein goldener, mit Hermelin verbrämter Mantel, der mit einer langen Schleppe versehen war, bedeckte es zur Hälfte. Dieses beengende Gewand ließ die Zarin die Bürde ihres neuen Lebens ahnen.

Die Glocken der Kathedralen im Kreml kündigten die Vereinigung des überglücklichen Paares an. »Noch nie habe ich zwei verliebtere und glücklichere Menschen gesehen«, behauptete ihr Vetter, der zukünftige Georg V. von England. Angesichts dieser jubelnden Menschenmenge fühlte sich Alexandra fast schon geliebt.

Die Herrschaft von Nikolaus II. und Alexandra stand zunächst unter einem schlechten Stern. Anläßlich seiner Krönung hatte der Kaiser sein Volk zu einem großen Fest in der Nähe Moskaus eingeladen. Dreihunderttausend Menschen durften sich kostenlos vergnügen und erhielten Geschenke. Die Behörden hatten es jedoch versäumt, auf den Chodynka-Wiesen, einem weiten, öden Gelände, das der Moskauer Garnison als Exerzierplatz diente, Brunnen, Gräben und Schluchten abdecken zu lassen. Bei der Verteilung der Geschenke entstand nun ein derartiges Gedränge, daß unzählige Menschen in die Gräben stürzten. Offiziellen Zahlen zufolge gab es 1389 Tote und 1003 Verletzte. Das junge Kaiserpaar war bestürzt. Nikolaus schrieb in sein Tagebuch: »Bis jetzt lief alles wie am Schnürchen, aber heute ist eine große Sünde begangen worden ... etwa 1300 Menschen sind zu Tode getrampelt worden. Ich habe es um halb zehn erfahren. Diese Nachricht hat mich schrecklich mitgenommen.«

Die Mutter des Zaren forderte eine exemplarische Bestrafung derjenigen, die für die Katastrophe verantwortlich waren, vor allem der Leiter des Moskauer Generalgouvernements müsse zur Rechenschaft gezogen werden. Doch Alexandra setzte sich für den Betreffenden ein, ihren Schwager, Großfürst Sergei. Und Nikolaus ließ sich überzeugen.

Das leichte Lächeln, das oft die Lippen des Zaren umspielte, war aus seinem Gesicht verschwunden. Nikolaus hatte von seiner Mutter, Maria Fjodorowna, Fürstin Dagmar von Dänemark, das Temperament Hamlets, des Prinzen von Jütland, geerbt. Der letzte Zar Rußlands, ein wankelmütiger Mensch, erinnerte auf tragische Weise an Shakespeares Helden.

Doch Alexandra sollte über ihn wachen und einen uneingeschränkten Einfluß auf ihn ausüben. Noch am Sarg Alexanders III. hatte sie Nikolaus eingeschärft: »Von nun an mußt du alles wissen, in allem konsultiert werden. Die Menschen dürfen niemals vergessen, wer du bist.«

Dennoch konnte die junge, attraktive Kaiserin ihre krankhafte Schüchternheit nicht überwinden. Sie sprach stockend und bekam häufig rote Flecken im Gesicht. Ihr äußerst zurückhaltender Charakter stieß selbst bei den wohlwollendsten Gesprächspartnern auf Unverständnis, und außerhalb des engsten Familienkreises war Alexandra eher unbeliebt. Ihre immer liebenswürdige, lächelnde und hübsch gekleidete Schwiegermutter weckte dagegen die Bewunderung des Hofstaates. Die Zarin-Mutter erachtete die Schwiegertochter als »nicht gut genug« für ihren Sohn und hat sich ihr gegenüber stets abweisend verhalten. Und die neue Zarin litt sehr unter dieser Gefühlskälte. Tatsächlich entstand zwischen den beiden Frauen eine Rivalität, die auch in der Politik in Erscheinung treten sollte. Während Maria Fjodorowna die Einführung eines parlamentarischen Systems anstrebte, machte sich Alexandra zur Hüterin der absoluten Autokratie.

Die Hochzeit von Nikolaus und Alexandra war so rasch arrangiert worden, daß keine Wohnung vorbereitet worden war, in die sie hätten einziehen können.

Deshalb richteten sie sich vorübergehend im Anitschkowpalais ein, in dem die Zarin-Mutter früher ihrer Tanzleidenschaft gefrönt hatte und in dem Puschkin und seine bezaubernde Gattin Natalja häufig Gäste gewesen waren.

Jeden Morgen frühstückte das Kaiserpaar mit Maria Fjodorowna, dann kehrte Nikolaus in sein Arbeitszimmer zurück. Alexandra verbrachte ihre Tage damit, auf ihn zu warten. Ihrem Tagebuch vertraute sie an: »Ich fühle mich so allein. Ich bin noch gar nicht richtig sicher, daß ich verheiratet bin. Es ist, als wäre ich nur auf Besuch hier.« Auch fürchtete sie ein Attentat auf den Zaren. Man darf nicht vergessen, daß seit über zwanzig Jahren Terrororganisationen einen Krieg gegen die Autokratie führten. Und ihr Gatte war gegen mögliche Anschläge nicht gefeit.

Schließlich zogen Nikolaus und Alexandra in den Alexanderpalast ein, der sich in Zarskoje Selo hinter dem Katharinenpalast befand.

Im November 1895 brachte die Zarin unter furchtbaren Schmerzen ein Töchterchen zur Welt, das den Namen Olga erhielt. Zwar wählte man eine Erzieherin für das Kind aus, doch Alexandra hatte verfügt, daß sie ihr Baby selbst stillen, baden und ankleiden würde. Revolution am Hof …

Im Jahr 1896 fand das Krönungsfest statt. Das Volk war hingerissen von der Schönheit der neuen Herrscherin, die zu diesem Anlaß ein mit Silberfäden durchwirktes Kleid mit 10 000 Perlen trug. Im Sommer besuchte der Zar zusammen mit seiner Frau und seiner Tochter in ganz Europa regierende Mitglieder seiner Familie. So machten sie Zwischenstation bei Kaiser Franz Joseph und Kaiserin Sissi in Wien. In Kopenhagen besuchten sie Nikolaus' Großeltern, König Christian IX. und Königin Louise. Alexandra traf durch eine glückliche Fügung ihre Großmutter, Königin Victoria, und den künftigen Eduard VII. auf Schloß Balmoral an. Ein Kurzaufenthalt in Paris am 5. und 6. Oktober fiel mit den Jahrestagen der Revolution zusammen, die Ludwig XVI. und Marie-Antoinette das Leben gekostet hatte. Als sich Nikolaus nach einem Abendessen unwohl fühlte, glaubte Alexandra an einen Giftanschlag. Außerdem dachte sie, man habe auf ihre Fenster geschossen. Diese Ängste waren keine reine Paranoia. Die Kaiserin schien eine Vorahnung ihres Schicksals zu haben. Sie erzählte ihrem Gatten von diesem Gefühl, als sie abends auf jenen Balkon der Schlachtengalerie in Versailles hinaustraten, wo Marie-Antoinette (Catherine Durand-Cheynet zufolge) einst den Aufrührern gegenübergestanden hatte. Wie in einem Traum waren die Bilder der Vergangenheit wieder vor ihr aufgetaucht. Ihre Befürchtungen wurden vom russischen Hof kaum ernstgenommen. Dort hielt man die neue Zarin schlichtweg für eine manisch-depressive Frau mit einem Hang zur Psychose.

Zurück in Zarskoje Selo, merkte die junge Frau, daß sie schwanger war. Im Mai 1897 brachte sie ein kleines Mädchen zur Welt, das den Vornamen Tatjana erhielt. Somit hatte Alexandra wieder einen Vorwand, um dem Hof zu entfliehen. Sie verbrachte die meiste Zeit im Kinderzimmer, wo sie sich um ihre beiden Töchter kümmerte. Im darauffolgenden Winter gab sie zusammen mit ihrem Gatten einige Bälle und Empfänge. Die Kaiserin wirkte selbstbewußter und weniger steif, doch ihre moralische Kompromißlosigkeit und ihre Vorstellung von der Existenz einer »konformistischen Kleinbürgerin« waren meilenweit entfernt von den revolutionären Ideen der Frauenrechtlerinnen, die zu dieser Zeit großen Anklang in der russischen Gesellschaft fanden. Die Zarinnen des 19. Jahrhunderts erschienen stets als Symbol der Autokratie – sie wirkten streng und unerschütterlich. Sie mußten sich mit einer passiven Rolle begnügen. Man erwartete von ihnen einen oder mehrere Erben sowie eine würdige und untadelige Haltung, die einem nicht immer puritanischen Hof als Vorbild dienen sollte. Sie mußten gefügige, zärtliche und verständnisvolle Ehefrauen, aufmerksame Mütter und strenge Hüterinnen des orthodoxen Glaubens sein. Alexandra beklagte die Sittenlosigkeit: »Die jungen Damen aus St. Petersburg haben nur schöne Offiziere im Kopf!«

Da sie grundehrlich war, fiel es ihr schwer, mit ihrer Meinung über den frivolen, heuchlerischen und machtgierigen Hof hinter dem Berg zu halten. Sie fühlte sich vor allem ihrer Familie und der Religion verbunden und verabscheute die Geschwätzigkeit sowie die Sittenlosigkeit. Von nun an sollte die Kaiserin jede Meinung, die von ihrer eigenen abwich, als einen feindseligen Akt gegen ihren Gatten und die Romanow-Dynastie betrachten.

Im Jahr 1898 mußte die zum dritten Mal schwangere Kaiserin das Bett hüten. Abends las Nikolaus ihr aus *Krieg und Frieden* vor. Auch wenn Tolstoi ein unerbittlicher Kritiker des kaiserlichen Regimes gewesen war, teilte Alexandra seine Vision vom ewigen Rußland sowie seine Philosophie der Natur. Das im Juni 1899 geborene Mädchen wurde Maria genannt, nach der exaltierten und mystischen Heldin aus *Krieg und Frieden,* der Alexandra sich so nahe fühlte. Obwohl sie sich über ihre drei Töchter freute, bereitete es ihr Kummer, Nikolaus keinen Thronfolger geboren zu haben. Isolierter denn je lebte sie in ihren privaten Gemächern in Zarskoje Selo, und ihre Schwiegermutter und der Hof warfen ihr vor, die Zukunft der Dynastie zu gefährden.

Angesichts dieser Feindseligkeit suchte die Zarin Trost in der Mystik. Auf der Suche nach einem spirituellen Führer begann sie, sich regelmäßig in Klöster zu begeben. In ihrer Verzweiflung nahm sie sogar Zuflucht zu jenen Praktiken, die in den Salons die große Mode waren: Kartenlegen, Hellsehen, Tischrücken und Wunderheilung. Und so traf in Zarskoje Selo ein gewisser Pope Philippe ein, der auf die physische und geistige Heilung von Kranken durch »Gebet und Auflegen der Hände« spezialisiert war. Die Begegnung zwischen diesem Franzosen und dem Kaiserpaar fand im September 1901 in Compiègne statt. Der russische Hof hatte schon Lobreden auf die außergewöhnlichen Fähigkeiten des Heilsbringers vernommen, nämlich durch den berühmten Papus, Verfasser zahlreicher esoterischer Abhandlungen, die sich in St. Petersburg großer Beliebtheit erfreuten. Während ihres Frankreich-Aufenthaltes verbrachten Nikolaus und Alexandra einen ganzen Abend mit dem Magier. Als Nikolaus von seinen Unannehmlichkeiten mit der Justiz erfuhr, bat er den französischen Außenminister Delcassé, dem »Wunderheiler« ein Diplom auszustellen. Doch Alexandra wünschte seine Anwesenheit in Zarskoje Selo, sei es mit oder ohne Diplom ...

In Rußland erhielt der Heilkundige den Titel des Militärarztes und den Grad eines Oberst. Er überzeugte die Kaiserin davon, nie wieder Zuflucht zum Okkultismus zu nehmen und statt dessen einzig und allein auf Gott zu vertrauen. Er versicherte ihr, daß sie in Kürze einen Sohn gebären werde.

Im Winter 1902–1903 wurde Alexandra tatsächlich schwanger, doch eine Fehlgeburt machte ihre Hoffnungen zunichte. Die Schwärmerei des Zaren und der Zarin für diesen »Scharlatan« rief im Land Empörung hervor. Die Geistlichkeit nahm es dem Fremden, einem römischen Katholiken, übel, daß er einen solch großen Einfluß auf das Kaiserpaar ausübe. Also mußte sich das Paar von Philippe trennen. Bis zu seinem Tod im Jahr 1905 führte dieser eine rege Korrespondenz mit der Kaiserin, die die magischen Fähigkeiten des »lieben Freundes« nie im geringsten anzweifelte.

Im Verlauf dieses Winters kam es zu einer Reihe blutiger Attentate, denen Innenminister Plehwe und der Gouverneur von Finnland zum Opfer fielen. Die Zarin war besorgt über die Unruhe unter den Fabrikarbeitern, die Bauernaufstände und die Proteste in den liberalen Milieus.

Zu dieser Zeit führten japanische Torpedoboote einen Überraschungsangriff auf die russische Flotte durch, die in der Bucht von Port Arthur vor Anker lag. Trotz alarmierender Gerüchte wollte Alexandra nicht glauben, daß ein Konflikt mit Japan wegen Korea, dem einzigen Gebiet in Nordostasien, das sich den russischen Expansionsbestrebungen in Richtung Pazifik noch entzog, kurz bevorstand. Sie unterstützte die Friedensbemühungen ihres Gatten, da sie den Krieg für ein absolutes Unheil hielt.

Die junge Frau kümmerte sich sogleich um das Sanitätswesen und beschaffte Lazarettzüge. Außerdem ließ sie den Katharinenpalast und den Winterpalast in Lazarette umbauen. Sie richtete dort Räume ein, in denen Scharpie [Verbandszeug; Anm. d. Verlags] hergestellt werden sollte. Dann widmete sie sich den von der Front zurückgeschickten Verletzten und schnitt gemeinsam mit den Hofdamen stundenlang Stoffstreifen zu, um damit Wunden zu verbinden.

Anfang des Jahres 1904, inmitten der Unruhen, erblickte Alexei, der heißersehnte Thronfolger, das Licht der Welt. Endlich fühlte sich Alexandra vor der Dynastie und dem ganzen Russischen Reich legitimiert. Doch das Fatum wollte es, daß Nikolaus II. durch seine Heirat mit Alexandra das schicksalsschwere Erbe der Romanows mit dem des Hauses Hessen vereinigt hatte. Alexandra besaß tatsächlich die fatale Veranlagung zu dem Leiden der hessischen Dynastie, der Bluterkrankheit, die von Frauen übertragen wurde, aber nur Männer befiel.

Als das Kind sechs Wochen alt war, sah Alexandra Blut aus seinem Bauchnabel rinnen... Die Blutung des Zarewitsch dauerte drei Tage. Die von düsteren Erinnerungen gequälte Kaiserin wich keinen Moment von seiner Seite. Sie führte sich den tragischen Tod ihres Bruders Friedrich vor Augen, der nach einem Sturz in den Armen seiner Mutter verblutet war. Ihr Neffe Henry, der älteste Sohn ihrer Schwester, war mit vier Jahren unter den gleichen Umständen gestorben, und sein Bruder litt ebenfalls an dieser Krankheit. Auch ihr Onkel Leopold war in der Blüte seiner Jugend gestorben.

Von nun an sollte Alexandra keine ruhige Minute mehr haben.

Zu Beginn des Sommers litt die Kaiserin an Ödemen an den Beinen und einer Herzschwäche. Nikolaus führte seine geliebte Alexandra im Rollstuhl spazieren, damit sie nicht ermüdete. Sie hatte stets ein offenes Ohr für die Sorgen ihres Gatten und verlangte, über all seine geplanten Entscheidungen auf dem laufenden gehalten zu werden. Häufig legte sie ihm die Antwort in den Mund.

Am 6. Januar 1905 wurde St. Petersburg durch Streiks lahmgelegt. Auf dringendes Bitten seines Onkels, des Großfürsten Wladimir, lehnte Nikolaus es ab, eine Delegation der Streikenden zu empfangen, und kehrte mit Alexandra nach Zarskoje Selo zurück. Drei Tage später verlangte die Menschenmenge vor den geschlossenen Gittern des Winterpalastes, den Zaren zu sehen ...

Die Kaiserin erfuhr erst spät am Abend von der Tragödie dieses »Blutsonntags«. »Welche Ängste müssen wir ausstehen!«, schrieb sie an ihre Schwester. »Es ist die Zeit der göttlichen Prüfungen ... Glaubt nicht all die furchtbaren Dinge, von denen die ausländischen Zeitungen ständig berichten. Ihre häßlichen Übertreibungen lassen Euch die Haare zu Berge stehen. Ja, die Truppe mußte das Feuer eröffnen. Das stimmt, leider! Man hatte die Menschenmenge mehrmals aufgefordert, sich zu zerstreuen, und ihr erklärt, daß Nicky nicht in St. Petersburg sei und daß die Soldaten schießen müßten, wenn sie weiter vorzurücken versuche. Doch keiner wollte hören, und so floß Blut. Es gab insgesamt 92 Tote und 200 oder 300 Verletzte. Es ist schrecklich, aber sonst hätte die Menge gigantische Ausmaße angenommen, und dann wären 1000 Personen erdrückt worden.«

Am 4. Februar erfuhr Alexandra, daß ihr Schwager, Großfürst Sergei, innerhalb des Kremls ermordet worden war. Sie entrüstete sich über die Verwundbarkeit der kaiserlichen Regierung, die nicht faßbaren terroristischen Splittergruppen ausgeliefert war, und beunruhigte sich über das Unvermögen der Polizei, die Attentate zu verhindern.

Während des Sommers 1905 unterzeichnete Nikolaus ein kaiserliches Manifest, das die Einrichtung einer »beratenden Duma« versprach. Diese folgenschwere Entscheidung war eine der wenigen, die nicht von Nikolaus' Gattin beeinflußt worden war. Denn Alexandra, seit zehn Jahren Kaiserin, hegte eine tiefverwurzelte Bindung an die Autokratie. Sie betrachtete den Eid, den sie bei ihrer Krönung geschworen hatte, als eine göttliche Mission, ein heiliges Vermächtnis, das Nikolaus weiterreichen sollte. »Du hast kein Recht, deinen Untertanen auch nur den kleinsten Teil der Autorität, die die Vorsehung Dir über sie verliehen hat, abzutreten. Es steht Dir ebensowenig frei, die Autokratie abzuschaffen, wie dem orthodoxen Glauben abzuschwören.« Mit diesen Worten lehnte sie sich gegen ihren Gatten auf, bevor dieser dem Druck des Großfürsten Nikolaus nachgab und das Manifest unterzeichnete. Von nun an war Alexandra Zarin eines konstitutionellen Reiches. In dem vom Bürgerkrieg und den revolutionären Unruhen zerrütteten Reich regierte das Chaos, und Alexandra litt unter ihrer Machtlosigkeit. Sie verabscheute die Greuel der Revolution ebenso wie die Repression.

Noch eine weitere wichtige Entscheidung sollte getroffen werden, diesmal unter ihrem direkten Einfluß. Innerhalb weniger Wochen hatte die Armee die Aufstände niedergeschlagen und die Ordnung wieder hergestellt. Die Kaiserin, bestürzt über den repressiven Eifer des Duma-Präsidenten Witte, legte ihrem Gatten nahe, ihn zu ersetzen. Sie schlug vor, Stolypin zum Ministerpräsidenten zu ernennen. Es war ihr ein dringendes Anliegen, neue Leute zu finden, die energisch und zuverlässig waren.

Am Ende dieses unheilvollen Jahres verschlimmerten sich Alexandras Herzprobleme. Sie ging kaum noch aus und verbrachte den Großteil ihrer Zeit damit, über Alexeis erste Schritte zu wachen. Weit entfernt vom Tumult, wuchs der Zarewitsch unter dem Schutz seiner Amme und des Matrosen Derewenko auf. Trotz ständiger Beaufsichtigung stürzte das Kind gelegentlich oder verletzte sich. Nichts konnte dann die Blutung stoppen. Der kleine Alexei litt furchtbar; er wurde schwächer und stöhnte manchmal tagelang. Das Unvermögen, seine Schmerzen zu lindern, quälte

Alexandra. Nervlich und physisch erschöpft, achtete sie nicht mehr auf ihre eigene Gesundheit. Sie beschränkte sich darauf, körperliche Anstrengungen zu vermeiden und lag oft lange Zeit ausgestreckt in ihrem malvenfarbenen Boudoir (sie hatte eine besondere Vorliebe für diese Farbe). Trotz allem zwang sie sich dazu, ihren Verpflichtungen als Kaiserin nachzukommen.

Schon seit einigen Jahren war Alexandra mit Ania, der Tochter des Kammerherrn Tanieiew, befreundet. Diese Beziehung beruhte auf einem seltsamen Traum. Ania war 16 Jahre alt und ernstlich krank, als plötzlich Alexandra vor ihr erschien und ihr die Hand reichte. Im selben Moment war sie geheilt. Als die Zarin von diesem Traum erfuhr, äußerte sie den Wunsch, das Mädchen kennenzulernen. Sie freundeten sich an, und Ania gewann das Vertrauen der Herrscherin. Alexandra war von einem Sumpf von Intrigen und Heuchelei umgeben; in Ania hingegen entdeckte sie Reinheit und Selbstlosigkeit. Die Kaiserin liebte es, zusammen mit ihrer Freundin zu singen und Klavier zu spielen, doch die Krankheit raubte ihr den Atem, und ihre Hände wurden blau. So verlor Alexandra allmählich die Freude am Musizieren. Abends las sie oder arbeitete in Gesellschaft Anias an irgendeiner Tapisserie oder Stickerei, während Nikolaus mit General Orlow Billard spielte. Es dauerte nicht lange, bis diese enge Freundschaft Eifersucht und schlimmste Verleumdungen hervorrief. Es wurde behauptet, daß der General der Liebhaber der Kaiserin sei und daß Ania als Kupplerin fungiere. Der auflodernde Haß gegenüber Orlow und Ania zeigte deutlich, wie isoliert das Kaiserpaar war. Der Hof empörte sich darüber, nicht mehr vom Kaiser empfangen zu werden, der völlig abgeschieden in Zarskoje Selo lebte, und rächte sich, indem er die zwei einzigen Freunde der Herrscher in Mißkredit brachte.

Zur Teestunde besuchten die Kaiserin und ihr Gatte zusammen mit Ania hin und wieder Miliza, die Großfürstin von Montenegro. Im November 1905, kurz nach Philippes Tod, hatte die Großfürstin ihnen auf Empfehlung Theofans, Rektor des theologischen Instituts von St. Petersburg, einen »Gottesmann« vorgestellt: Grigori Jefimowitsch Rasputin. Der Sibirier lebte mit seiner Frau und seinen drei Kindern in einer bescheidenen Wohnung in der Hauptstadt und führte ein unauffälliges Dasein. Die Kaiserin war wie alle ihre Zeitgenossen sofort von seinem Blick fasziniert. Ein undefinierbarer Blick, der einen wie eine Messerklinge durchdrang. Der Botschafter von Frankreich, Maurice Paléologue, bezeugte dies: »Sein Blick war zugleich durchdringend und beruhigend, naiv und listig, starr und abwesend. Aber wenn seine Rede kühner wurde, verströmten seine Pupillen zweifellos eine magnetische Anziehungskraft.«

Rasputin, mit einem weiten Bauernkittel und Pluderhosen bekleidet, die in derbe Stiefel gezwängt waren, verführte durch seine bäuerische Art. Er nannte den Zaren *Batiutschka,* »Kleiner Vater«, und die Zarin *Matutschka,* »Kleine Mutter«. Er war jovial und gesprächig und verstand es sofort, sie zu unterhalten, so als wären sie seinesgleichen. Das durch seine schroffe und direkte Art zunächst verunsicherte Kaiserpaar verfiel schließlich seinem Charme. Alexandra, überzeugte Anhängerin des orthodoxen Glaubens und darauf bedacht, den ländlichen Wurzeln nahe zu bleiben, in denen sie die russische Volksseele verkörpert sah, erkannte ihn als echten *Starez* an. Der *Starez,* schrieb Dostojewski, »ist jemand, der sich Eurer Seele und Eures Willens bemächtigt und diese zu den seinen macht. Wenn Ihr einen *Starez* auswählt, verzichtet Ihr auf Euren Willen, Ihr übertragt ihn ihm in völligem Gehorsam, in völliger Entsagung …«

Im Dezember 1907 stürzte Alexei beim Spielen im Park, und sein lebloser Körper wurde in den Palast zurückgebracht. An seinem Bein war ein dicker violetter Knoten zu sehen. Wieder war kein Arzt in der Lage, seine furchtbaren Schmerzen zu stillen. Verzweifelt flehte die Kaiserin Rasputin an, ans Krankenbett des Zarewitsch zu kommen. Einzig und allein Rasputin besaß die Fähigkeit, das Kind zu beruhigen, bald durch Gebete, bald durch die außergewöhnliche magnetische Kraft, die von ihm ausging und die er nach den traditionellen Methoden der heilkundigen Schamanen Sibiriens einsetzte. Seine anfangs noch seltenen Besuche im Palast wurden streng geheimgehalten. Denn die Herrscher wußten, daß man es ihnen nie verzeihen würde, einen Bauern zu empfangen, selbst wenn dieser ein »Gottesmann« war. Zudem wußte die Weltöffentlichkeit nichts von der Krankheit des Zarewitsch.

Alexandra war 36 Jahre alt. Sie war immer noch sehr schön, doch ihre Kräfte waren erschöpft. Ihr Arzt Dr. Botkin stellte fest, daß ihr Herz stark angegriffen war. Er verordnete ihr drei Monate Bettruhe. Botkin gab die Hoffnung auf eine vollständige Genesung nicht auf, trotz der extremen Schwäche seiner Patientin, deren starrer Blick unsägliche Verzweiflung ausdrückte.

Anfang Oktober 1908 verkündete ein Telegramm den Tod von General Orlow. Alexandra weinte bitterlich um den einzigen richtigen Freund ihres Gatten. Später ging sie oft an sein Grab und schmückte es mit Blumen. Sogleich begann der Hof zu tratschen. Es gab sogar Gerüchte, nach denen der Zar den Liebhaber seiner Frau vergiftet habe! Der Tod ihres Beichtvaters Jean de Cronstadt zwei Monate später verstärkte noch die Verzweiflung und Einsamkeit der Kaiserin.

Von nun an sollte Rasputin regelmäßig vom Kaiserpaar empfangen werden. Eine Zeitlang brachte man in den Salons den Namen Rasputins noch nicht mit der Kaiserin in Verbindung, auch wenn sein extravagantes Verhalten bereits Kritik hervorrief.

Rasputin machte sich von Tag zu Tag unentbehrlicher. Wenn es ihm auch nicht gelang, den Zarewitsch zu heilen, so konnte er doch stets seine Schmerzen lindern. Eines Abends klagte das Kind über furchtbare Ohrenschmerzen. Die Kaiserin rief den *Starez* an, der ihr versprach, ihren Sohn zu beruhigen. Als sie ins Zimmer des Kleinen zurückkam, lag er in tiefem Schlummer. Er hatte sich besser gefühlt, seit seine Mutter den Sibirier angerufen hatte.

Da keiner von der Krankheit des Zarewitsch wußte, begann man sich in der Umgebung der Herrscher zu fragen, was die Kaiserin nur an diesem »Wüstling« finde. Man behauptete natürlich, daß sie eine Affäre hätten und daß Ania Wyrubowa mit im Bunde sei! Ein in einem Buch Illiodors, eines geistlichen Verwandten Rasputins, der jedoch zu seinem unerbittlichen Gegner geworden war, veröffentlichter Brief wurde dazu benutzt, die Zarin zu diffamieren:

»Mein Geliebter und unvergeßlicher Herrscher, Retter und Führer, wie sehne ich mich nach dir. Ich bin stets heiter, wenn du bei mir bist, o mein Herrscher. Ich küsse deine Hände und lege meinen Kopf auf deine starke Schulter. Welche Leichtigkeit, welche Unbekümmertheit empfinde ich in diesem Augenblick. Nun habe ich noch einen einzigen Wunsch: einschlafen, einschlafen für immer, in deinen Armen. Wohin bist du entschwunden? Ein solcher Schmerz, eine solche Angst schnüren mir das Herz zu ... Deine Geliebte für immer.« Dieses Zeugnis bleibt jedoch zweifelhaft, denn das Original wurde nie gefunden.

Rasputin seinerseits liebte es, die Zweifel bezüglich seines Verhältnisses zur Zarin offenzulassen. Als er in einem Restaurant der Hauptstadt mit zwei Damen und zwei Herausgebern der Skandalpresse zu Abend aß, erklärte er mit hoher und lauter Stimme, damit ihn auch jeder hörte: »Ich mache mit ihr, was ich will. Sie ist gehorsam!« Anschließend soll er angeblich sein Geschlecht zur Schau gestellt und sich in dieser Haltung mit den Zigeunertänzerinnen unterhalten haben. Diese Provokation erinnert ein wenig an das traditionelle Verhalten der *Iorudiwis,* jener Christus-Fanatiker, die gegen alle Konventionen durchs Land zogen und als personifiziertes Gewissen des Volkes betrachtet wurden.

Gemäß den Anweisungen des Ministerpräsidenten Stolypin meldeten die Agenten der *Ochrana,* der russischen Geheimpolizei, sämtliche Handlungen des Sibiriers. Einer dieser Berichte wurde an die Kaiserin weitergeleitet. Es ging darin um einen Skandal, den Rasputin in Gesellschaft von Prostituierten angeblich in der Badeanstalt hervorgerufen hatte. In Wirklichkeit hatte sich Rasputin an jenem Abend im Alexanderpalast aufgehalten. Die Zarin schloß daraus, daß all diese Berichte auf Lügen beruhten, und glaubte sogar an eine von der Geheimpolizei eingefädelte Intrige.

Über die rätselhaften Prophezeiungen Rasputins wird noch immer viel Tinte verspritzt. Schon zu Beginn ihrer Beziehung hatte er Nikolaus feierlich verkündet: »Solange ich lebe, werden Dein Thron und Deine Verwandten nichts zu fürchten haben ...«

Im September 1911 bat der *Starez* der Kaiserin den Herrscher, nicht nach Kiew zu gehen, da ihn dort ein

Unglück erwarte. Während dieses Besuches wurde Stolypin ermordet. Der hochrangige Minister hinterließ dank seiner Reformen ein starkes und stabiles Rußland, dessen Wirtschaft im Aufschwung begriffen war.

In jenem Jahr begab sich Alexandra nach Liwadija auf der Halbinsel Krim, wo sie im Neuen Palast wohnte. Der im italienischen Stil entworfene und innerhalb von zwei Jahren von einem russischen Architekten erbaute Palast war ganz in Weiß gehalten. Das Zimmer des Kaiserpaares ging aufs Meer hinaus und war vom Duft zahlreicher Blumen erfüllt. Die Zarin hatte im Sommer zuvor im deutschen Bad Nauheim, welches für die Behandlung von Herzkrankheiten berühmt war, eine Kur gemacht. Diese Kur hatte ihr sehr gutgetan, und Alexandra hatte wieder begonnen, Spaziergänge zu unternehmen.

Obwohl die Ereignisse in Kiew sie sehr mitgenommen hatten, verbrachte sie ihre ersten Tage im Neuen Palast damit, zusammen mit Ania Wyrubowa die Zimmer zu dekorieren. Sie stellte überall Fotos, Ikonen, Bilder und Nippes auf, um sich »wie zu Hause« zu fühlen.

Die See- und Gebirgsluft wirkte sich positiv auf die Gesundheit des kleinen Alexei aus. Auch die Kaiserin lebte wieder auf. Ihr Sohn gedieh prächtig, und das Volk schien den Herrschern wohlgesinnt. Endlich konnte Alexandra hoffen, den Klatsch und Tratsch zu vergessen und sich den Werken der Nächstenliebe zu widmen, die ihr besonders am Herzen lagen. So ließ sie mit Hilfe ihres persönlichen Vermögens zwei Sanatorien bauen. Sie organisierte Wohltätigkeitsverkäufe, um Geld für den Bau neuer Einrichtungen zu sammeln. Zusammen mit ihren Töchtern, ihren Hofdamen und ihrem Gefolge entwarf, nähte und stickte sie stundenlang ohne Unterbrechung Wäschestücke, die mit ihrem Monogramm versehen wurden und sich hervorragend verkauften. Dies war ihre wahre Berufung: zu helfen, zu trösten und sich aufzuopfern, so wie sie es für all diejenigen tat, die sie liebte.

Ihre Töchter waren groß geworden. Olga, die Älteste, würde bald 16 Jahre alt werden. Sie war sensibel und verträumt, intelligent, gebildet und sehr musikalisch. Um ihre Volljährigkeit zu feiern, gab die Kaiserin einen großen Ball in Liwadija.

Doch bald schon sollten Sorgen diesen kurzen Moment der Ruhe überschatten. Wieder einmal wurde das kaiserliche Paar verleumdet. In der Hauptstadt kursierten Vierzeiler und Karikaturen, die Rasputin mit seinen beiden angeblichen Mätressen, Alexandra und Ania Wyrubowa, zeigten. Die Kaiserin wurde als hysterische, dem Antichrist, ja dem Teufel gefügige Deutsche dargestellt. Die Angelegenheit war ernst, und die Polizei konnte mit ihren Verfolgungen und Anordnungen nichts ausrichten. Die Intrige gegen Rasputin war die Speerspitze dieses zerstörerischen Unterfangens.

Einige Monate später verletzte sich Alexei, als er von einer Barke sprang. Der Sturz löste die schlimmste Krise aus, die er jemals gehabt hatte. Die Ärzte scheuten vor einer Operation zurück, und außerdem war Rasputin in Sibirien. Da sich Alexandra um ihre Gäste kümmern mußte, die sie anläßlich der Eröffnung der Jagd empfangen hatte, durchlitt sie furchtbare Qualen. Sobald sie konnte, stahl sie sich heimlich ans Bett ihres Sohnes und kehrte anschließend in den Salon zurück, wobei sie ihre Angst, so gut es ihr möglich war, hinter einem traurigen Lächeln verbarg.

Ende Oktober schlug Alexeis Herz so schwach, daß er die Letzten Sakramente empfing. Nikolaus, Alexandra und ihre Töchter beteten an seinem Krankenbett.

Alexandra wollte nicht an einen tödlichen Ausgang glauben und beauftragte Ania, an Rasputin zu telegrafieren. Prompt kam die Antwort: »Sei zuversichtlich, er wird nicht an der Krankheit sterben. Die Ärzte sollen jede Behandlung einstellen.«

Binnen weniger Stunden ging das Fieber zurück, und die Geschwulst wurde kleiner. Der Junge war gerettet. Dennoch dauerte es Monate, bis er sich erholt hatte, und er mußte ein orthopädisches Gerät tragen, um sein Bein geradezurichten.

Im Frühjahr 1914 reiste die kaiserliche Familie nach Liwadija. Auf den Terrassen des Neuen Palastes duftete es nach den Blüten der Obstbäume, nach Jasmin und Glyzinien. An diesem Ort, weit entfernt vom Klatsch und Tratsch der Hauptstadt, war das Leben angenehm. Alexei hatte wieder begonnen, herumzulaufen und sich zu vergnügen.

Im Juni, kurz nach dem Attentat von Sarajewo, wurde Rasputin in Sibirien von einer Frau mit einem Messer angegriffen. Alexandra, die die Prophezeiung des Retters ihres Sohnes zweifellos nicht vergessen hatte, betete stundenlang für seine Genesung.

Im Juli nahm die Kaiserin ihre ganze Kraft zusammen, um den französischen Präsidenten Raymond Poincaré zu empfangen. Alexei hatte sich nämlich erneut verletzt, als er an Bord der kaiserlichen Jacht *Etendard* ging, und Alexandra mußte ihn beaufsichtigen. Trotz alarmierender Gerüchte hoffte Alexandra erneut, daß es nicht zum Krieg kommen werde. Nach dem Ultimatum Österreichs an Serbien verbrachte Nikolaus die Tage und Nächte in seinem Arbeitszimmer, während Rasputin ihm von Sibirien aus zu verstehen gab, daß dieser Krieg ein Desaster für sein Land und seine Familie sein werde ...

Am Abend des 1. Juli betrat der Zar leichenblaß das

malvenfarbene Boudoir seiner Frau: »Es ist trotzdem passiert. Deutschland erklärt uns den Krieg...« Die Kaiserin war wütend auf Wilhelm II. und warf den Hohenzollern vor, aus Ehrgeiz und maßlosem Hochmut Zwietracht in Europa gesät zu haben. »Was haben sie bloß aus dem Deutschland meiner Kindheit gemacht?«, empörte sie sich.

Alexandra war jedoch Russin geworden. An der Seite ihres Gatten engagierte sie sich in diesem Krieg mit Leib und Seele und war entschlossen, bis zur Vernichtung des Deutschen Reiches zu kämpfen.

Angesichts der Sturheit der Herrscher wiederholte der nach St. Petersburg zurückgekehrte Rasputin seine Prophezeiungen: Dieser maßlose Krieg werde Rußland ins Verderben stürzen und jahrzehntelang seine Schatten auf das Land werfen ...

Die Kaiserin ließ ein weiteres Krankenhaus im Katharinenpalast einrichten und stellte den Angehörigen der Verletzten Zimmer zur Verfügung. Zusammen mit Ania und ihren Töchtern Olga und Tatjana ließ sie sich in einem Schnellkurs zur Krankenschwester ausbilden. Mit beispielhafter Fürsorge kümmerte sie sich um jene Patienten, denen es am schlechtesten ging. Sie verstand es so gut zu trösten, daß sich einige nur in ihrer Anwesenheit behandeln ließen. Ihr Tag endete mit einem gemeinsamen Gebet, bei dem alle mitsangen. Als Alexeis Gesundheitszustand es ihr erlaubte, kehrte sie nach dem Abendessen an die Betten derjenigen zurück, die sie brauchten.

Nach und nach gerieten die Fronten unter feindlichen Beschuß. Die Zarin, bei der Kriegserklärung vom Volk bejubelt, wurde nun verächtlich »die Deutsche« genannt. Nikolaus war immer häufiger abwesend und reiste durchs Land. Alexandra schrieb ihm dann: »Mein Engel, mein geliebter Schatz, meine Sonne ...

Du bist die ganze Zeit und für immer in meinen Gedanken.« Für sie war dieser Krieg »gräßlich«; sie dachte an diejenigen Mitglieder ihrer Familie, die sich in den beiden Lagern aufhielten, und sorgte sich um jeden.

Während der Abwesenheit ihres Gatten war Alexandra gezwungen, ihre Tätigkeiten im Krankenhaus vorübergehend aufzugeben, da sie einen Teil der kaiserlichen Verpflichtungen übernehmen mußte. Sie erinnerte die Minister ständig an die Notwendigkeit eines Heiligen Bündnisses des Vaterlandes zum Schutz des Kaisers. Im Jahr 1914 reiste sie ebenfalls durchs Land. Sie überwachte die sanitären Einrichtungen und verausgabte sich völlig. Bei diesen Reisen traf sie ihren geliebten Nikolaus für ein paar Stunden oder eine Nacht.

Im Januar 1915 entgleiste der aus Petrograd* kommende Zug. Unter den Opfern befand sich Ania Wyrubowa, der man kaum Überlebenschancen gab. Unverzüglich bat die Kaiserin Rasputin, sich an die Unglücksstelle zu begeben. Der Sibirier kniete neben der Verletzten nieder und legte ihr die Hände aufs Gesicht. Die junge Frau spürte, wie eine Wärme ihren Körper durchdrang, und sagte: »Meine letzte Stunde hat also noch nicht geschlagen ...« Sie blieb jedoch bis an ihr Lebensende behindert.

Trotz der Hingabe und der Großzügigkeit der Kaiserin wurde diese weiterhin vom Volk diffamiert, und von Juni an forderte man ihren und Rasputins Kopf. Alexandra glaubte, daß Rasputin von Gott gesandt worden sei, um das Reich zu retten, und daß die Angriffe deshalb nur Unheil mit sich bringen würden.

* Der Name St. Petersburg wurde 1914 zu Petrograd russifiziert.

Im August fielen Galizien und Polen in die Hände der Deutschen. Es war Zeit, daß der Kaiser den Ministern, Generälen und dem Großfürsten Nikolaus seinen Willen aufzwang. »Zeig ihnen, daß Du der Herrscher bist«, sagte Alexandra. »Sie müssen lernen, vor Dir zu zittern. Erinnere Dich an Philippe, Grigori sagt das gleiche ...« Sie hatte nur wenig Sympathie für den Großfürsten Nikolaus, erstens weil er Rasputin verabscheute, zweitens weil er die Befehle des Zaren mißachtete. Deshalb stachelte sie ihren Gatten auf, an seiner Stelle den Oberbefehl über die Truppen zu übernehmen. Dieser Schritt würde ihr sicherlich nicht verziehen werden ...

Während der fortgesetzten Verleumdungskampagne hielt das Kaiserpaar zusammen wie Pech und Schwefel, wie der Großfürst Paul bezeugte: »Sie sind bewundernswert in ihrer Tapferkeit. Nie ein Wort der Klage oder Mutlosigkeit. Sie versuchen nur, sich gegenseitig beizustehen.«

Die Zarin sah voller Stolz zu, wie Nikolaus unter allgemeinem Zetergeschrei fest entschlossen ankündigte, zum Generalstab zu reisen. »Erinnere Dich, letzte Nacht, wie zärtlich wir uns umarmten. Wie werde ich mich nach Deinen Liebkosungen sehnen!«, schrieb sie am Tag nach seiner Abfahrt.

Von nun an lag die Macht in ihren Händen. Unterstützt von Rasputin, kämpfte sie für den künftigen Ruhm Rußlands. Der Sibirier hatte ihr, wie einst Philippe, die Liebe zur Tradition und Ordnung eingeimpft. So war sie bereit, den unterdrückerischen Aspekt der Autokratie zu akzeptieren. Ihr lieber »Freund« bestärkte sie in dieser Haltung. Der monarchistische und populistische Rasputin liebte die Kaiserin auf seine Weise; er wollte sie retten und das Land aus dem Krieg herausführen. Doch dies ging der deutschstämmigen Kaiserin Rußlands ein Stück zu weit. Ein Zeuge erklärte damals: »Die schlimmsten und hartnäckigsten Feinde der zaristischen Macht hätten kein sichereres Mittel finden können, um die kaiserliche Familie zu diskreditieren. Es hat in Rußland Günstlinge gegeben, die sich die gute Beziehung zum Monarchen zunutze machten und so die Politik des Landes mitbestimmten. Rasputin ›macht‹ bisweilen Minister. Doch sein Hauptanliegen ist es, dem Zar und der Zarin, die in einer schrecklichen Welt verloren sind, zu helfen ...«

Was Alexandra zu diesem Zeitpunkt von der Regierung erwartete, war klar: den internen Querelen ein Ende zu bereiten, um den Krieg gewinnen zu können, und die Verleumdungskampagnen zu stoppen. Deshalb entließ sie einige Minister, die Rasputin feindlich gesinnt waren, was großen Unmut hervorrief. Wenn der Hof Rasputin als eine direkte Ursache des politischen Wahns der Kaiserin betrachtete, so spielte die Zarin-Mutter mit dem Gedanken, ihre Schwiegertochter in ein Kloster sperren zu lassen: »Ich glaube, Gott wird mit Rußland Erbarmen haben. Alexandra Fjodorowna muß entfernt werden. Ich weiß nicht, auf welche Weise das zu geschehen hat. Es ist möglich, daß sie völlig verrückt wird, daß sie in ein Kloster eintritt oder daß sie einfach verschwindet.«

Alexandra, immer überzeugter von der Unfähigkeit der Generäle, schrieb an Nikolaus: »... Die Zeit der Nachsicht und der Güte ist vorbei. Man muß sie dazu zwingen, sich vor Dir zu verbeugen, Deinen Befehlen zu gehorchen und zu arbeiten, wie Du es wünschst und mit wem Du willst ... Warum werde ich gehaßt? Weil bekannt ist, daß ich einen starken Willen habe und weil ich, wenn ich von der Richtigkeit einer Sache (die zudem von Grigori gesegnet wurde) überzeugt bin, meine Meinung nicht mehr ändere; und das können sie nicht ertragen.« Am 14. Dezember 1916 schrieb sie: »Unser lieber Freund hat Dich gebeten, die Duma aufzulösen... Sei also Peter der Große, Iwan der Schreckliche, zertrete sie alle unter deinen Füßen... Du mußt auf mich hören, verjage die Duma...«

Doch am 31. Dezember wurde die Leiche Rasputins, der von Fürst Felix Jussupow ermordet worden war, aus der Kleinen Newa gezogen. Während der düsteren Tage Anfang des Winters 1917 besuchte die Zarin täglich das Grab des »Freundes«. Sie war völlig verzweifelt und konnte nicht einmal mehr Musik hören, ohne in Tränen auszubrechen. Nun warf man ihr sogar vor, mit »dem Geist Rasputins« in Kontakt zu treten, wobei Innenminister Protopopow angeblich als Medium fungierte...

Einige Zeit vor seinem Tod hatte Rasputin an seinen Sekretär Simanowitsch folgenden Brief geschrieben:

»Ich schreibe und hinterlasse diesen Brief in St. Petersburg. Ich spüre, daß ich noch vor dem 1. Januar nicht mehr von dieser Welt sein werde. Ich möchte dem russischen Volk, Papa und der Mutter der Russen, den Kindern und der Erde Rußlands mitteilen, was sie verstehen müssen. Wenn ich von gewöhnlichen Mördern, insbesondere von meinen Brüdern, den Bauern, getötet werde, brauchst Du, Zar von Rußland, nichts zu fürchten. Bleibe auf Deinem Thron und regiere, und Du wirst, Zar von Rußland, nichts für deine Kinder zu befürchten haben, denn sie werden Rußland viele Jahrhunderte lang regieren. Wenn ich aber durch Bojaren oder Adlige zu Tode komme, und wenn sie mein Blut fließen lassen, werden ihre Hände für immer beschmutzt sein, und sie werden das Blut

25 Jahre lang nicht entfernen können. Sie werden Rußland verlassen. Die Brüder werden die Brüder töten, sie werden sich gegenseitig hassen, und 25 Jahre lang wird es in diesem Land keine Adligen mehr geben. Zar der Erde Rußlands, wenn du das Läuten der Totenglocke hörst, die Dir verkündet, daß Grigori getötet worden ist, sollst du wissen: Wenn es Deine Verwandten sind, die meinen Tod vorbereitet haben, dann wird kein Mitglied Deiner Familie, das heißt keines Deiner Kinder oder Deiner Eltern, länger als noch zwei Jahre leben. Sie werden vom russischen Volk getötet werden …«

Trotz ihres Kummers wohnte die Zarin den Zeremonien des Hofes bei und empfing die Teilnehmer der interalliierten Konferenz. Anfang des Jahres 1917 hatte sich die politische Lage noch verschlechtert. Die Streiks wurden immer häufiger. Am 7. März begleitete Alexandra Nikolaus zum Bahnhof. Er reiste wieder zum Hauptquartier. Am nächsten Morgen herrschte in Petrograd eine Kälte von 43 Grad unter Null. 1200 Lokomotiven wurden zu unbeweglichen Eisblöcken. 50 000 Waggons, die die Hauptstadt mit Lebensmitteln versorgen sollten, steckten fest. Ausgehungerte Männer und Frauen bevölkerten die Straße und traten in Streik. Die Soldaten solidarisierten sich mit den Demonstranten.

Währenddessen pflegte Alexandra ihre Kinder und Ania, die einer nach dem anderen die Masern bekommen hatten. Weit entfernt vom Tumult, wurde sie sich der Gefahr erst bewußt, als ihr die Wachen des Palastes berichteten, daß die Regimenter meuterten und ihre Offiziere ermordeten. Dennoch sagte sie sich ständig: »Nie werde ich glauben, daß die Revolution möglich ist! Ich bin sicher, daß sich die Unruhen auf Petrograd beschränken …« Sie telegrafierte dem Zaren, baldmöglichst zurückzukommen. Nikolaus, der seit kurzem unter Herzbeschwerden zu leiden hatte, kündigte seine baldige Ankunft an.

Kurz darauf wurde der Kaiser von der Provisorischen Regierung, die von den Duma-Mitgliedern gebildet worden war, zur Abdankung aufgefordert. Er verzichtete für sich und für seinen Sohn auf den Thron. Der einfache Soldat Romanow durfte sich von der Armee und von seiner Mutter verabschieden, dann wurde er nach Kiew geschickt.

Im Juli 1917 beschloß die Provisorische Regierung, die kaiserliche Familie nach Tobolsk in Sibirien zu schicken. Alexandra, die zunächst aufbegehrt und revoltiert hatte, fand dort eine Art inneren Frieden. Sie schrieb an Ania, die in der Peter-und-Pauls-Festung eingesperrt war: »Gott ist uns ganz nahe, wir spüren Seinen Beistand und sind überrascht, Ereignisse und Trennungen aushalten zu können, die uns früher getötet hätten. Obwohl wir furchtbar leiden, herrscht Frieden in uns. Ich leide vor allem für Rußland ... Nur verstehe ich nichts mehr, alle scheinen verrückt geworden zu sein ...«

13

Breschnews heimliche Muse

Im Jahr 1917 kündigten zunächst die Februarrevolution und dann der bolschewistische Staatsstreich im Oktober den Untergang der Monarchie an. Von nun an war Rußland sowjetisch. Unter diesem Regime wurde ich 1950 in Moskau geboren. Stalin regierte als Alleinherrscher das Land. Meine Jugend verlebte ich unter Chruschtschow, bevor ich in der Breschnew-Ära Diplomat wurde. Ich verdankte meine Karriere der Tatsache, daß ich sowohl der arabischen als auch der französischen Sprache mächtig bin, denn ich wurde Breschnews Dolmetscher bei seinen Verhandlungen mit ausländischen Politikern. Später schloß ich mich Gorbatschows Team an, und insbesondere Alexander Jakowlew, dem Vater der *Perestroika.* Doch Anfang 1991 gab ich die Karriere auf, um die demokratische Reformbewegung mitzubegründen, deren Wortführer ich während des Widerstandes gegen den paläo-kommunistischen Putsch im August war.

Trotz der hochtönenden Erklärungen der Bolschewiken über die Gleichheit der Geschlechter verringerte sich nach der Oktoberrevolution der tatsächliche Einfluß der Frauen auf das politische Leben. Zwar wurde Alexandra Kollontai Volkskommissarin in der ersten Regierung Lenins und führte eine leidenschaftliche Kampagne für die wilde Ehe und das Recht der Frauen auf Selbstbestimmung. Lenin aber wollte ebenso wie Stalin beweisen, daß das Privatleben nicht zählte. Weder ihre Ehefrauen noch ihre Mätressen spielten bei der Ausarbeitung ihrer politischen Strategie eine ausschlaggebende Rolle. Die kurze Liebesaffäre Lenins mit Inès Armand bestätigt das. In der sowjetischen Gesellschaft herrschte eine tiefverwurzelte Frauenfeindlichkeit. Die Frauen hatten sich um Familie und Hausarbeit zu kümmern: früh aufstehen, um das Frühstück zuzubereiten, die Kinder ins Tagesheim bringen, dann zur Arbeit gehen, in der Mittagspause einkaufen, zurückfahren, um die Kinder abzuholen, ein Abendessen zubereiten, die Wohnung putzen, bügeln usw. Ihr einziger Trost war der Tag der Frau am 8. März, ein sowjetischer Feiertag. Es ist in Rußland noch immer üblich, daß die Männer an diesem Tag ihrer Mutter, Gattin oder Tochter als Dank einen Blumenstrauß oder ein kleines Geschenk überreichen. Doch diejenigen, die bei der Hausarbeit mithelfen, sind rar.

Die ersten Innovationen auf diesem Gebiet fanden erst nach Stalins Tod, im Jahr 1953, statt. Am 14. Februar 1956 wagte es Nikita Chruschtschow während einer geheimen Sitzung des XX. Parteitags der KPdSU, die Verbrechen Stalins schonungslos offenzulegen. Aufgrund dieser Politik der Entstalinisierung erscheint er in den Geschichtsbüchern als eine relativ sympathische Gestalt. Ebenso wie seine Vorgänger hatte er keine politische »Muse«. Seine Gattin, eine typische *babuschka,* blieb immer im Hintergrund. Zwar führte der temperamentvolle Politiker seine Freundin Ekaterina Furzewa in den engen Kreis der Politiker des Kremls ein. Sie war die erste Frau, die im Politbüro akzeptiert wurde. Jedoch konnte sich die Liebhaberin russischer Bäder und des Wodkas nicht auf höchster Ebene halten und wurde rasch auf den untergeordneten Posten der Kulturministerin versetzt.

Der vollgepackte Zeitplan der sowjetischen Jugendlichen gestattete es kaum, am öffentlichen Leben teilzuhaben. Lediglich ein Viertel der Parteimitglieder waren Frauen. Und wenn sie nicht der KPdSU angehörten, hatten sie keinerlei Zugang zu einflußreichen Funktionen. Auch wenn sie in den Provinzen gut repräsentiert waren, bekleidete übrigens keine von ihnen, mit Ausnahme von Ekaterina Furzewa, hohe Ämter.

Diese Situation traf nicht nur auf die Ära Chruschtschows zu, sondern auch auf die seines Nachfolgers. Im Herbst 1964 wurde Leonid Breschnew, unterstützt von den »Bojaren« der Nomenklatura, die sich ihre durch Chruschtschows Reformen gefährdeten Positionen sichern wollten, zum »roten Zaren« ausgerufen.

Dieser Meister der politischen Intrigen war ein jovialer Liebhaber von gutem Essen und von Sportwagen sowie ein begeisterter Jäger. Er besaß in der Tat sehr eigentümliche Charakterzüge. Der in der Ukraine geborene Südländer hielt sich bis an sein Lebensende für die Verkörperung maskulinen Charmes. Als er an die Macht kam, war er in seinen Fünfzigern und strotzte vor Energie und Kampflust.

Der zur Nummer eins des Landes gewählte Breschnew stellte seinen Narzißmus offen zur Schau. Seine Hauptsorge war, in Form zu bleiben. Deshalb schwamm er täglich zwei Stunden, und sein Friseur kam zweimal am Tag, um sein dichtes Haar zu bändigen. Jede Woche frönte er seiner Leidenschaft: der Jagd. Aus diesem Grund ließ er den Staatsforst Zawidowo, der dem Verteidigungsministerium gehörte und in dem er ein Jagdhaus besaß, vergrößern. Das etwa hundert

Kilometer nordwestlich von Moskau gelegene Landgut wurde ein richtiger Zuchtbetrieb für Pferde, Kühe, Enten, Feldhühner oder auch Nerze. Nicht weniger als fünfzig Personen hatten damit zu tun. Angeblich fragte der Generalsekretär, als er seine Mutter aufforderte, den mit einem riesigen Kamin ausgestatteten Bankettsaal von Zawidowo zu besichtigen: »Sag, Mama, wie findest du es?« Nachdem sie sich in dem prunkvollen Raum umgesehen hatte, soll sie ihrem Sohn geantwortet haben: »Großartig, Leonid, aber was machst du bloß, wenn die Roten zurückkommen?«

Leonid Breschnew wurden zahlreiche weibliche Eroberungen zugeschrieben, auch wenn er seine Gattin Viktoria mit einer gewissen Zärtlichkeit behandelte. Wie viele kleine Angestellte mit imposantem Busen konnten eine steile Karriere machen! Er war übrigens immer großzügig zu den Frauen. Im Jahr 1974, während eines Besuchs auf der Krim, wollte er Tatiana K. wiedersehen, seine Mätresse im Zweiten Weltkrieg. Die alte Dame mit ergrautem Haar war gerührt, ihren schönen General wiederzusehen, und als Breschnew ihr einen prächtigen Pelzmantel zu Füßen legte, murmelte sie schluchzend: »Leonid, du bist ein echter Zar …«

Viktoria Petrowna tat so, als wüßte sie nichts von den Eskapaden ihres Mannes. Sie spielte sich nie in den Vordergrund und lebte zurückgezogen in ihrem Haus, wie einst die Frauen des *Terems.* Nur äußerst selten begleitete sie ihren Gatten ins Ausland. Dieser vertrat nämlich die Ansicht, die politischen Reisen gingen seine Familie in keinster Weise etwas an.

Das Paar hatte zwei Kinder. Ihr ältestes Kind Juri, bekannt für seine Liebe zum Wein, wurde Stellvertretender Minister für Außenhandel. Die Tochter Galina,

Feinschmeckerin wie ihr Vater, hatte im Land einen sehr schlechten Ruf. Ihre Eskapaden mit Zirkusartisten waren legendär und symbolisieren bis heute den Niedergang der Breschnew-Ära.

Die Breschnews führten ein ganz gewöhnliches Alltagsleben. Sie wohnten in einer dreistöckigen, etwa zehn Kilometer von Moskau entfernt gelegenen Datscha, einem Bauwerk, das der typisch sowjetischen Seele entbehrte. Tag für Tag vollzog Breschnew dasselbe Ritual. Gegen neun Uhr, nachdem er in Gesellschaft seiner Frau und seines Leibwächters gefrühstückt hatte, ging er in sein Arbeitszimmer und kam erst spät zum Abendessen zurück, wobei er recht schweigsam war. Nicht immer las er aufmerksam die offiziellen Dokumente, die man ihm vorlegte; oft unterzeichnete er einfach die vorab von seinen Assistenten vorbereiteten Beschlüsse.

In diesem absurden Theater vergnügte sich der Generalsekretär auf seine Weise. Die Ankunft seines Schneiders beispielsweise versetzte ihn in Hochstimmung. Und für seine Maßanzüge suchte er sich stundenlang die besten Importstoffe aus, in der Regel englische Fabrikate. Der Kampf gegen das Übergewicht war bei ihm zur Manie geworden. In seinen Arbeitszimmern im Kreml sowie in seinen Datschen häufte er eine beeindruckende Menge an Waagen an und wog sich alle Augenblicke.

Als 1973 die ersten Symptome seiner Herzkrankheit auftraten, verlangte »der rote Zar« nach einem Verjüngungsmittel. Streng geheime wissenschaftliche Institute und ganze universitäre Abteilungen arbeiteten unermüdlich daran, den Generalsekretär zufriedenzustellen. Einem Labor des »militärisch-industriellen Komplexes« gelang es rasch, einen autonomen »Herzschrittmacher« zu entwickeln, der in Form von Pillen eingenommen werden konnte. Mit Hilfe von Impulsen, die auf denselben Wellenlängen ins Gehirn übertragen wurden, wie sie der Körper selbst verwendet, regenerierte der »Herzschrittmacher« den Energiehaushalt des Organismus und versorgte ihn mit neuer Vitalität. Diese Pille, die Breschnew Energieströme zuführte, bescherte ihm noch ein langes Leben. Sie wird noch immer von einer Firma hergestellt, die unter der Schirmherrschaft des Verteidigungsministeriums arbeitet.

Dieser wissenschaftliche Erfolg stellte Breschnew jedoch noch nicht zufrieden, und seine Herzprobleme konnten durch die Medikamente nicht gelindert werden. Einige Verwandte rieten ihm, sich an Heilpraktiker zu wenden. Deshalb beschloß er, die Talente Ewgenia Dawitatschwilis, bekannter unter dem Namen Dschuna, auszuprobieren. Zahlreiche hochrangige Apparatschiks sowie Künstler wollten sich von dieser Frau behandeln lassen, welche von ganz Moskau die »magnetische Beraterin« des Generalsekretärs genannt werden sollte.

In einem totalitären System ist die Gesundheit des Präsidenten mehr als in demokratischen Ländern eine Staatsangelegenheit. Die Geheimdienste haben den Auftrag, mit besonderer Sorgfalt darüber zu wachen. Trotz Dschunas guten Rufes schickten sie sich also an, den Fall zu untersuchen. So geriet sie in die Hände der Forscher des Instituts für Funktechnik und Funkelektronik der sowjetischen Akademie der Wissenschaften. Es konnte jedoch keine wissenschaftliche Erklärung für Dschunas Begabung gefunden werden. Die Forscher bewiesen lediglich, daß ihre »Heilkraft« etwas mit der Energie ihrer Hände zu tun hatte. Es wurde ihr also gestattet, Leonid Breschnew zu behandeln.

Dschuna massierte ihre Patienten nicht; die von ihr angewandte Methode bestand vielmehr darin, eine gewisse Zeit langsam ihre Hände über den Körper der Kranken gleiten zu lassen. Von 1978 an konstatierte man eine relative Verbesserung des Gesundheitszustandes des Generalsekretärs. Er schien plötzlich in sehr viel besserer Verfassung und von neuer Energie erfüllt zu sein. Dies hatte jedoch noch einen anderen Grund.

In dieser verkehrten Welt sollte die Anwendung von Medikamenten einer der Faktoren des politischen Einflusses werden. Breschnew war überzeugt davon, er brauche, um seine Gesundheit zu erhalten, täglich mindestens neun Stunden Schlaf. Deshalb konsumierte er zunächst viele Schlafmittel. Einer seiner Mitarbeiter riet ihm, sie zusammen mit Wodka einzunehmen ... Er behauptete, sie würden auf diese Weise besser assimiliert! Immer stärkere Medikamente folgten in dieser therapeutischen »Orgie« aufeinander.

Der KGB beschloß, eine »ärztliche Wache« bei ihm einzurichten, um den übermäßigen Konsum einzudämmen. Am Anfang teilten sich zwei Krankenschwestern diese Aufgabe, bis die eine von ihnen die andere ausbootete. Nina Korowikowa, eine etwa vierzigjährige brünette Schönheit, sollte den Generalsekretär der KPdSU von nun an nicht mehr verlassen. Die Verbindung veränderte natürlich das Leben der jungen Frau. Dies bekam sie bereits in den auf ihr erstes Treffen folgenden Tagen zu spüren. Ein Schneider kam, um sie Stoffe auswählen zu lassen und um bei ihr Maß zu nehmen. Am folgenden Tag kam er zur Anprobe wieder, und binnen kürzester Zeit besaß Nina eine neue Garderobe. Man brachte dem Generalsekretär einen Geschenkkatalog, damit die neue Krankenschwester unter den kostbarsten Geschenken auswählen konnte. Selbstverständlich alles »auf Kosten der Fürstin«, anders ausgedrückt des Volkes...

Breschnew erwartete sie immer voller Ungeduld im Ruhesalon, der an sein Büro des Zentralkomitees angrenzte. Das mit glänzender Seide bespannte und mit Porträts von Marx und Lenin geschmückte Büro machte einen unpersönlichen Eindruck; der Ruhesalon dagegen wirkte wärmer. Nina Korowikowa betrat leise das große Zimmer mit tiefen Sesseln und Samtvorhängen, das von einer Lampe stark erhellt wurde. Sie zog den Mantel aus, nahm den Hut ab und schüttelte ihr dichtes, goldschimmerndes Haar.

Wie Breschnews Leibarzt, Michail Kossirew, vertraulich mitteilte, reduzierte Nina den Medikamentenkonsum ihres Patienten in keinster Weise: »Als ich mich um ihn zu kümmern begann«, sagte er, »war Breschnew schon mit Antidepressiva vollgepumpt. In der Wissenschaftssprache heißt das Medikamentenabhängigkeit, in der Alltagssprache Drogensucht!«

Die schöne Nina machte sich immer unentbehrlicher. Sie kümmerte sich um alles: um Breschnews Taschenkalender wie um seine Massagen, um seine Spritzen wie um die hohe Politik.

Das Verhalten Breschnews wurde immer absonderlicher, und der KGB hatte größte Mühe, einen Moment geistiger Klarheit zu erhaschen, um Breschnew in der Öffentlichkeit zu präsentieren. (Das Staatsprotokoll sollte später dieselben Probleme mit Boris Jelzin haben.)

Das Jahr 1975 war besonders dramatisch. »Am 19. Juli, während seines Besuches in Warschau«, so schilderte es der damalige polnische Führer, »wirkte Breschnew völlig verwirrt. Er hielt sich für einen Dirigenten und sang die *Internationale.*«

Im Jahr 1977 sagte Breschnew bei seiner Ankunft

in Paris freundlich zu Giscard d'Estaing: »Prag ist wirklich eine großartige Stadt!« Der Dolmetscher korrigierte gelassen: »Paris ist wirklich eine großartige Stadt.«

Ich erinnere mich daran, wie schwer es dem Präsidenten der UdSSR fiel, in der Öffentlichkeit ein paar Worte zu brummeln. Sehr häufig mußte Außenminister Gromyko an seiner Stelle die Gespräche führen. Man täuschte die Öffentlichkeit, indem man ihm maschinengeschriebene Texte in großen Lettern in seine Aktenmappe steckte, die ordnungsgemäß vom Politbüro genehmigt worden waren und dem Dolmetscher eine Stunde vor dem Treffen übergeben wurden.

Nach seinem Besuch in Frankreich 1977 erhöhte der Präsident seine Medikamentendosen mit Hilfe Ninas, welche sich die Arzneimittel durch ihren Komplizen Ziniew, Nummer zwei des KGB und enger Freund Breschnews, beschaffte.*

Wieder einmal schwankte das Leben im Kreml zwischen Opera buffa und Tragödie. Wenn Nina ihren Gatten sehen wollte, erhöhte sie die medikamentösen Dosen ihres Patienten, der daraufhin brav einschlief. (Dank des Einflusses seiner Frau machte dieser obskure Hauptmann der Grenztruppen eine steile Karriere und wurde binnen weniger Jahre General.)

Was tat der KGB nicht alles, um diese Mata Hari der Medikamente loszuwerden! Man versuchte, mit der Gattin des Präsidenten über das Problem zu sprechen. Vergeblich. Viktoria wollte keine Schwierigkeiten in ihrer Familie. Juri Andropow, Präsident des KGB, son-

* Gespräch mit Alexander Jakowlew, der ehemaligen Nummer zwei der UdSSR während der Gorbatschow-Ära, am 20. August 1991.

dierte bei einem Gespräch unter vier Augen vorsichtig das Terrain. Ohne Erfolg. Der »rote Zar« brach das Gespräch mit folgenden Worten ab: »Juri, das geht einzig und allein mich etwas an...« Andropow resignierte, da er wußte, daß dieser allerletzte Versuch ein ungünstiges Ende nehmen könnte. Dies war nämlich der Fall bei seinem Kollegen im Politbüro, Polianski, der nach einem feuchtfröhlichen Jagdabend seinen Unmut darüber zum Ausdruck gebracht hatte, daß sich Nina in Angelegenheiten der hohen Politik einmischte. Am nächsten Tag wurde er ins Exil geschickt, um die Funktion des Botschafters in Tokio auszuüben.

Der KGB mußte sich also in das Unvermeidliche fügen und Winkelzüge machen. Breschnews Leibwächter panschten den Wodka, indem sie ihn mit Wasser verdünnten, und man bestellte bei den großen westlichen Pharmaunternehmen Placebos. Um des lieben Friedens willen arbeitete der KGB einen Plan aus, um Breschnew von seiner Lieblingskrankenschwester zu trennen. Und so legte man Nina nahe, sich ehrenhaft zurückzuziehen, nachdem ihr Gatte bei einem mysteriösen Verkehrsunfall ums Leben gekommen war...

Anfang 1982, einige Monate vor dem Tod des »roten Zaren«, fand eine letzte Aussprache zwischen der jungen Frau und ihrem Gönner statt. Auf dem normalerweise grauen Moskau lag eine makellose weiße Decke. Trotz der Kälte waren die Straßen von zahlreichen Menschen bevölkert, sogar die Eishändler waren an ihrem Platz. Breschnew quälte sich aus seinem Wagen, um sich in sein Büro im Zentralkomitee zu begeben. Nina wartete an der Eingangstür des Gebäudes auf ihn. Andropow, von den Leibwächtern des Präsidenten benachrichtigt, traf genau in dem

Moment ein, in dem die beiden sich begrüßten, und schob sich fast physisch zwischen sie, um eine Fortsetzung des Gesprächs zu verhindern. Das Ganze geschah binnen weniger Sekunden. Diesmal konnte sich der schon sehr geschwächte Breschnew dem Willen des KGB-Chefs nicht widersetzen.

So endete die Karriere jener Frau, die während der letzten Jahre Breschnews *de facto* die Bürde der höchsten Macht in der UdSSR geteilt hatte. Nina lebte noch lange in ihrer Luxuswohnung im Moskauer Bezirk Krilazkoje und wich Fragen, die ihre wirkliche politische Rolle betrafen, auf offenkundige Weise aus.

14

Die Kaiserin der Perestroika

Noch nie war in der UdSSR die Gattin eines führenden Politikers in die Höhen und Tiefen der Macht verstrickt gewesen. Seit der Oktoberrevolution hatte es immer wieder Komplotte und Putschversuche gegeben, doch bislang hatte man die Frauen davon ferngehalten. Das Motto der Politbüromitglieder bezüglich ihrer Frauen lautete: »Je weniger du darüber weißt, um so besser …«

Die Person Raissa Gorbatschowa dagegen war stets eng verbunden mit der Karriere ihres Gatten, und zwar in einem solchen Maße, daß dies eine Flüsterkampagne seitens der Parteifundamentalisten hervorrief. Ihr Anspruch, an den sowjetischen Angelegenheiten teilzuhaben, brachte ihr erbitterte Feindschaften ein.

Indem der letzte sowjetische Präsident seiner Gattin eine wichtige Position einräumte, brachte er die Tradition des 18. Jahrhunderts wieder zu Ehren. Diese Initiative war auch einer der Gründe für sein Zerwürfnis mit Boris Jelzin, der diesen weiblichen Aktivismus vor dem Zentralkomitee der KPdSU 1987 scharf kritisierte.

Der Bevölkerung war die Anwesenheit dieser westlich beeinflußten Frau neben dem Staatschef damals ein Dorn im Auge, und sie stieß sowohl bei Männern als auch bei Frauen auf Ablehnung.

Wer war diese »Zarin der Moderne« in Wirklichkeit? Angeblich war sie autoritär, anspruchsvoll und fand allzu großen Gefallen an der Macht. Sie war die wahre politische Muse ihres Gatten, seine omnipotente Ratgeberin.

Wollten Raissa und Michail Gorbatschow wirklich das totalitäre System zerstören, oder waren sie einfach nur Zauberlehrlinge, die die bestehende Ordnung zu verbessern suchten?

Auf jeden Fall trug die persönliche Rolle der »*Perestroika*-Kaiserin« entscheidend zur Veränderung der russischen Mentalität bei. Sie ermöglichte in diesem Land eine Entwicklung, die viele für unumkehrbar halten.

Michail und Raissa Gorbatschow proklamierten eindeutig »feminine« Werte. Sie wollten als politische Führer Konsens, organisierte Diskussionen und unparteiische Entscheidungen fördern und auf diese Weise das gewalttätige Temperament der russischen Regierung ändern. Diese Haltung läßt uns an die Reflexion Anatole Leroy-Beaulieus denken, der in *Das Reich der Zaren und die Russen* sagte: »Zwischen dem Mann und der Frau, seiner Sklavin, findet nicht selten eine Art Austausch oder Vermittlung von Eigenschaften oder Fähigkeiten statt. Wenn man den Männern mitunter feminine Wesenszüge vorwerfen konnte, das heißt eine extreme Unbeständigkeit, Flexibilität, Lenkbarkeit oder Sensibilität, so besitzen die Frauen in ihrem Charakter und ihrem Geist dagegen etwas Starkes, Energisches, kurzum Männliches. Dies tut ihrer Anmut und ihrem Charme jedoch nicht den geringsten Abbruch, sondern verleiht ihnen häufig eine eigenartige und unwiderstehliche Autorität.«

Raissa brachte ihrem Gatten Methoden nahe, die sehr viel moderner und weniger frauenfeindlich waren als jene, die den russischen Geist seit vielen Jahrhunderten geprägt hatten. Im Privatleben wie in der Öffentlichkeit lebte das Ehepaar die Akzeptanz von Unterschiedlichkeit und eine Partnerschaft ohne Dominanz einer Seite vor.

Sie hatten sich Anfang der fünfziger Jahre kennengelernt. Gorbatschow studierte an der Moskauer Universität Jura, Raissa Philosophie.

Man kann sich kaum gegensätzlichere Charaktere vorstellen. Michail war mit seinem leichten Lächeln und seinen spontanen Gesten ein waschechter Südländer. Er war auf dem Lande aufgewachsen, in einer strengen Bauernfamilie aus Stawropol. Obwohl er von leidenschaftlicher Liebe träumte, errötete er, wenn er die freizügigen Reden seiner Kommilitonen hörte.

Die zurückhaltendere Raissa stammte aus Sibirien, wo ihr Vater Eisenbahner war. Im Studentenklub war Michail diese junge, adrett gekleidete Frau schon mehrmals aufgefallen. Er konnte den Blick nicht von den Tropfen geschmolzenen Schnees abwenden, die auf ihren langen Wimpern glänzten. Sie saß mit geneigtem Kopf in der Bibliothek, ein Buch auf den Knien, und bot ihrem Bewunderer den Anblick ihres zarten Nackens bis zur Wölbung ihrer Schultern.

Die hübsche, intelligente und gebildete Raissa war bei den Studenten sehr beliebt, und Michail mußte sich einen Weg durch Unmengen von Bewunderern bahnen, um sich ihr zu nähern. Mit ihrer stolzen Miene hatte dieses Moskauer Aschenputtel nichts von einem Blaustrumpf. Raissa gab zu allen Themen offen und unverblümt ihre Meinung ab.

Es war offenbar Liebe auf den ersten Blick, wie Gorbatschow später erzählte: »Seit ich das Mädchen gesehen hatte, erlebte ich ein ständiges Auf und Ab der Gefühle.«

Raissa tat so, als bemerke sie nichts von den eifrigen Annäherungsversuchen ihres ergebenen Ritters, und spielte das Spiel sofort mit. Sie trafen sich häufig, im Studentenklub oder auch in ihrem Wohnheim in der Stromynka-Straße. Mit ihrer bunten Bluse und den schlichten Halbschuhen sah sie aus wie eine Dame, doch ihre wohlgeformten Knie und Waden waren die eines jungen Mädchens. Heimlich sah er ihr zu, wenn sie ihren Kopf umwandte, und heftete den Blick auf ihre Brüste, die sich unter dem dünnen Stoff der Bluse abzeichneten. Angesichts der scheinbaren Kühle Raissas wagte er es natürlich nicht, ihr die Hand aufs Knie zu legen, den Arm um die Schulter zu legen oder gar ihre leicht geöffneten Lippen zu küssen. Kein Wunder also, daß ihre Beziehung bald in eine Krise geriet.

Es war mitten im Winter; ein feiner Schnee war gefallen, der sich wie Puderzucker auf den gefrorenen Schmutz der moskowitischen Trottoirs legte. Raissa und Michail begaben sich ins Studentenwohnheim. Die junge Frau hüllte sich in Schweigen. Sie wirkte bedrückt, antwortete einsilbig und erklärte schließlich in entschlossenem Tonfall:

»Wir sollten uns nicht mehr treffen. Die Trennung von einem anderen Menschen setzte mir ziemlich zu. Wir sollten unsere Beziehung jetzt abbrechen, solange es noch nicht zu spät ist.«

Michail glaubte ohnmächtig zu werden. Seit er sie getroffen hatte, konnte er sich ein Leben ohne sie nicht mehr vorstellen. Er lief weiter, ohne ein einziges Wort zu sagen.

»Wir sollten uns nicht mehr treffen«, wiederholte sie trocken.

»Ich werde auf dich warten«, antwortete er nur.

In der folgenden Nacht fand er keinen Schlaf; immer wieder führte er sich die Szene vor Augen, die er soeben erlebt hatte. Am nächsten Tag fegte ein richtiger Schneesturm über die Hauptstadt; die Häuser, die man durch die Fenster sah, hatten eine bläuliche Färbung angenommen. Eine unwiderstehliche Macht trieb Michail dazu, sich zu ihrem üblichen Treffpunkt zu begeben, einer Grünanlage gegenüber der Universität. Durch seine tiefe Verwirrung wie gelähmt, bemerkte er die zarte und schlanke Raissa nicht sofort, die ihn, die Hände in den Taschen vergraben, entschlossen ansah. Von nun an sollten sie für immer zusammenbleiben.

Die Verliebten schlenderten über die Moskauer Boulevards und vertrauten sich ihre intimsten Gedanken an. Sie sprachen über alles: ihre Kindheit, ihr erstes Herzklopfen, das Buch, das sie gerade gelesen hatten, oder das Theaterstück, das sie gesehen hatten. Über Politik dagegen sprachen sie praktisch nie. Denn Stalin regierte zu dieser Zeit, und die Vorsicht gebot Schweigen über dieses Thema – einer von fünf Sowjetbürgern arbeitete für die Geheimpolizei.

In einer heißen Juninacht saßen die Liebenden bis zum Morgengrauen eng umschlungen unter einem bewölkten, von glanzlosen Sternen bedeckten Himmel in dem kleinen Garten neben dem Studentenwohnheim.

Ein Jahr später heirateten sie. Einige Zeit zuvor hatte sich Michail als Saisonarbeiter betätigt, um seinen ersten Anzug sowie ein Kleid für seine Braut kaufen zu können. Dennoch mußte sich Raissa weiße Pumps für die Hochzeitsfeier leihen.

Von nun an sollte das Paar unzertrennlich sein. In ihren ersten Ehejahren waren sie immer knapp bei

Kasse. Sie konnten sich nicht einmal ein »Familienzimmer« leisten. Und die Schlafsäle der Studenten waren nach Geschlechtern getrennt...

Zu dieser Zeit spürten Raissa und Michail das wilde Verlangen, ihren Weg im Leben zu finden. Raissa hatte bereits in ihrer Kindheit Schweres durchgemacht. Sie erzählt selbst: »Anfang der dreißiger Jahre betrachtete man die Mitglieder meiner Familie als Kulaken. Man nahm ihnen ihr Landgut und ihr Haus weg. Mein Großvater wurde des Trotzkismus angeklagt; er wurde verhaftet und verschwand. Wir haben nie wieder etwas von ihm gehört. Meine Großmutter ist an Hunger und an ihrem Kummer gestorben, sie war die Gattin des ›Volksfeindes‹. Meine Mutter war Putzfrau. Die ganze Familie folgte meinem Vater, der bei der Eisenbahn angestellt war. Wir hatten alle möglichen Arten von ›Häusern‹, zum Teil Schuppen und Hütten.«

Im Jahr 1955 gingen die Gorbatschows, nachdem sie ihr Studium abgeschlossen hatten, nach Südrußland. Es gab zwei »königliche« Möglichkeiten, um in der Sowjetunion Erfolg zu haben: den KGB oder die Partei. Raissa stand der ersten Alternative skeptisch gegenüber, da ihre Familie unter der Geißel der politischen Polizei viel gelitten hatte. Deshalb drängte sie ihren Gatten, nach Stawropol, in seine Heimat, zurückzukehren. Dort wurde Gorbatschow Funktionär der Jungkommunisten, dann der Partei.

Sie hatten es jedoch nicht weniger schwer – da waren die gemeinschaftliche Wohnung, die Mittelmäßigkeit des Milieus der kommunistischen Funktionäre und gelegentliche Ferien bei Michails Familie.

Raissa wurde von ihren Schwiegereltern schlecht aufgenommen. Als sie ihre Schwiegermutter zum ersten Mal besuchte, bereitete man ihr einen eisigen

Empfang. Auch mit den Jahren wurde das Verhältnis nicht besser, und Raissas Voluntarismus trug nicht gerade zur Entspannung der Lage bei.

Die russische Provinz glich sich überall: schneidende Kälte, kleine, einfache Häuser mit spitzen Dächern, die sich neben einer Brücke aneinanderdrängten, das Sprudeln eines Wildbaches mit grünlich-milchigem Wasser. Im Zentrum jedes Dorfes stand das unvermeidliche Haus des Kolchose-Leiters mit seiner blaßroten, auf dem Dach wehenden Fahne und seinen Stalin-Porträts, die später durch Chruschtschow-Porträts ersetzt wurden.

Gorbatschow stieg auf der Karriereleiter sehr schnell nach oben. Vom einfachen jungen Komsomolmitglied wurde er innerhalb von rund zehn Jahren Sekretär des Gebietskomitees Stawropol, wo die Landwirtschaft eine zentrale Rolle spielte. Er regierte diese Provinz mit fester Hand. Raissa zweifelte nicht mehr an seinem Schicksal: »Ich werde aus Mischa einen Zaren machen«, soll sie gesagt haben.

Das Glück war ihm damals gewogen. Im Gebiet Stawropol befand sich ein für sein eisenhaltiges Wasser berühmtes Seebad. Führende Persönlichkeiten aus der sowjetischen Politik kamen dorthin zur Kur, namentlich Juri Andropow, der einflußreiche KGB-Chef.

Der erste Kontakt mit diesem überaus einflußreichen Fürsprecher kam im April 1969 zustande.

Raissa verstand es, ein Klima zu schaffen, das ein solches Treffen begünstigte. Sie führte in diesem Luxussanatorium die Mode der üppigen kaukasischen Blumensträuße ein und ließ auf den Tischen Körbe mit Früchten, parfümierte Weine der Region sowie kleine lokale Souvenirs aufstellen. Auch war Frau Gorbatschowa Andropow und seiner Gattin eine kluge

Führerin. Sie hatte sich über die regionale Geschichte informiert und zitierte gelehrt die großen russischen Autoren, die sich für den Kaukasus begeistert hatten.

Der Kaukasus war der obligatorische Reiseweg der Romantiker des 19. Jahrhunderts. Raissa erinnerte an die frühen Reisen von Puschkin, Tolstoi, Lermontow und Alexandre Dumas.

Bei diesen abendlichen Zusammenkünften gemahnten Gorbatschow und Andropow an die Notwendigkeit, Reformen zur »Verbesserung« des Systems durchzuführen. (Der KGB-Vorsitzende war nicht die einzige führende Persönlichkeit des Regimes, die das Ehepaar aufgesucht hatte, dasselbe galt für den Parteiideologen Suslow.) Sie stellten sich keine Fragen zur Moral oder Legitimität des versteinerten Bolschewismus, sondern zu seiner Zerbrechlichkeit und Dekadenz. Und sie suchten Mittel und Wege, dem Regime wieder neue Stärke zu verleihen.

Von nun an hatten die Gorbatschows eine Glückssträhne. Immer häufiger gehörten sie offiziellen Auslandsdelegationen an. So fuhren sie am 9. September 1977 auf Einladung der französischen KP mit dem Zug nach Paris.

Michail und Raissa waren in Bazainville untergebracht, am Stadtrand von Paris, in der ehemaligen Residenz des verstorbenen Kommunistenführers Maurice Thorez. Der Delegation wurde ein klassisches Touristenprogramm geboten: Versailles, der Louvre, das Musée Rodin und das kurz zuvor eröffnete Centre Pompidou. Anschließend verbrachten sie zwei Wochen in Cannes und besuchten den Mittelmeerraum.

Die französischen Kommunisten hatten in den Äußerungen dieses untypischen Apparatschiks bereits eine gewisse Originalität bemerkt. Als der künftige Präsident der UdSSR von den Trocadéro-Anlagen aus das Panorama der Hauptstadt betrachtete, zeigte er sich Pierre Juquin gegenüber, einem jungen Mitglied des Politbüros der französischen KP, der ihnen als Führer diente, überaus redselig: »Sie haben recht, es nicht so machen zu wollen wie wir …«

Durch diesen Aufenthalt verstärkte sich das Interesse der Gorbatschows für den Westen.

Im folgenden Jahr machte der mächtige Förderer Andropow seinen jungen Schützling zum Sekretär des Zentralkomitees der KPdSU. Gorbatschow war damit für die Landwirtschaft der Sowjetunion zuständig.

Von nun an gehörten die Gorbatschows zur höchsten Nomenklatura der Sowjetunion.

Das Paar ließ sich also in Moskau nieder, und seine Lebensweise änderte sich. Sie profitierten von zahlreichen Privilegien, die mit Michails Amt verknüpft waren: luxuriöse »Kantinen«, reservierte Abteilungen in den großen Kaufhäusern, »Kremlrationen«, das heißt hochwertige Nahrungsmittel zum halben Preis, Kleidung und Geschenke auf Bestellung, Dienstwohnung, Datscha, Dienstpersonal, spezielle Krankenhäuser, Ferienhaus usw. Und nicht zu vergessen eine Luxuslimousine. Das absolute Schmuckstück der gesamten Palette von Kraftfahrzeugen bildete der riesige schwarze SIL, ein Wagen, der Erinnerungen an die schönen Amerikanerinnen der fünfziger Jahre weckte.

Raissa schien auf dem Gipfel des Glücks angelangt. Doch in Wirklichkeit hatte sie eine untergeordnete Position, denn ihr Gatte war der Jüngste der großen moskowitischen »Bojaren«. Durch diese untergeordnete Stellung fühlte sich die charakterstarke Frau gedemütigt.

Gorbatschow selbst erkannte in seinen *Erinnerun-*

gen: »In Wahrheit hat sie sich in der Gruppe der ›Kreml-Gattinnen‹ nie heimisch gefühlt und zu keiner von ihnen eine engere Beziehung hergestellt. Vor allem das bei diesen Zusammenkünften der Frauen herrschende Klima des Hochmuts, des Mißtrauens, der Schmeichelei und der Ungeniertheit irritierte sie.«

Von wenigen feinen Unterschieden abgesehen, spiegelte diese Welt der »Damen« die Hierarchie der Ehemänner wider. Am 8. März 1979 nahm Raissa in ihrer Eigenschaft als Gattin des vor kurzem in sein Amt eingesetzten ZK-Sekretärs an einem offiziellen Empfang teil. Gewöhnlich stellten sich die Gattinnen der führenden Politiker am Eingang des Saals auf, um die ausländischen Gäste zu begrüßen. Raissa stellte sich irgendwohin, ohne die vorgeschriebene Rangfolge zu beachten. Angesichts dieser gravierenden Verletzung des Kreml-Protokolls zeigte Frau Kirilenko (Gattin eines einflußreichen Mitglieds der sowjetischen Führung, die Nummer drei in der Breschnew-Ära) wütend mit dem Finger auf sie und forderte sie auf:

»Ihr Platz ist dort drüben, am Ende der Reihe!«

Man kann sich gut vorstellen, was Raissa dieser Dame insgeheim prophezeite …

Sie erzählte niemandem etwas von der Bitterkeit, die sie aufgrund dieser Episode als sensible Kämpfernatur empfunden haben muß. Denn sie gehörte nicht zu jenen Frauen, die jedem ihr Herz ausschütten, klagen und heulen. Die Eheleute Gorbatschow würden den richtigen Zeitpunkt abwarten, um es ihnen heimzuzahlen, und dieser Zeitpunkt sollte nicht lange auf sich warten lassen: Während Michail zur Nummer eins des Landes avancierte, sollten sich die Kirilenkos bald auf dem absteigenden Ast befinden.

Im Augenblick mußten die Gorbatschows jedoch vorgeben, das Spiel mitzuspielen.

Bisweilen vermißte Raissa das sonnige Stawropol, wo sie die allmächtige Gattin des starken Mannes der Region gewesen war. Trotz des formellen Aufstiegs ihres Gatten war sein Einfluß in Moskau paradoxerweise geringer. So hatten sie all die Jahre hindurch keine Möglichkeit, ihren Förderer Andropow privat zu treffen.

Ende des Jahres 1980, als Gorbatschow auf den hohen Posten des Politbüromitglieds berufen wurde, erhielt er gleichzeitig eine neue luxuriöse Datscha neben Andropows Haus. Im Sommer rief Michail dann seinen Förderer an, um ihn zusammen mit Freunden aus Stawropol zum Essen einzuladen. »Wie in der guten alten Zeit«, sagte er.

»Nun ja«, antwortete Andropow, »es war eine schöne Zeit. Aber heute, Michail, muß ich die Einladung ablehnen.«

»Aber warum?«

»Weil von morgen an Gerüchte kursieren würden: Mit welchem Ziel? Worüber haben sie gesprochen? Noch während wir unterwegs wären, wären sie schon dabei, einen Bericht für Breschnew zu verfassen. Wenn ich dir das sage, Michail, so ist es in erster Linie in deinem eigenen Interesse.«

Andropow unterstützte Gorbatschow jedoch weiterhin, vor allem als er 1982 Breschnews Nachfolger wurde. Er hatte aber keine Zeit mehr, seinen Schützling, das jüngste Politbüromitglied, in die höchste Führungsposition zu katapultieren. Denn fünfzehn Monate nach Breschnews Tod beerdigte die Sowjetunion ihren neuen Generalsekretär.

Während Andropows Bestattung hatten von allen Würdenträgern nur die Gorbatschows bei der Witwe des Verstorbenen gestanden. Diese herzliche Geste zeigte, wie eng die Beziehung zwischen dem Ehepaar und Michails Förderer gewesen war. Übrigens hatte Andropow Raissa durch seine Frau zu verstehen gegeben, daß er Michail als seinen Nachfolger wünsche.

Doch die alte Garde des Kremls traf eine andere Entscheidung. Nach einer viertägigen Beratung vertraute man das Amt des Generalsekretärs dem dreiundsiebzigjährigen Konstantin Tschernenko, dem ersten Gefolgsmann Breschnews, an. Dieser Zechkumpan wurde Breschnews »Flaschenöffner« genannt. US-Präsident Ronald Reagan stellte verdrießlich fest, daß die sowjetischen Führer »am laufenden Band starben«. Tschernenko seinerseits starb nämlich dreizehn Monate, nachdem er an die Macht gekommen war. Nun gab es keine Alternative mehr.

Das Ehepaar Gorbatschow trat ins Rampenlicht der Öffentlichkeit.

Auf dem Gipfel der Macht

Diese Nacht des 10. März 1985 war sehr lang. Raissa tat kein Auge zu, bis ihr Gatte gegen vier Uhr morgens zurückkehrte. Frau Gorbatschowa sah, wie eine lange Autokolonne vor ihrem Haus hielt. Sie bemerkte, daß die Sicherheitsmaßnahmen ihres Gatten verstärkt worden waren, und begriff, daß Michail es geschafft hatte. Tatsächlich war Gorbatschow soeben zur Nummer eins der Sowjetunion gewählt worden, auf Vorschlag von Außenminister Gromyko, der ihn als »einen Mann mit freundlichem Lächeln, aber Zähnen aus Eisen« charakterisierte.

Trotz ihrer Müdigkeit diskutierten Michail und Raissa noch in derselben Nacht. Dieses Gespräch sollte den Auftakt zur Ausarbeitung der *Perestroika*-Strategie bilden. Raissa und Michail faßten diese in einem Satz zusammen: »So kann man nicht weiterleben …«

Am 11. März 1985 wurde Michail offiziell zum Generalsekretär der KPdSU gewählt. Raissa war endlich »Zarin«.

Eigentlich hatte sie nie daran gezweifelt, daß das Schicksal ihnen wohlgesonnen sei. Schon seit langem hatte sie sich auf ihre Rolle als First Lady des russischen Staates vorbereitet. Sie hatte sich über die Organisation der Schutztruppen und der Garde, das Dienstpersonal, die Köche, Oberkellner, Putzfrauen und sogar über die Gärtner des Kremls informiert.

Dennoch begann nun eine sonderbare Zeit, in der alles von Unsicherheit geprägt sein sollte.

Von nun an sollte die »Zarin« auf entscheidende Weise an der Auswahl der wichtigsten Mitarbeiter ihres Gatten beteiligt sein, insbesondere als man ihrem Freund Schewardnadse, der die Republik Georgien, Nachbarregion von Stawropol, regierte, das Amt des Außenministers anbot. Raissas Meinung sollte für Gorbatschow immer ausschlaggebend sein. Alle bezeugten einhellig: Michail zog stets seine Frau zu Rate. Angesichts der herrschenden Frauenfeindlichkeit war diese Haltung geradezu revolutionär.

In den Jahren 1985–1986 entwickelte sich eine regelrechte Komplizenschaft zwischen der »Zarin« und dem wichtigsten Theoretiker der *Perestroika*, Alexander Jakowlew, den Gorbatschow von seiner Kanadareise 1983 mitgebracht hatte.

Jakowlew war ein außergewöhnlicher Mann. Er war zehn Jahre im Exil als sowjetischer Botschafter in Ottawa tätig gewesen. Denn er hatte als Leiter der Propagandaabteilung des ZK den Einfluß der rechtsextremistischen russischen Nationalisten angeprangert.

Raissa regte ihn dazu an, ein Netz von angesehenen Personen zu schaffen, die sich eingehend mit Akten befaßten. Alexander Jakowlew seinerseits schlug Gorbatschow vor, seiner Fürsprecherin das offizielle Amt der Präsidentin des sowjetischen Kulturfonds zu übertragen. Auch wenn Raissa das Angebot ablehnte, so war sie dennoch die treibende Kraft hinter dieser renommierten Stiftung. Gorbatschow erkannte, daß ihm dank des von seiner Frau initiierten Netzwerkes wertvolle Informationen über die Lage im Ausland zur Verfügung standen, außerhalb der vom KGB kontrollierten Bereiche. So ließ Raissa ihrem Gatten vor dem Fall der Berliner Mauer, im November 1989, objektive Informationen über den unvermeidlichen Prozeß der deutschen Wiedervereinigung zukommen.

Alexander Jakowlew erzählte mir, daß er häufig zusammen mit Michail und Raissa am Wortlaut der Reden des Präsidenten gearbeitet habe. Angeblich hatte sie immer das letzte Wort.* Es ist kein Zufall, daß Gorbatschow Raissa in seinen *Erinnerungen* als wichtigste ehrenamtliche Beraterin bezeichnet.

Er ertrug es nicht, wenn man ihm in irgendeiner Weise widersprach. Im Jahr 1987 wurde er bei einem Interview von einem Moderator des amerikanischen Senders NBC gefragt:

»Wenn Sie abends nach Hause kommen, sprechen Sie dann mit ihr über die nationale Politik oder über politische Probleme?«

»Wir sprechen über alles«, antwortete Gorbatschow.

Der Moderator hakte nach.

»Auch über sowjetische Angelegenheiten höchsten Niveaus?«

* Gespräch mit dem Autor, 20. August 1991.

»Wir sprechen über alles«, wiederholte Gorbatschow.

In der UdSSR teilte man der Presse lediglich die erste Frage und die erste Antwort mit.

Diese außergewöhnliche Beziehung rief eine regelrechte Kontroverse im Land hervor, und die Parteifundamentalisten kritisierten aufs heftigste die Einmischungsversuche dieser politischen »Muse« in die Staatsangelegenheiten. Um sie zu diffamieren, setzte man ein Gerücht über ihre angeblichen Liebesaffären in die Welt. Raissa trotzte dieser Kampagne und setzte unbeirrt ihren Weg fort, wobei sie alle Hindernisse aus dem Weg räumte.

Schon einunddreißig Jahre waren die Gorbatschows nun verheiratet. Das höchste Amt veränderte natürlich ihr Alltagsleben. Sie erhielten damals mehrere neue Datschen. In ihrer Hauptresidenz, der Rasdori-Datscha, wurden umfangreiche Bauarbeiten durchgeführt. Man errichtete dort ein Haus für die Wache, eine strategische Verbindungszentrale, einen Hubschrauberlandeplatz und einen Raum für Fahrzeuge und Spezialgeräte. Das zentrale Gebäude wurde so umgestaltet, daß man dort etwaige Konferenzen und geheime Zusammenkünfte abhalten konnte. Ein Zimmer war für das ärztliche Personal bestimmt.

Die neue »Zarin« hatte eine eigenartige Methode, ihre Hausangestellten auszuwählen. Alle gehörten natürlich der neunten Abteilung des KGB an, die für den Schutz der hohen Nomenklatura zuständig war. Raissa verlangte Fotos von den Bewerbern und machte ihre Auswahl vom Aussehen abhängig. Sie mochte keine dicken Menschen und lehnte auch dicke Köche ab (auf Auslandsreisen wurden sie jedoch mitgenommen). Die drei Köchinnen, drei Zimmermädchen und drei Kellnerinnen, die ihr zur Verfügung gestellt wurden, waren folglich gertenschlank. Sie mußten sich nicht nur um die »Zarin« kümmern, sondern auch um deren Tochter und ihre zwei Enkelinnen. Der winzigste Fehler konnte ihre gnadenlose Entlassung bedeuten. Ein Zimmermädchen besaß eines Tages die Kühnheit, die Ältere der Enkelinnen auszuschimpfen: Sie wurde unverzüglich entlassen.

Das Alltagsleben des Generalsekretärs wurde bis ins kleinste Detail von seiner Frau geregelt: Ausstattung, Ausgehen und natürlich seine Kleidung. Nach Auslandsbesuchen mußten Michails Anzüge häufig geändert werden. Manchmal war es schwieriger, diese Änderungen durchzuführen, als einen neuen Maßanzug zu fertigen. Ohne Murren und unter dem wachsamen Auge seiner Frau ließ er die endlosen Anproben über sich ergehen.

Die »Zarin« hatte von den ersten Tagen ihrer Herrschaft an den Ehrgeiz, den Westen zu erobern. Deshalb waren die Auslandsreisen ihre Lieblingsbeschäftigung. Bei diesen Rundreisen ließ sie auf ihre Weise das Ambiente der literarischen Salons des 18. Jahrhunderts wieder aufleben. Raissa wählte eigenmächtig die Mitglieder des Gefolges aus und scharte Wissenschaftler, Schriftsteller, Maler und Schauspieler um sich. Seit ihrer Studentenzeit fühlten sich Michail und Raissa von der Intelligenzija und der moskowitischen Bohème angezogen. Da Raissa keine Zeit mehr hatte, diese Lieblingsgesprächspartner um sich zu versammeln, hielt sie bei ihren Auslandsbesuchen gerne ein Plauderstündchen ab. Die Atmosphäre dort war weniger förmlich und ermöglichte Gorbatschow den Zugang zu objektiven, die Situation seines Landes betreffenden Informationen. Die »Zarin« bereitete sich sorgfältig auf die Begegnungen vor und war über ihre Gäste bestens im Bilde. Im Zuge der Vorbereitung auf ihre erste offizielle Frankreichreise im Oktober 1985 besichtigte sie erneut den Impressionisten-Saal des Moskauer Puschkin-Museums und las französische Autoren wie François Mauriac und Hervé Bazin. Als die Botschaft in ihrem Programm eine Besichtigung der Porzellanmanufaktur von Sèvres vorsah, erhob Raissa Einspruch, da sie lieber das Picasso-Museum besuchen wollte.

Raissa, die sich immer sehr für Details interessierte, informierte sich bei französisch sprechenden Journalisten über die neuesten Trends des Pariser Lebens. Außerdem erkundigte sie sich, wie Danielle Mitterrand sich kleiden werde. Leider gaben ihre Gesprächspartner nur ausweichende Antworten …

Noch nie hatten sich die russischen Diplomaten für die Gattin eines führenden Politikers so sehr ins Zeug legen müssen.

Ich erinnere mich an die Ankunft des neuen Kremlchefs und seiner Frau in Paris. Die Delegation, die sie begleitete, bestand aus siebenundneunzig Personen, die Journalisten nicht mitgerechnet. Vierunddreißig KGB-Funktionäre waren ausschließlich für die Sicherheit zuständig. Dazu gehörte das speziell Raissa zugeteilte Personal: ein Zimmermädchen, eine Garderobiere, zwei Köche und zwei Kellner, die der Leitung des KGB-Generals unterstanden. Vor der Ankunft hatte der Kreml der Botschaft mitgeteilt, daß die sowjetische First Lady nicht von allzu vielen Menschen und vor allem »von einer begrenzten Anzahl an Frauen« begleitet werden wolle.

Die Zarin stieß ihre französischen und russischen Leibwächter sogleich vor den Kopf, indem sie die festgelegten Programmpunkte änderte. So ließ sie, als sie an *La Closerie des lilas* in Montparnasse, einem der Lieblingsrestaurants der russischen Emigranten, vorbeifuhren, den *604* des Präsidenten anhalten und schlug Danielle Mitterrand vor, mit ihr auf ein Glas hineinzugehen. Als die Leibwächter sie darauf hinwiesen, daß ihre Sicherheit an diesem Ort nicht gewährleistet sei, antwortete sie trocken: »Wir sind sicherer dort, wo man uns nicht erwartet.«

Die sowjetische First Lady zeigte sich auch darin innovativ, daß sie in Modehäuser ging, um sich die Prozessionen der Mannequins anzusehen. Sie beehrte mit ihrem Besuch den in der Sowjetunion schon gut eingeführten Pierre Cardin und Yves Saint Laurent, dessen Ateliers sich genau gegenüber dem Hôtel Marigny, der Residenz der Gorbatschows, befanden. Bei dieser Gelegenheit organisierte sie die Modeschau *Yves Saint Laurent* in Moskau und diskutierte ungezwungen mit dem bekannten Modeschöpfer.

»*Opium* ist mein Lieblingsparfüm, und ich liebe schwarz über alles«, vertraute sie ihm an. »Glauben Sie, daß dieser Trend anhält?«

»Ja, immer«, antwortete der Couturier.

»Werden Sie in der kommenden Saison kurze Röcke lancieren?«

»Ich bin für das Kurze wie für das Lange: das hängt vom jeweiligen Fall ab …«

»Sie meinen, das hängt von den Beinen ab, nicht?«

»Wenn Sie so wollen …«

»Aber wieviel darf eine Frau wiegen, um Ihre Modelle tragen zu können?«

»Am besten sollte sie so schlank wie möglich sein.«

»Also ist es Zeit, daß ich gehe!«

Raissa zeigte dabei auch Humor, denn ihre Maße entsprachen in etwa den Modellen des Modeschöpfers (wie Bernard Lecomte präzisiert): 86-70-89.

In der Tat zeigte Frau Gorbatschowa den Westeuropäern, daß die Zeit des *Terems,* als die Frauen völlig zurückgezogen lebten, der Vergangenheit angehörte. Zwischen den Gorbatschows und den Mitterrands war der Funke sofort übergesprungen. Nur eine einzige Frage ließ den Mitterrands keine Ruhe: Wie konnte das kommunistische System derart offene und sympathische Menschen hervorbringen?

Im Lauf der Jahre nahm ihre Beziehung einen richtig freundschaftlichen Charakter an.

Die First Lady der Sowjetunion fragte die Gattin des französischen Präsidenten sogar um Rat. »Ich bin neu in diesem Geschäft«, erklärte sie mit verschmitztem Lächeln in ihrem eleganten Seidenkostüm mit beigefarbenen und schwarzen Streifen. Vielleicht war es dieses kameradschaftliche Verhältnis, das Raissa zur Launenhaftigkeit trieb, die bisweilen an diplomatische Fehltritte grenzte. Ich erinnere mich an ihren zweiten Besuch in Paris, anläßlich des zweihundertsten Jahrestags der französischen Revolution: Mitterrand organisierte für Gorbatschow ein privates Diner in seinem Wohnsitz in der Rue de Bièvre. Die nach einem aufreibenden Tag erschöpfte »Zarin« bat ihren Gatten – in aller Naivität – im letzten Moment, die Einladung abzusagen. Erschrocken über diesen Verstoß gegen das Protokoll, mußte Michail mit seiner Frau eine heftige Debatte führen, bis er sie schließlich dazu überredete, an dem Diner teilzunehmen. Ihr Wortgefecht hatte etwas Surrealistisches – ein kleinlicher Streit zwischen einer rebellischen Frau und einem fügsamen Ehemann.

Im Oktober 1991 wurden die Gorbatschows in Latché empfangen. Da Raissa der zum Frühstück servierte Honig sehr gut schmeckte, bot ihr Danielle Mitterrand einige Bienenkörbe für ihr Landhaus an. Die »Zarin« warf die Arme hoch und wandte sich an ihren Gatten:

»Wie oft habe ich Dich schon gebeten, auf die staatlichen Datschen zu verzichten und dafür ein kleines Stück Land zu besitzen! Wir haben nichts eigenes«, fügte sie hinzu, sich an Danielle Mitterrand wendend, »nicht einmal einen Platz, um einen Bienenkorb aufzustellen!«

Tatsächlich gehörten, Andrei Gratschew zufolge, zu dieser Zeit sogar die Kopfkissen, die Raissa gewöhnlich auf ihre Reisen mitnahm, dem Staat.

Folgende Episode ist in die diplomatischen Annalen eingegangen: Bei einem offiziellen Empfang in Spanien 1990 schickten sich König Juan Carlos und Königin Sophia an, vor den Gästen den Saal zu verlassen, so wie es das Protokoll verlangte. Ungeachtet dessen setzte Raissa ihre Unterhaltung fort, während die Herrscher und der Präsident auf den Stufen auf sie warteten. Nach langem Schweigen forderte der entnervte Gorbatschow sie auf, sich ihnen anzuschließen. Doch Raissa dachte noch immer nicht daran, das Gespräch zu beenden. Eine Minute später rief Gorbatschow mit lauter und frostiger Stimme:

»Raissa Maximowna, wir warten immer noch auf Sie!«

Diesmal hatte die »Zarin« endlich die Güte, sich dem Ausgang zu nähern. Sie scheute sich nicht, derartige Fauxpas in Gegenwart Hannelore Kohls und vor allem Nancy Reagans zu wiederholen.

Die sowjetischen Diplomaten waren mit diesen Gewohnheiten vertraut. Richtig problematisch wurde es jedoch in den von Frauen regierten Ländern. Seit 1984 hatte sich zwischen Gorbatschow und Frau Thatcher eine auf gegenseitiger Sympathie beruhende Beziehung entwickelt. Die »eiserne Lady« bemerkte gerne und oft: »Mit diesem Mann kann man ins Geschäft kommen.«

Als Gorbatschow Ende des Jahres 1985 England einen Staatsbesuch abstattete, organisierte sie auf dem Balkon ihrer Residenz für die Fotografen einen Auftritt des sowjetischen Staatsoberhauptes. Sie war nicht wenig überrascht, als plötzlich Raissa auftauchte, die Arme voller Blumen. Die »Zarin« hielt ihr kurzerhand den üppigen Blumenstrauß vors Gesicht. Und am nächsten Tag waren in allen Zeitungen Fotos abgedruckt, die das Ehepaar Gorbatschow zeigten und daneben Frau Thatcher, deren Gesicht von Raissas Blumenstrauß verdeckt war.

Ein anderes Foto – diesmal in der internationalen Presse – zeigte Frau Gorbatschowa in weißem Satinkleid und goldfarbenen Pumps, wie sie gerade aus einem Rolls-Royce stieg und die sowjetische Fahne in der Hand hielt. Diese Aufnahme (auf der nur ihre Beine zu sehen waren) war die Ursache dafür, daß der sowjetische Botschafter in London in Ungnade fiel. Raissa betrat wütend und ohne anzuklopfen das Büro des Botschafters, wo sich ihr Ehemann befand. »Ihre Diplomaten, Michail Sergejewitsch, kümmern sich kaum darum, welchen Eindruck Ihre Familie hinterläßt«, sagte sie und verließ unverzüglich den Raum ...

1989 begleitete Raissa ihren Gatten nach Italien. Diesmal trug sie so dunkle Farben, daß sie in den Lokalblättern »Raissa, die Unscheinbare« genannt wurde. Dennoch scheute sie sich nicht, bei ihrem Gespräch mit Papst Johannes Paul II. im Vatikan ein grellrotes Kostüm zu tragen, statt der bei einer Privataudienz üblichen schwarzen Kleidung.

In ihrem eigenen Land dagegen erregte Raissa weniger Aufmerksamkeit. Nancy Reagan bemerkte dies während des ersten Gipfeltreffens zwischen Reagan und Gorbatschow: »Sie war streng gekleidet – schwarzer Rock, weiße Bluse, schwarze Krawatte. Ich habe mich nach dem Grund gefragt. Es entsprach nicht ihren Gewohnheiten, sie hatte früher nie so etwas getragen, es war einfach nicht ihr Stil. Ich habe später erfahren, daß es die Standarduniform der sowjetischen Lehrer war. Raissa trug nur deshalb diese Kleidung, in der sie wie eine Gefängniswärterin aussah, da sie nach der Rückkehr in die Heimat nur so auf den Fotos vom Genfer Gipfeltreffen zu sehen sein würde.«

Die Gespräche zwischen Frau Reagan und Frau Gorbatschowa verwandelten sich häufig in Kraftproben. Jede wollte der anderen ihr Thema aufzwingen. Wenn Nancy Reagan über die Probleme der Drogen, der Kriminalität oder der Kindesmißhandlung diskutieren wollte, so versäumte Raissa es nie, ihr die Schwachpunkte des politischen Systems in Amerika unter die Nase zu reiben. Als sie ihre Gesprächspartnerin darauf hinwies, daß die USA noch nie einen Krieg auf ihrem eigenen Territorium geführt hätten, erinnerte Nancy sie an den Sezessionskrieg. Die amerikanische First Lady erholte sich damals gerade von einer Operation und betrauerte den Tod ihrer Mutter. Sie fühlte sich offensichtlich nicht besonders gut. Nancy bildete sich sogar ein, daß Raissa ihre Schwächen ausnutzte. »Die Sowjets sind über alles informiert. Ich kann mir also nicht vorstellen, daß sie nichts von meinen Belastungen vor einigen Wochen gewußt hat«, klagte Nancy später. »War ich damals überempfindlich? Ich glaube nicht.« Als Nancy Raissa durch das Weiße Haus führte, überhäufte diese sie mit Fragen:

»Ist das ein Kronleuchter aus dem 18. Jahrhundert? Hat Jefferson hier gewohnt? Wann wurde das Weiße Haus gebaut?«

Auf die Frage, ob sie gern im Weißen Haus leben

würde, antwortete Raissa zur Verärgerung einiger Amerikaner:

»Dies ist eine offizielle Residenz. Menschlich gesehen, denke ich, ist es angenehmer, in einem Haus normaler Größe zu wohnen.«

Woraufhin Nancy in ihren *Memoiren* konterte: »Das war keine besonders geschickte Antwort, insbesondere von jemand, der nie die privaten Räume besichtigt hat.«

»Was will man machen«, bemerkte Gorbatschow gewieft, um das Verhalten seiner Frau zu rechtfertigen, »Raissa ist Philosophin, Frau Reagan Schauspielerin …«

Raissa verweilte so lange bei den Möbeln des Weißen Hauses, daß ihr kaum Zeit blieb, mit den Gattinnen der amerikanischen Beamten eine Tasse Kaffee zu trinken. »Schließlich haben wir Ronnie und Gorbatschow eine Viertelstunde warten lassen«, schreibt Nancy. »Als wir eintrudelten, sahen unsere Männer verärgert auf die Uhr. Aber sie waren nicht wirklich sauer. Diese spöttische Geste der Ungeduld war Ronnies Idee.«

Gleich nach ihrer Rückkehr verlangte die Zarin, die Videoaufnahmen ihrer Amerikareise zu sehen. Jedermann hatte bemerkt, daß sie bei den offiziellen Zeremonien mit ruhiger Miene neben Gorbatschow stand, doch sobald sie die Fotografen erblickte, scheute sie sich nicht, ihr Temperament zu zeigen. Oft war sie mit den Reportagen, die man ihr präsentierte, unzufrieden. Auch wenn sie an ihrer eigenen Repräsentation nie etwas zu beanstanden hatte, so kritisierte sie die Art und Weise, wie ihr Gatte dargestellt wurde.

»Sie nehmen Michail nicht gut auf, sie filmen ihn von hinten oder aus einem ungünstigen Winkel. Geben Sie sich denn keine Mühe, die Kameraleute sorgfältig auszuwählen? Sehen Sie sich doch einmal an, wie die Amerikaner filmen!«, sagte sie zu den für die Presse zuständigen KGB-Funktionären. »Sind wir nicht in der Lage, es ebenso zu machen?«

Zwischen 1985 und 1991 verlor Gorbatschow an Popularität. Man warf Raissa vor, die graue Eminenz ihres Gatten zu sein und das Land in den Ruin zu führen. Anfang August 1991 jedoch glaubte die Präsidentengattin noch immer an ihren guten Stern und bestand darauf, daß Michail Urlaub auf der Krim machte.

Ich hatte mehrfach Gelegenheit, die Datscha in Foros, die neue Ferienresidenz der Gorbatschows, zu besuchen. Seit Generationen hatten die russischen Führergestalten die Krim als Erholungsort gewählt, bevor sie im Kreml wieder ihren Verpflichtungen nachkamen. Die Gorbatschows hätten diese Tradition fortsetzen und sich in einer der Datschen ihrer berühmten Vorgänger einrichten können. Doch die »Zarin« zog es vor, sich einen neuen Palast bauen zu lassen, mit Parkettböden aus Edelholz, Wänden aus weißem Marmor, luxuriös ausgestatteten Bädern und einem Schwimmbad, das aufs Meer hinausging.

Der Ort sah allerdings nicht sonderlich einladend aus. Ein eisiger Wind fegte über die nackten Felsen hinweg, und keinerlei Vegetation erfreute das Auge. Einzig und allein das Meer schien von Interesse zu sein. Was konnte man sonst schon tun, außer die feindseligen Naturgewalten zu bändigen! Um sich vor dem hohen Seegang zu schützen, höhlte man die Felsen mit Dynamit aus. Tonnen von Erde wurden in unmittelbarer Nähe des Hauses abgeladen, um seltene Flora anzupflanzen. Ein Tunnel wurde gebohrt und mit einer Rolltreppe versehen, um die Datscha direkt mit dem Meer zu verbinden.

In der zweiten Etage des mächtigen Gebäudes befanden sich ein Büro, mehrere Schlafzimmer und ein Speisesaal für etwa zwölf Personen. Eine Terrasse, wo Michail und seine »Zarin« häufig Tee tranken, ging aufs Meer hinaus. Eine weitere Terrasse ragte in die Felsen hinein. An diese schloß sich ein Boudoir an, in dem eine prächtige Marmorstatue thronte, welche eine nackte Frau darstellte (Raissa ließ sie später entfernen!). Die Wände waren holzgetäfelt. Ein Fries, auf dem – gewebt oder gemalt – die Städte der Krim abgebildet waren, schmückte die hohe Decke. Im Erdgeschoß befand sich ein Wintergarten. Von der steinernen Eingangstreppe aus führte der rechte Weg direkt zum Vorführraum, der linke zum Strand.

Die »Zarin« verliert ihre Macht

Am 18. August 1991 fühlte sich Michail nicht gut. Von einem schlimmen Hexenschuß geplagt, ließ er einen Spezialisten aus Moskau kommen, Doktor Anatoli Lijew, der für seine Fähigkeit, Menschen zu heilen, bekannt war.

Knapp zehn Tage nach seiner Abreise aus der Hauptstadt hatte der Präsident bei einem Spaziergang in den Hügeln schlimme Rückenschmerzen bekommen, so daß er auf dem Heimweg von seinen Begleitern gestützt werden mußte.

Bereits am Mittwoch, dem 15. August, hatte ein Sekretär Gorbatschows Doktor Anatoli Lijew angerufen und ihn gebeten, unverzüglich nach Foros zu kommen. Der auf Korrektheit bedachte Arzt bestand auf einer schriftlichen Anweisung. Das war so üblich. Und mit der Disziplin des KGB war nicht zu spaßen, vor allem wenn es um die Gesundheit des Präsidenten ging. Doch der Auftrag kam und kam nicht, und in Foros machte sich Ungeduld breit: »Der Präsident braucht Sie!« Lijew konnte sich nicht erklären, warum seine Vorgesetzten sich nicht mit ihm in Verbindung setzten. Endlich kam ein kurzer Anruf: »Sie können hingehen.«

Ohne schriftliche Bestätigung flog der »Heilkundige« also auf die Krim. Indem er den Präsidenten massierte und verschobene Wirbel wieder einrenkte, konnte er die Schmerzen des Präsidenten lindern. Bald konnte Gorbatschow wieder sitzen und aufstehen. Es war nichts Ernstes, aber ein blockierter Nerv verursacht immer furchtbare Schmerzen …

Der Spezialist aus Moskau wunderte sich allerdings über die umfangreichen Sicherheitsvorkehrungen in der Umgebung der Datscha. Absperrungen und gepanzerte Fahrzeuge waren quer über die Straße aufgestellt. »Ich glaubte, es sei wegen der Spannungen auf der Krim«, erklärte er einem Patienten, der später seine Aussage weitergab.

Ebenso erstaunt nahm der Arzt die ungewohnte Präsenz zahlreicher Sicherheitsbeamter zur Kenntnis. Auf offener See entdeckte er neben den normalen Küstenschutzbooten drei Schiffe der Kriegsmarine. Außerdem fühlte er sich selbst scharf überwacht.

Für den folgenden Tag, den 18. August, wurde ein zweiter Termin vereinbart. Im Einvernehmen mit dem Leibarzt des Präsidenten forderte der »Knochenklempner« einige Medikamente aus Moskau an, die in Foros nicht aufzutreiben waren. An jenem Sonntag legte sich Gorbatschow ausgestreckt auf den Massagetisch und sagte zu seinem »Retter«: »Du kannst alles tun, was Du willst, mir einen Nerv, einen Wirbel oder ein Bein entfernen. Aber morgen muß ich in Moskau sein!«

Nach einigen Spritzen und chiropraktischen Anwendungen schlief Michail schließlich ein.

Zuvor hatte er an nichts anderes als die Kämpfe gedacht, die ihn im Kreml erwarteten. Er dachte an die entscheidenden Tage, auf die er sich seit langem vorbereitet hatte und die am 20. August beginnen sollten; jene, die auf die Unterzeichnung des Unionsvertrags folgen würden.

Am 5. August, kurz bevor Gorbatschow die Hauptstadt verließ, hatte er der Nation gegenüber bekräftigt, daß die führenden Politiker der Republiken mit ihm eine Grundsatzerklärung unterzeichnen würden, die es der neuen Sowjetunion ermögliche, die überkommenen, aus der Revolution hervorgegangenen Strukturen zu verändern.

Zwar war vieles noch ungewiß, doch Gorbatschow hatte mit Boris Jelzin einen Kompromiß ausgehandelt. Nach einem unheilvollen Jahr versprach der 20. August ein entscheidendes Datum im Taschenkalender des Präsidenten zu werden. Der zur Geisel der konservativen Kommunisten gewordene Gorbatschow hoffte zweifellos, sich von dem auf ihm lastenden Druck befreien zu können, indem er den Unionsrepubliken zum ersten Mal größeren Handlungsspielraum gewährte.

Der Vertrag ermöglichte noch nicht den von den Reformern gewünschten Staatenbund, aber der Kremlchef war bereit, seine Vorrechte zugunsten der Peripherie einzuschränken. Wenn er auch nicht beabsichtigte, sich für die Union zu opfern, so war trotz allem ein Reformprozeß in Gang gesetzt worden. Und an jenem Sonntag, dem 18. August 1991, hatte Gorbatschow noch das Gefühl, die Zügel fest in der Hand zu haben. Wie hätte er sonst in Urlaub fahren können?

Gorbatschow schloß indessen Gegenreaktionen nicht aus. Gemeinsam mit seinem Berater Tschernjajew und mit Hilfe zweier Sekretäre arbeitete er seit zehn Tagen an einem zweiunddreißigseitigen Artikel, in dem er fünf unterschiedliche Szenarien entwarf. In einem davon erwähnte er übrigens ganz offen die Möglichkeit eines Staatsstreichs, »die Variante des Notstands«. Gorbatschow verwendete dort den Begriff »Junta«. Er betrachtete dies jedoch als eine reine Hypothese: »Das wäre eine Sackgasse, ein gesellschaftlicher Rückschritt, der Untergang der Nation«, schrieb er. Die Gorbatschows, die die *Perestroika* symbolisierten, waren überzeugt, stark genug zu sein, um Komplotte zu vereiteln und weiterhin die Hindernisse zu überwinden, die sich ihnen seit sechs Jahren in den Weg stellten. Doch das ist nur die offizielle Version. Dachte nicht auch Gorbatschow an Sondermaßnahmen? War er nur die Geisel der Konservativen, oder spürte er die Notwendigkeit, radikale Weisungen zu erteilen, um die Nation wieder zur Arbeit zu schicken und den Zerfall des Reiches zu verhindern?

Michail und Raissa rechneten nicht mit einem Staatsstreich. »Die Idee eines Putsches ist uns gar nicht in den Sinn gekommen.« Die »Zarin« glaubte nicht, daß Menschen, in die ihr Gatte sein ganzes Vertrauen gesetzt hatte, fähig seien, sich auf »ein solches Abenteuer« einzulassen.

Die folgenden Ereignisse sollten zeigen, daß der Präsident und seine Muse völlig realitätsfern waren und in einer imaginären Welt lebten, ohne Bezug zur Wirklichkeit, so wie einst Nikolaus II. und Alexandra Fjodorowna. Oder wollten die Gorbatschows einfach nicht wahrhaben, was vor sich ging, und glaubten, die Situation jederzeit zu ihren Gunsten nutzen zu können?... Jedenfalls wirkte Raissa zu diesem Zeitpunkt sichtlich gelassen, wenn es auch eine eigenartige Gelassenheit war.

Es war sechs Uhr fünfzig, als Gorbatschows Schutzengel, General Medwedew, seinem Chef meldete, daß eine kleine Personengruppe aus Moskau verlangte, aus einem dringlichen Grund unverzüglich empfangen zu werden. Zahlreiche Fahrzeuge mit Blaulicht und Funkantennen, darunter mehrere schwarze SILs, waren in den Innenbereich des Datscha-Grundstücks vorgedrungen. Neben den Chauffeuren waren zahlreiche Leibwächter anwesend. Gorbatschows Mitarbeiter waren erst recht verwundert, als sie den Kabinettschef des Präsidenten, Waleri Boldin, sowie mehrere Militärs, darunter einen General, erblickten.

Auch Gorbatschow war überrascht. Obwohl er sich wahrscheinlich an die Warnungen einer seiner Berater vor der Abreise erinnerte. Dieser befürchtete die Auflösung der Union und eine propagandistische Aktion Jelzins, um Rußland von der Zentralgewalt zu befreien.

»Ich erwarte niemanden«, wunderte sich der Kremlchef. »Worum geht es?«

Auch der Chef der Präsidentengarde konnte sich keinen Reim darauf machen.

»Sie kommen aus Moskau«, erklärte er, »und wollen Sie sprechen.«

»Aber warum hat man sie hereingelassen?«

»Weil sie vom Leiter der neunten Abteilung des KGB begleitet sind, das ist Vorschrift.«

Der Präsident hatte bereits gemerkt, daß irgend etwas nicht stimmte. Er nahm nacheinander die Hörer der fünf Telefone in seinem Arbeitszimmer ab. Vergeblich. Alle waren abgeschaltet. Der Chef der größten Atommacht war von der Außenwelt abgeschnitten. Auch das interne Telefonnetz war abgeschaltet. Es war nicht einmal mehr möglich, innerhalb der Residenz zu kommunizieren. »Es war das Ende«, bekannte Gorbatschow, »ich war völlig isoliert.«

Was er noch nicht wußte, war, daß der berühmte, unter einer Abdeckung aufgestellte rote Apparat, »den man nicht einmal abstauben durfte«, jenes Telefon, das den Kremlchef mit dem Oberbefehlshaber der Armeen verband, ebenfalls nicht funktionierte. Die Amerikaner hatten nämlich festgestellt, daß die zu jeder Tages- und Nachtzeit durchgeführten systematischen Tests plötzlich unterbrochen worden waren. Und die Putschisten standen bereits vor der Tür der Präsidentenresidenz.

Im Nu besetzten die mit Maschinenpistolen bewaffneten Männer Hauptposten, Eingang, Garage und Hubschrauberlandeplatz, wo zwei Lastwagen jegliche Starts und Landungen verhinderten. Gorbatschow begriff, daß die Lage ernst war. Er beschloß, seine Angehörigen zu informieren und suchte Raissa in ihrem Zimmer auf.

»Es ist etwas Schlimmes, vielleicht etwas Schreckliches passiert«, sagte er zu ihr und berichtete ihr von der Ankunft der Personengruppe aus Moskau. »Ich habe niemanden eingeladen. Und als ich zu telefonieren versuchte, waren alle Leitungen tot.«

Die »Zarin« verstand, daß die unterbrochenen Leitungen im besten Falle die Isolation, im schlimmsten Fall die Festnahme, aber in jedem Fall ein Komplott bedeuteten. Obwohl sie über die Nachricht bestürzt war, wahrte sie ihre Fassung und antwortete ihrem Gatten:

»Ich bleibe an deiner Seite, was auch geschehen mag.«

Die aus Abgesandten der Putschisten bestehende Gruppe hatte Moskau am frühen Nachmittag an Bord einer Tupolew 134 verlassen. Ihre Maschine war auf dem Luftwaffenstützpunkt Belbek, in der Nähe von Sewastopol, gelandet, nachdem sie ungehindert die bewaldeten Hügel der Krim überflogen hatte. General Jasow, Befehlshaber der Roten Armee, hatte der Delegation ein Militärflugzeug zur Verfügung gestellt, auf dem Militärstützpunkt Tschkalowskaia, rund dreißig Kilometer vom Kreml entfernt. Die Entscheidung, mit Gorbatschow Kontakt aufzunehmen, war schon am Sonntag morgen getroffen worden. Fünf Männer hatten den Auftrag erhalten, den Präsidenten zum Nachgeben zu bringen.

Derjenige, von dem Michail einen solchen Verrat am allerwenigsten erwartet hätte, war zweifellos Waleri Boldin, sein Kabinettschef. Seit 1990 Vertrauensmann Gorbatschows und enger Freund Raissas, war er einer der beiden einzigen Personen, die sein Büro im Kreml zu jeder Zeit und ohne Terminvereinbarung betreten durften. Boldin, zuverlässig wie eine Lokomotive, diszipliniert und voll grenzenloser Bewunderung für alle Worte, die von oben kamen, war ein typischer Parteiapparatschik, jedoch kein Monster. Er war einfach ein *homo systemus:* Er verkörperte die Menschen des Systems, die zu allem fähig waren, sogar zu einem Putsch.

Der zweite Mann war Oleg Baklanow, Nummer zwei des Verteidigungsrats und Parteisekretär. Der dritte, Valentin Warennikow, Oberbefehlshaber der Bodentruppen der Roten Armee, hatte einige Wochen zuvor von sich reden gemacht, als er einen »Appell ans Volk« mit unterzeichnete: ein Manifest, in dem die Konservativen das »Chaos« und das »Gift« anprangerten, das im Land durch die ausländischen Agenten um sich greife.

Der vierte Mann war zweifellos der gefährlichste. Juri Plechanow war KGB-General und Leiter der allmächtigen neunten Abteilung, die in erster Linie für den persönlichen Schutz der führenden Persönlichkeiten der Nation zuständig war. Er stand in dem Ruf, kein Mitleid zu kennen. Seit einiger Zeit diente er Raissa als eine Art Mädchen für alles. Die Gorbatschows waren bei keinem offiziellen Ereignis zugegen, ohne daß die Silhouette des leicht nach vorn gebeugten Plechanow aus dem Schatten auftauchte. Später erklärte Jelzins Leibwächter, General Korjakow, Plechanows Verrat mit seinem Haß gegenüber Raissa: Sie hatte den alten Mann angewiesen, die riesigen bronzenen Stehlampen des Kremls an einen anderen Platz zu stellen! Ein persönlicher Groll kann bisweilen den Lauf der Geschichte beeinflussen …

Gorbatschow schickte sich also an, mit seinen »Gästen« zu sprechen. Er mußte sie nicht heraufbitten, denn sie waren bereits da, nur wenige Meter vom Büro des Präsidenten entfernt. Raissa stand ganz in der Nähe.

Das Präsidentenpaar wußte, daß die UdSSR am Rande des Abgrunds stand, doch beide waren fest davon überzeugt, daß die von den Putschisten vorgeschlagenen Lösungen zu großem Blutvergießen im Land führen würden. Der Präsident verabscheute jene »Lösungen«, die einst Hunderttausende, ja Millionen von Menschen das Leben gekostet hatten. »Dies wäre Verrat und würde erneut unzählige Tote zur Folge haben!«

Während ihrer ganzen Karriere hatten die Gorbatschows das Land reformieren wollen, auf kontinuierliche und friedliche Art und Weise. Und nun verlangte man vom Präsidenten, einen undemokratischen und verfassungswidrigen Staatsstreich anzuführen. Doch die Vertreter des Komitees waren ja gerade deshalb gekommen, um sich für ihre jämmerliche Mission

Gorbatschows Unterstützung zu sichern. Noch brauchten sie ihn, und sei es nur, um den Westen für sich zu gewinnen. Es würde bedeuten, alles aufs Spiel zu setzen, nicht für Gorbatschow, sondern für die Idee des Gorbatschowismus. Und das ist sicherlich der Grund, warum der Präsident, zur großen Verwunderung der Putschisten, diesen letzten Schritt verweigerte, der wie ein Pakt mit dem totalitären Dämon anmutete.

Die Abgesandten des Komitees sahen sich also einem unnachgiebigen Gorbatschow gegenüber. Zumindest hatte die Haltung des Kremlchefs in jenem Moment diesen Anschein, auch wenn er möglicherweise um seine engen Beziehungen zu den Apparatschiks wußte.

Michail spürte, daß das Wesentliche bereits entschieden war. Er wußte jedoch nicht, ob das Flugzeug, in dem sich die berühmten Schlüssel für den schwarzen Koffer befanden, mit dem ein Atomkrieg ausgelöst werden kann, von den Militärs der Junta am Start gehindert wurde oder nicht.

Schenkt man dem Bericht des Präsidenten Glauben, verlief die Konfrontation unerwartet hart. Michail reagierte zunächst sehr heftig, bevor er sich entschied, nicht nachzugeben, und sich beruhigte. Mit einer solchen Reaktion hatte die Delegation des Komitees wohl nicht gerechnet. In der Tat ein überraschender Ausbruch eines Mannes, der den konservativen Kräften seit über einem Jahr fast immer nachgegeben hatte.

Raissa befand sich auf dem Gang, als die Abgesandten des Komitees das Arbeitszimmer des Präsidenten verließen. Es war fast sechs Uhr abends. Oleg Baklanow, Repräsentant des »militärisch-industriellen Komplexes«, reichte ihr die Hand. Die Präsidentengattin rührte sich nicht vom Fleck.

»Warum sind Sie gekommen?«, fragte sie.

Nach kurzem Zögern hörte sie Baklanow antworten: »Die Umstände verlangen es.«

Die »Zarin« fixierte Boldin, den Kabinettschef ihres Gatten, mit kaltem Blick. Sie war sprachlos. Seit fünfzehn Jahren hatten sie ein enges Verhältnis zueinander. Boldin gehörte fast zur Familie, die Gorbatschows hatten ihm vertraut und ihn sogar an ihrem Privatleben teilhaben lassen. Um jeden Verdacht bezüglich ihrer Beziehungen zu den Komiteemitgliedern zu zerstreuen, behauptete Raissa jedoch später: »Unter den Putschisten gab es niemanden, dem ich meine intimsten Gefühle hätte anvertrauen können. Die Zeitungen, die das Gegenteil behaupten, erzählen nur Lügen.«

Sicher ist, daß die Gorbatschows und Boldin sich sehr nahestanden. Letzterer war Michails Mitarbeiter, bevor dieser Generalsekretär wurde; in der Zeit, als er noch Mitglied des Politbüros und für den Bereich Landwirtschaft zuständig war. Als Gorbatschow Stawropol verließ, um nach Moskau zu gehen, nahm er Boldin mit. Ist es vorstellbar, daß Boldin die Notstandsmaßnahmen mit dem Komitee vorbereitete, ohne daß sein Mentor grünes Licht gegeben hatte?

Gorbatschows Feinde hielten es für unwahrscheinlich. Ihnen zufolge war Boldin das Sprachrohr seines Chefs. Aber: Wollte der ehrgeizige Apparatschik, als er sah, daß Gorbatschow »den Handel, den man ihm vorschlug«, nicht akzeptierte, nicht seine Chance wahrnehmen, die Nabelschnur durchtrennen und davon profitieren, um gegenüber demjenigen, der ihn an sich gebunden hatte, seine Freiheit wiederzugewinnen?

Nachdem die Abgesandten die Residenz verlassen hatten, ging Raissa zu ihrem Gatten ins Arbeitszimmer. Michail hielt ein Blatt Papier in der Hand, auf das er mit blauem Filzstift die Namen der Komiteemitglieder geschrieben hatte. Er ließ seine Tochter und seinen Schwiegersohn kommen und erläuterte seiner Frau und seinen Kindern die Situation.

»Wenn man das Wesentliche in Frage stellt, nämlich meine Politik, rücke ich bis zuletzt nicht von meinen Positionen ab. Ich werde mich weder erpressen noch unter Druck setzen lassen. Es ist völlig ausgeschlossen, die bereits getroffenen Entscheidungen rückgängig zu machen.«

Michail bat seine Familie, seinen Anweisungen zu folgen, was auch geschehen möge.

Die Freiheitsberaubung des Präsidenten und seiner Familie nahm ihren Lauf. Die Zugangsstraßen zur Residenz wurden gesperrt, und KGB-Einheiten umstellten Foros. Glücklicherweise waren die zweiunddreißig Offiziere der Leibwache ihnen treu geblieben. Während der Präsident die Abgesandten des Komitees empfing, hatten seine Leibwächter aus Moskau die Botschaft unmißverständlich an ihre getreuen Kollegen im Kreml weitergegeben. »Unsere Aufgabe«, sagte einer von ihnen, »bestand darin, Provokationen zu vermeiden, damit keiner behaupten kann, daß der Präsident bei einer Schießerei umgekommen ist.«

Die Familie Gorbatschow hatte sich darauf eingerichtet, in einer »überwachten« Residenz zu leben. Auf dem Grundstück der Datscha herrschte eine eigenartige Atmosphäre. Michail, seine Gattin und seine Kinder waren Gefangene. Aber diese Inhaftierten hatten bestimmte Privilegien. Ihre Leibwächter waren ihnen treu geblieben – was den Putschisten sicherlich nicht verborgen blieb –, und diese waren befugt, den Schutz der Gorbatschows zu gewährleisten. Tag und Nacht hielten die zweiunddreißig mit Kalaschnikows, Pistolen und Funkgeräten ausgerüsteten Sicherheitsbeamten die strategischen Punkte der Datscha besetzt. Als mit der Delegation der Putschisten eingetroffene Soldaten Gorbatschows treuen Berater Tschernjajew bedrängten, besaßen die Offiziere der Leibwache immer noch soviel Einfluß, daß er in aller Ruhe herumspazieren konnte, wo er wollte. Ging es überhaupt noch um diese surrealistisch anmutende Koexistenz zwischen der Streitmacht der Putschisten und der des Präsidenten? Oder aber hatten die Junta-Chefs in Moskau Anweisungen erteilt, die eine positive Zukunftsperspektive erlaubten und Gorbatschow möglicherweise einen gewissen Handlungsspielraum gewährten? Hätte sich Gorbatschow, wenn der Putsch gelungen wäre, schließlich dem Notstandskomitee angeschlossen – auf die Gefahr hin, zu einer gehorsamen Marionette zu werden, nachdem er über ein Jahr lang die Geisel der konservativen Kreise gewesen war? Einige Abgeordnete in Moskau schlossen diese Hypothese nicht aus. Sie stand allerdings im Widerspruch zur Haltung der »Zarin«, die in dieser Situation als »Ministerin des Widerstands« eingesetzt wurde.

Viele Jahre sind vergangen, und man stellt sich noch immer dieselben Fragen. Hätte Gorbatschow sich anders verhalten können? Er hätte beispielsweise versuchen können, mit der Maschinenpistole in der Hand sein Flugzeug zu erreichen. Mit anderen Worten: Er hätte Widerstand leisten können wie einst Allende, um in die Geschichte einzugehen. Doch für Raissa war diese Alternative nicht akzeptabel.

Aus Foros sickerte durch, daß Raissa vor allem um das Leben ihrer Familie bangte. Sie befürchtete sogar, vergiftet zu werden. Überzeugt davon, daß die Putschisten zu allem bereit waren, verweigerte sie die Speisen, die von den normalen Köchen der Datscha zubereitet und seit dem Abend des 18. August 1991 in einem Spezialwagen gebracht wurden.

Die »Zarin« fand keinen Schlaf mehr. Der Aufmarsch an Streitkräften um Foros herum war in der Tat beeindruckend. Ihre Angehörigen behaupteten, sie habe in der Nacht vom 18. zum 19. August etwa sechzehn vor Anker liegende Kriegsschiffe, darunter ein U-Boot, gesehen.

Die Gorbatschows beschlossen also, sich draußen zu zeigen. Da sie von der Außenwelt abgeschnitten waren, versuchten sie, den Urlaubern des ZK-Sanatoriums, das an das Grundstück der Datscha angrenzte, Zeichen zu geben. Boris Jelzin höchstpersönlich hatte übrigens Telegramme an mehrere am Schwarzen Meer gelegene Ferienhotels der Nomenklatura geschickt, in denen er die dort wohnenden Ärzte bat, sich mit Gorbatschow in Verbindung zu setzen, um etwas über dessen wahren Gesundheitszustand zu erfahren.

»Wir liefen über das Grundstück und zum Meer hinunter«, erzählte Raissa, »mit dem einzigen Ziel, so vielen Menschen wie möglich zu zeigen, daß der Präsident gesund und in guter Verfassung war. Je mehr Leute uns sehen würden, desto schwieriger würde es sein, die Wahrheit zu verheimlichen.« Michail und Raissa zeigten sich häufig auf der Terrasse. Immer um gesehen zu werden, aber auch, um zu reden. Die Leibwächter waren mit den Abhöranlagen, die man hätte installiert haben können, vertraut und rieten dem Präsidentenpaar, zum Sprechen auf die Terrasse hinauszugehen.

Die durch die Mikrophone und die ständige Überwachung irritierte »Zarin« ersann mehrere Fluchtpläne oder zumindest Möglichkeiten, Kontakt zur Außenwelt herzustellen. Der Schutzengel, zu dem sie volles Vertrauen hatte, brachte sie davon ab und erklärte, von der See her sei alles blockiert, auf der Landseite alles so scharf bewacht, daß kein Durchkommen möglich sei.

Das hinderte die »Zarin« jedoch nicht daran, nach einem Schlupfloch zu suchen.

Wenig später beschlossen die Gorbatschows einmütig, nichts zu unternehmen, was ihr Leben gefährden konnte. Ihren Enkelkindern schien der Aufenthalt in der überwachten Residenz der Familie nicht allzuviel auszumachen. Doch Oksana, die Ältere, begann sich ernstlich zu beunruhigen, als die Leibwächter rieten, die Mädchen nicht mehr an den Strand gehen zu lassen. Sie hatte Angst vor den Kalaschnikows und blieb zusammen mit ihrer kleinen Schwester Anastasia in ihrem Zimmer, wo man einen Fernseher aufgestellt hatte. Einigen Offizieren der Leibwache war es gelungen, Antennen zu basteln, mit denen Fernsehsendungen empfangen werden konnten.

Die Gorbatschows beschlossen, am Strand Kriegsrat abzuhalten. So begab sich der Präsident am 19. August gegen sechs Uhr abends mit seiner Familie zum Meeresufer hinunter. Um die Agenten des KGB, die ihre »Gefangenen« mit dem Fernglas beobachteten, zu täuschen, badeten sie, spielten Karten und verhielten sich wie typische Urlauber. Raissa bat Tschernjajew, ihr und ihrem Gatten in eine Kabine zu folgen. Als sie vor den Blicken der Beobachter sicher waren, riß sie einige Blätter aus ihrem Notizbuch heraus, holte einen Stift aus ihrer Tasche und ließ die beiden Männer allein zurück. Gorbatschow diktierte seinem Berater, seinem »Bruder«, wie er ihn später nennen sollte, seine an Moskau gerichteten Forderungen:

»1. Ich verlange, daß man unverzüglich die Regierungsleitung wieder einschaltet. 2. Ich verlange, daß man sofort ein Flugzeug für die Rückkehr nach Moskau herschickt.«

Michail Gorbatschow wollte seine Bewacher auf diese Weise irritieren. Er wußte genau, daß alle seine Handlungen und Worte unverzüglich dem Staatlichen Notstandskomitee in Moskau mitgeteilt wurden. Die Forderungen des Präsidenten wurden an General Generalow weitergeleitet. Deshalb verlangte Gorbatschow jeden Tag, morgens und abends, daß die Telefonverbindung wiederhergestellt werde und daß man ihn in die Hauptstadt zurückfliegen lasse. Außerdem forderte er, daß ein amtliches Dementi bezüglich seines Gesundheitszustands veröffentlicht werde.

Während dieser Zeit verschwand der aus Moskau eingetroffene Arzt. Man hatte ihm verboten, in die Datscha des Präsidenten zurückzukehren.

In der Nacht vom 19. zum 20. August, gegen drei Uhr morgens, beschlossen die Gorbatschows in aller Heimlichkeit, eine Videokassette aufzunehmen, damit die ganze Welt vom Schicksal des Präsidenten erfuhr. Sein Schwiegersohn Anatoli Werganski fungierte als Kameramann. Sie nahmen mehrere Versionen auf Minikassetten auf. Der Präsident trug einen Pullover und ein Hemd mit offenem Kragen. Er hielt die Arme verschränkt; sein Gesicht von Müdigkeit gezeichnet, die Augen schwarz. Sein Blick und seine Äußerungen ließen deutlich erkennen, was er gerade durchmachte: »Ich bin in guter Verfassung. Alles, was Genosse Janajew verkündet hat, ist reine Lüge. Ein Staatsstreich ist begangen worden. Die Entscheidung von Genosse Janajew, die Funktionen des Präsidenten zu übernehmen, ist rechtswidrig. Ich verlange, daß der

Kongreß der Volksdeputierten einberufen wird.« Es entstand ein Dokument von mittelmäßiger Qualität und voller Nebengeräusche. Durch die Aufzeichnung dieses heimlichen Appells am zweiten Abend seiner Inhaftierung wollte Gorbatschow nicht nur die Putschisten verunsichern und zeigen, daß es ihm gut ging, sondern sich auch – und dies war wichtig für die Zukunft – einen handfesten Beweis für seine Weigerung verschaffen, mit der Junta zu »kollaborieren«. Denn dies würden die Putschisten, sollten sie wegen des Staatsstreichs vor Gericht gestellt werden, möglicherweise behaupten.

Gorbatschow benutzte verschiedene Kanäle, um seine Erklärung nach draußen zu schmuggeln. Raissa gab strengste Anweisungen. Sie übergab Tschernjajew ein mit Klebeband verpacktes Videoband, und dieser reichte es an Olga, die Sekretärin des Präsidenten weiter. Ihre Eltern in Moskau waren erkrankt, und sie hatte somit einen guten Vorwand, die Datscha zu verlassen. Tschernjajew besorgte sich also beim neuen Sicherheitschef einen Passierschein. Die Sekretärin, die das Dokument in ihrem Schlüpfer versteckt hatte, passierte ungehindert die Absperrungen der Wachen. In Moskau angekommen, hatte sie die Anweisung, die Kassette der Gattin eines Gorbatschow nahestehenden Leitartiklers zu übergeben.

Erst am späten Nachmittag, als die »Zarin« merkte, daß die Inhaftierung ihrer Familie bald zu Ende sein würde, beruhigte sie sich wieder. Zwar waren die Putschisten eingetroffen, doch vor allem waren die Freunde Boris Jelzins in der Datscha aufgetaucht.

Raissa war kaum wiederzuerkennen. Ihr rechter Arm war verdreht, die Hand verkrampft und steif, und sie wirkte völlig verstört. Sie mußte beim Gehen gestützt werden. Erst im Flugzeug, das sie nach

Moskau zurückbrachte, kam sie wieder etwas zu Kräften.

Die »Zarin« hatte unter schrecklichem Druck gestanden und spürte noch lange die Nachwirkungen, zumal sie an der Seite ihres Mannes eine entscheidende Rolle gespielt hatte. Sie wußte es, und auch die Putschisten wußten es. Wahrscheinlich machten diese sie, zumindest zum Teil, für das Verhalten Gorbatschows verantwortlich.

In physischer Hinsicht war Raissa das Opfer des Putsches. Sie glaubte wohl, die führenden Männer des KGB seien zum Schlimmsten fähig. Aber glaubte sie wirklich, sie würde dasselbe Schicksal erleiden wie die Ceauşescus – eine Hinrichtung nach kurzem Prozeß –, wie geschrieben wurde? Sicherlich nicht. Sie war sich von Anfang an bewußt, daß sie es mit einem Putsch der »Ultras« zu tun hatten, die nicht im Namen einer »demokratischen« Revolution, sondern einer konservativen, neo-stalinistischen Aktion agierten. Freilich hatten die Vorfälle in Rumänien gezeigt, daß die Rolle der Partei und der Geheimdienste Bukarests mehr als zwielichtig gewesen war. Doch ein Vergleich mit dem Schicksal, das der Gattin des rumänischen Diktators zuteil wurde, hinkt. Die Junta, die die Macht an sich gerissen hatte, konnte, so glaubte Raissa, dazu gebracht werden, ihren Ehemann zu »beseitigen« oder – und diese Hypothese ist kaum ermutigender – ihn am Leben zu lassen und ihn mit Hilfe einiger speziell dosierter Spritzen in einen »Zombie« zu verwandeln. Raissa wußte, daß man gegen Regimegegner, gegen Abweichler schon auf ähnliche Weise vorgegangen war…

An jenem Tag wirkte die »Zarin« eher wie ein gehetztes Tier, konfrontiert mit einer Situation, die sie nicht verstand. Ein geistiges Trauma, das schwer zu ertragen ist, wenn man sechs Jahre lang an der Seite des höchsten Führers der zweitstärksten Weltmacht einen solchen Einfluß ausgeübt hat.

Das Präsidentenpaar blieb noch drei Monate an der Macht. Gorbatschow verlor sein Amt im Dezember mit der Auflösung der UdSSR. Ein neuer Lebensabschnitt begann.

Raissa begleitete ihren Gatten auf seinen Reisen, wenn er Vorträge hielt, insbesondere an amerikanischen Universitäten. Für jede dieser Tätigkeiten erhält der ehemalige Präsident der UdSSR 135 000 DM. Jedoch profitiert er kaum von diesen Geldern, die größtenteils zur Finanzierung der Gorbatschow-Stiftung verwendet werden. Noch vor kurzem klagten die Gorbatschows, ihre gesamten Ersparnisse in der russischen Finanzkrise verloren zu haben: 89 000 Dollar.

Die im Ausland stets hochgeschätzten Gorbatschows waren sich bewußt, daß sie in der Geschichte auf der Seite der »Guten« stehen würden. Doch sie wußten auch, daß ihnen in Rußland der Mann von der Straße vorwerfen würde, die falschen Idole und die Träume von Erhabenheit zerstört zu haben.

Das harmonische Ehepaar wurde am 20. September 1999 vom Schicksal eingeholt, als die an Leukämie erkrankte Raissa in den Armen ihres Gatten sanft entschlief.

Nach ihrem Tod hat sich die Haltung der Russen gegenüber Frau Gorbatschowa radikal geändert. Von da an (wie es in der Zeitung *Les Nouvelles de Moscou* heißt) »ist sie zum Stolz Rußlands geworden«. Der Name Raissa ist in die Geschichte eingegangen.

Vor ihrem Tod ließ die »Zarin« zum letzten Mal die vertraute Atmosphäre der überwölbten, mit religiösen Szenen geschmückten Zimmer auf sich wirken. Während ihr Blick auf dem Baldachin aus geschnitztem

Holz ruhte, der mit aus Emaille gefertigten Wappen der Provinzen verziert ist, murmelte sie: »Wir haben das totalitäre Monster getötet…« Dann sah sie mit traurigen Augen zu, wie sich hinter ihr die prächtige, mit ziseliertem Gold bedeckte Tür, auf deren Giebel groteske Tiere dargestellt sind, schloß.

15

Die Tochter des »Zaren« Boris

Nach dem Putsch von 1991 glaubten einige, daß die Geschichte stehenbleiben würde. Man hoffte, daß der heimliche Einfluß der »Zarinnen« mit dem Ende des sowjetischen Reiches schwinden würde. Doch das war nicht der Fall. Historische Traditionen verschwinden nicht mit einem Schlag.

Wir haben nicht nur achtzig Jahre Kommunismus hinter uns, sondern auch tausend Jahre der Geschichte, in der es keine bürgerliche Gesellschaft, keine politischen Parteien und kein Parlament gab. Die Ausübung der Macht beruhte niemals auf dem Gesetz, sondern auf einem System bolschewistischer Regeln oder auf dem Willen des Zaren, ja sogar der Zarin. Die politischen Methoden in Rußland lassen sich nicht wiederholen.

Nach dem Fall der Berliner Mauer war man, so wie in Becketts *Endspiel*, wieder mit einer leeren, von absurden und eitlen Phantomen beherrschten Szenerie konfrontiert. Boris Jelzin knüpfte, mehr als irgend jemand zuvor, an die alten Traditionen an, indem er die »männlichen« Werte propagierte – auf Kosten der von den Gorbatschows repräsentierten »Weiblichkeit«.

Der herrische, widersprüchliche und unnachgiebige »Zar« Boris bevorzugte die alten russischen Lieblingsbeschäftigungen der »mannhaften« Männer. Der

Liebhaber von gutem Essen und gutem Wein praktizierte gerne die Rituale des *bania*. Vor seinem Herzleiden im Jahr 1995 wahrte der Kremlchef diese Traditionen: gegenseitige Geißelung mit Hilfe von Birkenzweigen im Dampf, gefolgt von einem eiskalten Bad und Purzelbäumen im Schnee, und abschließend ein bis zum Rand gefülltes Glas Wodka oder kühles Bier.

Boris Jelzins Kritiker glaubten jedoch zu Unrecht, daß diese Eskapaden oder gar sein starker Hang zum Alkohol dem Image des originellen Politikers schaden würden. Im Gegenteil: Meinungsumfragen zufolge erfreute er sich damals immer größerer Beliebtheit. Er trank und hatte seine »Eigenheiten« wie alle anderen Menschen auch …

Nach seiner Amtseinsetzung praktizierte er natürlich weiterhin die Rituale des *bania*.

Seine »Höflinge« waren stolz darauf, zu dem Personenkreis zu gehören, der dem Brauch des Badens huldigen durfte. Denn dort wurden viele wichtige politische Entscheidungen getroffen, insbesondere was den ersten Krieg in Tschetschenien Ende des Jahres 1994 betraf. Die Zugehörigkeit zu diesem Kreis der Eingeweihten brachte zahlreiche Vorteile. Wie viele schnelle Beförderungen wurden auf diese Weise beschlossen, wie viele Karrieren zerstört! Nicht mehr eingeladen zu werden, war ein untrügliches Anzeichen dafür, in Ungnade gefallen zu sein.

Während dieser Zeit bemühte sich Naina, die fügsame Gattin Boris Jelzins, unsichtbar zu bleiben. Jelzin war so sehr darauf bedacht, seine Männlichkeit hervorzukehren, daß er fast wie eine Karikatur erschien: Wenn er nach Hause kam, ließ er sich von seiner Frau und seiner Tochter auskleiden und sogar die Schuhe ausziehen (wie sein Leibwächter berichtete).

Als Jelzin Ende 1991 die unbestrittene Nummer

Eins im Kreml wurde, zog Naina es vor, die distanzierte Haltung der unscheinbaren und beinahe unsichtbaren Gattinnen in der sowjetischen Epoche anzunehmen, wie etwa Leonid Breschnews Frau. Sie war jedoch voller Mißtrauen und legte Wert darauf, eine detaillierte Bestandsaufnahme der Möbel der von den Gorbatschows übernommenen offiziellen Residenzen zu machen. General Korjakow brauchte eine ganze Weile, bis er sie davon überzeugt hatte, daß ihre Vorgänger nichts mitgenommen hatten. Aus derselben Quelle ist jedoch bekannt, daß sie sich selbst einige wertvolle Möbel aus Carélie-Holz aneignete, die in der Amtswohnung der Gorbatschows gestanden hatten. Außerdem ordnete sie an, die Einbauteile der Küche herauszureißen und sie in ihrer Datscha einzubauen.

Bei Staatsbesuchen war Naina das genaue Gegenteil von Raissa: zurückhaltend und wenig selbstbewußt. Sie hatte ständig Angst, einen Fehler zu machen.

Zwischen 1995 und 1996 wurde der weibliche Einfluß zu einem entscheidenden Faktor im Leben Boris Jelzins. Die den Präsidenten umgebenden Personen hatten größte Mühe, die gesundheitlichen Probleme zu verheimlichen, welche den »Zaren« zwangen, sich für immer längere Zeiträume aus dem öffentlichen Leben zurückzuziehen. Praktisch jeden Monat hielt er sich in Sanatorien oder Kliniken auf. Dennoch drängte ihn seine Familie, die sich um die Zukunft sorgte, bei den Präsidentschaftswahlen von 1996 erneut zu kandidieren.

Seine jüngere Tochter Tatjana hatte bei einer Reise nach Paris erfahren, daß die Tochter des französischen Präsidenten, Claude Chirac, offizielle Funktionen im Élyséepalast ausübte. Deshalb beschloß sie, deren Beispiel zu folgen. Doch sie sollte einen weitaus größeren Einfluß haben als die junge Französin.

Tatjana bildete damals eine Art *de facto*-Regentschaft, um in der Abwesenheit des »Zaren« Boris die Illusion von Macht zu vermitteln. Sie hielt die Fäden fest in der Hand und ließ ihre Entscheidungen selbstverständlich von ihrem Vater absegnen. In dieser Zeit spielte sie häufig eine ausschlaggebende Rolle. Während der entscheidenden Wahlschlacht Anfang 1996 ließ sie amerikanische Experten einfliegen, die Public-Relations-Konzepte ausarbeiten sollten. Wer erinnert sich nicht an den Zaren Boris, der vor den Kameras der ganzen Welt Twist tanzte, um – auf den Rat seiner Tochter hin – zu beweisen, daß er trotz seiner Krankheit in guter Verfassung war.

Tatjana begnügte sich nicht damit, das Image des ungehobelten Bauern, das ihrem Vater anhaftete, zu verändern. Als echte »Zarin« änderte sie vor allem die Hierarchie der »Bojaren« und positionierte überall ihre Leute. Im Mai 1996 erreichte sie bei ihrem Vater das Unmögliche: Die Entlassung von Jelzins grauer Eminenz, Alexander Korjakow, und seiner Mitarbeiter. Um dies zu erreichen, plazierte sie ihren Freund Anatoli Tschubais, zunächst Chef der Präsidialverwaltung und anschließend starker Mann der Regierung, an vorderster Front. Im Jahr 1998 trug Tatjana zur Absetzung von zwei Ministerpräsidenten bei: Tschernomyrdin wurde entlassen und durch Kirienko ersetzt, der seinerseits im August entlassen wurde.

In Wirklichkeit unterhielt Tatjana im Kreml ein organisiertes Machtsystem, das zwischen »Byzanz« und den letzten Regierungstagen Nikolaus II. anzusiedeln war. General Lebed stellte fest: »Jelzin hat blindes Vertrauen in das Urteilsvermögen seiner Tochter.«

Man rechnete jeden Augenblick damit, daß der Präsident von der Bildfläche verschwand. In diesem absurden Theater prophezeite jedermann sein baldiges Ende; die Kommunisten machten Jagd auf ihn, die Ärzte sagten seinen Tod voraus. Doch dank Tatjana war er stets präsent.

Im November 1996, fünf Monate nach seiner Wahl zum Präsidenten der Russischen Föderation, mußte sich der »Zar« Boris einer fünffachen Bypass-Operation unterziehen. Tatjana bestand auf dieser Operation, obwohl das »Konzil« der russischen und ausländischen Ärzte Jelzin für inoperabel erklärte. Deutsche Chirurgen hielten sich deshalb in Bereitschaft, eine Herztransplantation durchzuführen, falls die Operation am offenen Herzen mißlingen sollte. Die »Zarin« war strikt dagegen, daß genaue Informationen über den Gesundheitszustand ihres Vaters verbreitet wurden. (In Rußland wird in diesem Zusammenhang übrigens das Beispiel des französischen Ministerpräsidenten François Mitterrand angeführt, dessen Krankheit trotz der Veröffentlichung zahlreicher ärztlicher Bulletins jahrelang geheimgehalten werden konnte.)

Herz, Lungen, Taubheit auf einem Ohr, Zirrhose, Magengeschwür – das sind eine ganze Menge Erkrankungen für einen einzigen Menschen. Der »Zar« konnte bald nur noch wenige zusammenhängende Worte sprechen. Dennoch war er, flankiert von seiner Tochter und seinen aufeinanderfolgenden Ministerpräsidenten, in diesem am Rande des Abgrunds stehenden Rußland nach wie vor präsent.

Die am 17. Januar 1960 in Jekaterinburg im Mittleren Ural geborene Tatjana war ebenso wie ihre Mutter lange im Hintergrund geblieben. Sie war eine Musterschülerin, die gern lachte und die Mathematik liebte. Nach ihrem Schulabschluß besuchte sie die Moskauer Universität, um dieses Fach zu studieren. Ihre Mutter war dagegen, daß sie fortging, und wollte, daß sie wie ihre Schwester in ihrer Heimatstadt im Ural studierte. Und in der Tat fühlte sich die junge Frau in der moskowitischen Hauptstadt bald einsam. Sie vermißte den von Kindergeschrei erfüllten Hof des elterlichen Hauses. Dort hatte man häufig Tische, Flaschen und *Sakuski* hinausgetragen, um gemeinsam ein bestandenes Examen oder eine Beförderung zu feiern. Diese Nostalgie, verstärkt durch die Einsamkeit in dem unüberschaubaren Dschungel des moskowitischen Lebens, bewirkte, daß Tatjana rasch einen Freund fand. Dies hatte auch einen praktischen Aspekt: Für Verliebte gab es nur wenige Orte, wo sie sich treffen konnten, da die Hotels keine unverheirateten Paare aufnahmen. Dieses Hindernis wurde inden Großstädten erst einige Jahre nach der *Perestroika* beseitigt. Deshalb heiratete Tatjana schon mit zwanzig Jahren. Nach ihrem Studium erhielt sie eine hervorragende Arbeitsstelle im Wissenschaftszentrum *Salut*, wo sie für den Start von Raumflugkörpern zuständig war. Obwohl ihr Vater der hohen Nomenklatura angehörte, blieben der frischgebackenen Ehefrau die täglichen Mühen nicht erspart. Wie ihre Kolleginnen hatte sie quasi zwei lange Arbeitstage: ihre Tätigkeit im Institut und anschließend die häusliche Arbeit. Westlicher Komfort war unerschwinglich, die Pille ein Luxusartikel, der unter abwegigsten Bedingungen verschrieben wurde, und die Wohnungen entsprachen niemals dem, was die Propaganda versprochen hatte.

Tatjana merkte bald, daß es in der hohen Politik praktisch keine Frauen gab. Zwar waren diese auf den mittleren Parteiebenen recht zahlreich vertreten, doch der vom alten Rußland geerbte Konservatismus verhinderte jeglichen Fortschritt in Bezug auf wirkliche Verantwortung. Auch nach dem Untergang der kommunistischen Ideologie änderte sich an der Situation der Frauen kaum etwas. Sogar ein Rückschritt zeigte sich in den Wahlergebnissen: Bei den Parlamentswahlen von 1993 gewann die Frauenpartei keinen einzigen Wahlkreis, während sie 1991 sechsundzwanzig Sitze im Parlament errungen hatte.

Tatjana beschloß also, sich durch den Einfluß, den sie auf ihren Vater ausübte, einen Platz zu verschaffen. Die *Perestroika* hatte sie hoffnungsvoll gestimmt. Dennoch hatte sie zu dieser Zeit noch nichts mit der Politik zu tun. In den schicksalhaften Tagen des Augustputsches 1991 waren weder ihre Mutter noch sie an Boris Jelzins Seite, um den Widerstand zu organisieren. Statt dessen hielten sie sich in der Wohnung eines ihrer Freunde in Moskau versteckt. Tatjana war keine Feministin im eigentlichen Sinne, doch sie begriff, daß sich das Alltagsleben verändern mußte. Sie wurde mit der frauenfeindlichen Umgebung ihres Vaters konfrontiert, wie etwa seinem Leibwächter Korjakow, der sie offen und unverblümt anschnauzte, wenn er sie im Hosenanzug im Kreml sah.

Im Jahr 1980 erfüllte die junge Frau ihrem Vater den größten Wunsch: den heißersehnten männlichen Erben. Der kleine Boris sollte nicht den Namen seines Vaters tragen, sondern den Vor- und Nachnamen seines Großvaters mütterlicherseits. Tatjanas erste Ehe scheiterte. Gemäß dem Wunsch ihres Vaters löschte die »Zarentochter« nach ihrer Scheidung den Namen des treulosen Gatten aus der Ahnentafel. Von nun an durften weder der Vater des Kindes noch dessen Großeltern väterlicherseits den Knaben jemals wiedersehen. Der nachtragende Boris Jelzin, zunächst einflußreiches Mitglied der KPdSU-Führung, dann russischer Präsident, besaß genügend Macht, um nach seinem Gutdünken zu handeln... Der Erbe, mittlerweile zu einem jungen Mann herangewachsen, wurde in einer der renommiertesten Schulen von Cambridge (England) angemeldet.

Für den Kremlchef symbolisierte der junge Boris die Zukunft einer Dynastie, deren Begründer er sein wollte. Der »Zar« hatte inzwischen noch einen anderen männlichen Erben, Gleb, aus Tatjanas zweiter Ehe. Der Präsident drängte seiner Tochter diesen Vornamen auf, weil dieser Heilige ein orthodoxer Märtyrer war! Alexei Djatschenko, Tatjanas früherer Ehemann, zog es vor, sich im Hintergrund zu halten. Dennoch zögerte dieser »Prinzgemahl« nicht, seine Verwandtschaft mit dem Zaren Boris geltend zu machen, damit sein Exporthandel mit Metallen aus dem Ural florierte.

Von 1992 bis 1999 war ein Freund der Familie, Boris Abramowitsch Beresowski, der Pfeiler des Jelzinischen Systems. Nachdem er wie durch ein Wunder mehreren Attentaten entronnen war, wurde dieser Unternehmer dank Tatjana zu einem echten »Königsmacher«. Sein Vermögen – das er in weniger als zehn Jahren angehäuft hatte – wird vom amerikanischen *Forbes*-Magazin auf über drei Milliarden Dollar geschätzt ...

Die »Zarin« hat somit die Entstehung des oligarchischen Kapitalismus gefördert, eines Systems, in dem die politische Macht, die Presse und das Geld in den Händen einer Personengruppe liegen. Geld verschafft Macht, Macht verschafft Geld, und immer mehr Geld bedeutet noch mehr Macht.

Nach und nach entstand zwischen Beresowski und dem Jelzin-Clan eine regelrechte Komplizenschaft. Zunächst hatte Beresowski im Jahr 1993 die glänzende Idee, die Memoiren des neuen Kremlchefs in Finnland publizieren zu lassen. Das Geschäft kam durch die Vermittlung des »Ghostwriters« Valentin Umatschew zustande, der die *Aufzeichnungen eines Unbeque-*

men verfaßte. General Korjakow zufolge erhielt der Autor von Beresowski eine monatliche Abschlagszahlung von fünfzehntausend Dollar, von den kleinen Geschenken für Tatjana ganz abgesehen: Niwa-Autos aus seiner Fabrik oder Chevrolets. Bald wurde er Eigentümer der Vorzeigefirmen der russischen Industrie, beispielsweise Aeroflot (mit Okulow als Teilhaber, dem Schwiegersohn des Präsidenten und Ehemann dessen älterer Tochter Elena), Lada (Automobilfirma), ORT (der erste Fernsehkanal) oder Sibneft (Mineralölgesellschaft). Dieses System war jedoch subtiler Natur. Wie es in Rußland immer der Fall ist, ließ der »Zar« seine Umgebung schalten und walten, während sie nach wie vor von ihm abhängig war. Zudem sorgte Jelzin dafür, daß das Vermögen der Oligarchen sicher war. Damit sicherte er sich ihre Unterstützung, insbesondere bei den Wahlen von 1996. Mit anderen Worten: Man bediente sich der Staatsgelder, um sie den großen Finanzbaronen anzubieten. Innerhalb von zehn Jahren war das Privatvermögen jedes einzelnen laut *Forbes*-Magazin auf mehr als eine Milliarde Dollar angewachsen.

In den internationalen Finanzkreisen sind die Methoden dieses Geldadels bekannt. In Form falscher Rechnungen oder fiktiver Verträge oder Kredite fließt noch immer Geld in die Wall Street, nach London, Mailand, Frankfurt oder Tokio. Die Gelder landen bei vollkommen legalen Finanzierungs- oder Handelsgesellschaften und werden von diesen in die normalen Wirtschaftskanäle gepumpt. Die skrupellosen Bankiers investieren ins Immobiliengeschäft und in den Tourismus in Frankreich, Italien und Spanien, wo die verstärkte Anwesenheit der Russen an der Küste Valencias zur Einrichtung eines wöchentlichen Direktflugs zwischen Alicante und Moskau geführt hat.

Auf Zypern ist die am meisten gesprochene Fremdsprache nicht mehr Arabisch, sondern Russisch. In den letzten drei Jahren stellte die Zentralbank von Nikosia mehr als 3500 Lizenzen für *offshore*-Gesellschaften aus – für Geschäftsleute aus Osteuropa, von denen über die Hälfte mit Koffern eintrifft, die mit Millionen von Dollars aus dem Drogen- oder Waffenhandel vollgestopft sind. In einem nach zweijährigen Untersuchungen veröffentlichten Bericht beziffert das amerikanische Zentrum für Strategische und Internationale Ermittlungen die illegalen Geldtransfers von Rußland nach Zypern auf eine Milliarde Dollar pro Monat. Seit zwei Jahren haben diese neureichen Russen in auffälliger Weise an der Côte d'Azur Einzug gehalten, indem sie Hunderte von Millionen in Immobilien, ins Hotelgewerbe und in den Import-Export investierten. Einige stellen ihren Schmuck, in Diamant gefaßte Uhren, mit den Etiketten des Designers versehene Kleidungsstücke, Privatjets oder Luxuslimousinen zur Schau.

Beresowski bestreitet, zum Vermögen der Jelzins beigetragen zu haben. Man muß sagen, daß die Gattin des Präsidenten ebenso wie seine Tochter Tatjana nicht gerade versessen auf kostbare Schmuckstücke und Pelzmäntel gewesen sind. Ihre in Schweden erstandenen Persianermäntel kosteten »nur« fünftausend Dollar, ein Taschengeld verglichen mit dem protzigen Luxus der neureichen Russen. Den von Raissa Gorbatschowa so geschätzten westlichen Starcouturiers hat Tatjana den russischen Modeschöpfer Valentin Judatschkin stets vorgezogen. Sie trägt praktisch keinen Goldschmuck und verwendet keine Kosmetika. Dafür besitzt Tatjana dem moskowitischen Magazin *Profil* (33/1998) zufolge mehrere Anwesen: ein Schloß in Bayern, eine Luxusvilla in Südfrankreich im Wert von elf Millionen Dollar, ganz abgesehen von einer Datscha auf dem Berg Nikolina, der das grüne Moskwa-Tal überragt (dem Magazin *Sobecednik* zufolge beträgt der Preis hierfür eine Million Dollar). Französische Quellen bestätigen, daß Tatjanas Freund Beresowski zwei Luxusvillen an der Côte d'Azur besitzt. Außerdem tauchte Tatjanas Name in einer Geldwaschaffäre auf, bei der immense, aus Rußland stammende Summen (zehn bis fünfzehn Milliarden Dollar) durch die Bank of New York gewaschen wurden. Nach den Aussagen der Bankdirektion deponierte Tatjanas Ehemann, Alexei Djatschenko, zweieinhalb Millionen Dollar in einer im *offshore*-Bereich befindlichen Filiale.

Auch die Ermittlungen gegen die Schweizer Gesellschaft Mabetex belasten die beiden Töchter Jelzins. Dem *Corriere della Sera* zufolge sollen Jelzin und seine Töchter am Sitz der Gesellschaft auf ihre Namen lautende Kreditkarten besessen haben, mit denen sie in Luxusgeschäften einkauften.

Was bleibt noch von der kleinen Musterschülerin, die von einer Odyssee im Raum träumte und Gleichungen auf die sonnigen Boulevards von Moskau kritzelte?

Seitdem Ministerpräsident Primakow im September 1998 die politische Bühne betrat, war Tatjana kein Glück mehr beschieden. Die Bekämpfung der Korruption war nämlich das Lieblingsterrain dieses für seine Integrität bekannten Ministerpräsidenten. Aus diesem Grund führte er eine Attacke gegen Boris Beresowski, dessen Vermögen und zahlreiche Pässe heute in Rußland Empörung hervorrufen. Für Primakow war Beresowski der Mann, dem man das Handwerk legen mußte. Doch im Mai 1999 wurde Primakow kaltgestellt, und Beresowski ging, unterstützt von Tatjana, als Sieger aus dieser Kraftprobe hervor.

Kampf ums Überleben, Verrat, schnelles Geld und

Macht – alle Bestandteile russischer Dramen lassen sich in dieser Szenerie finden. Eine letzte schwere Prüfung erwartete Tatjana, als sie den Kreml verließ. Nachdem die junge Frau ihr Büro Nr. 262 im Amtssitz des Präsidenten verlassen hatte, ohne einen Blick auf die sehr prunkvollen Reliquien, Ikonen und Kelche zu werfen, stieg sie, flankiert von ihren Leibwächtern, in ihren schwarzen Mercedes. Sie forderte den Chauffeur auf, das Radio einzuschalten. Als sie die rauhe Stimme Alexander Solschenizyns hörte, verzerrte sich ihr Gesicht: »Ich weigere mich«, erklärte der Schriftsteller, »den St.-Andrej-Orden [der ihm zu seinem achtzigsten Geburtstag verliehen wurde] aus den Händen Boris Jelzins entgegenzunehmen.« Dann fuhr er in prophetischer Manier fort: »Wie wird der russische Nationalcharakter, oder das, was davon übrigbleibt, das, was nicht völlig vernichtet wurde, diesem Zerfall standhalten? Durch welchen Rest an Großmut, an aufrichtigem Mitgefühl für das Leiden anderer Menschen (wenn man selbst damit konfrontiert wird)? Und vor allen Dingen: Wie können wir unsere Kinder vor dieser verderblichen, anmaßenden und triumphierenden Entartung schützen?«

In der Zwerskaja-Straße fuhr der Wagen an der Leuchtreklame eines Nachtklubs vorbei, wo in einer elektrisierenden Atmosphäre leichte Mädchen unterschiedlicher Herkunft defilieren. Mit ihren leeren braunen oder blauen Augen, den asiatischen Wangenknochen und der nackten Haut unter dem Pelzmantel symbolisierten sie für Ausländer die Herrschaft Jelzins.

Ein Stück weiter hielt die Limousine an, um eine Prozession vorbeizulassen, an deren Spitze die mit Edelsteinen geschmückte Ikonostase von Mariä Himmelfahrt getragen wurde.

Ein Mann in grauem Mantel, der an der Prozession

teilnahm, sagte traurig: »Unser Leben ähnelt wieder diesen sowjetischen Filmen, die lang, öde und schwierig sind.« So wurde mit wenigen Worten eine Bilanz der Herrschaft Tatjanas gezogen.

Zarin in Rußland zu sein ist stets ein schweres Schicksal gewesen.

Dieses Land konnte wahrscheinlich nur durch die Frauen so lange existieren. Ob sie nun Zarinnen oder einfache Russinnen waren, ihre leidenschaftlichen Schicksale wurden durch die Geschichte des Landes selbst geprägt. Und von der Zeit Iwans des Schrecklichen bis heute haben sie den Männern geholfen, in einer feindlichen Umgebung zu überleben.

Die Zarinnen ermöglichen uns nicht nur eine Reise durch Zeit und Raum, von den prächtigen Palästen St. Petersburgs vor der Revolution bis zum heutigen Kreml. Sie regen uns gleichzeitig dazu an, über die Metaphysik politischer Macht nachzudenken.

Wenn ich nach einer fünfundzwanzigjährigen diplomatischen Karriere beschlossen habe, dieses Buch zu veröffentlichen, dann vor allem, um diese Frauen zu würdigen, die großartige Musen waren.

Ihr Einfluß auf die Staatsangelegenheiten war bisweilen sogar noch größer als der der Autokraten selbst. In der unbarmherzigen Welt, die im Umkreis der absoluten Macht entsteht, spendeten die Frauen den gequälten Seelen der Zaren Trost. Dieses Werk ist gleichermaßen eine Huldigung an die Charakterstärke der Frauen, die es besser als ihre Männer verstehen, Schicksalsschlägen zu trotzen, um manchmal wieder ganz von vorne anzufangen und für das Glück derjenigen, die sie lieben, zu kämpfen.

Das Rätsel der Weiblichkeit faszinierte mich stets mehr als alle politischen Geheimnisse. Die Liebe stirbt, so wie sie entsteht, um in der Erinnerung fortzubestehen. Wie sagte Gorbatschow am Bett der sterbenden Raissa: »Woraus bestand mein Leben letztlich? Diese Begegnung mit ihr im Frühjahr, und ein endloser Traum ...«

Durch diese Geschichten zeigt sich ein Problem bezüglich der Zukunft meines Landes. Welches Rußland wird triumphieren? Jenes von Tatjana oder jenes von Solschenizyn? Oder müssen wir ein drittes Rußland schaffen? Es gibt viele, die diese Lage der Dinge nicht akzeptieren und Rußland seinen Stolz zurückgeben wollen. Will man dem Land wirklich helfen, nicht nur den Kommunismus, sondern auch dessen Folgen zu überwinden, so ist es höchste Zeit, Rußland in seinem gegenwärtigen Zustand zu analysieren.

Für ein sehr spezielles Problem kann es nur eine spezielle Lösung geben. Und diese Lösung muß die ganze Bedeutung des ewigen Rußlands, das siebzig Jahre Kommunismus durchlebt hat, berücksichtigen.

Die Charakterstärke der Zarinnen stimmt mich wieder ein wenig hoffnungsvoll, was die Zukunft angeht. Indem ich diese bisweilen brutalen und tragischen Geschichten erzähle, suche ich nicht etwa das gottlose Vergnügen, mein Land herabzusetzen. Wenn ich diesen dramatischen Niedergang für unabänderlich hielte, würde ich mich in Schweigen hüllen. Ich rede offen darüber, weil ich vom Gegenteil überzeugt bin. Der Blick dieser außergewöhnlichen Frauen, der uns aus der Ferne der vergangenen Jahrhunderte begegnet, ist die beste Garantie für eine Zukunft in diesem Europa, vom Atlantik bis zum Ural.

Doch in Erwartung des 31. Dezembers 1999 war Wladimir Putin, neuer starker Mann im Kreml, mit seiner jungen und zurückhaltenden »Zarin« Ludmilla zur Front in Tschetschenien geflogen, um an Silvester gemeinsam mit seiner Truppe zu speisen ...

Wird Ludmilla Putin eine Frau sein, die in der Politik, wie es typisch war für die Sowjetunion, keine Rolle spielt, oder eher eine politische Beraterin, wie es im Lauf der Jahrhunderte eine große Anzahl der mythischen Zarinnen des ewigen Rußlands gewesen war?

Am 31. Dezember 1999 hat Ludmilla vom Rücktritt Jelzins und der Ernennung ihres Gatten erfahren. Die First Lady der Russischen Föderation spürte, daß es mit ihrem Privatleben nun vorbei war und weinte lange.

Die neue »Zarin« schien sich im Marinski-Theater in Sankt Petersburg, in Gesellschaft Tony Blairs und dessen Gattin, nicht sonderlich wohl zu fühlen. Aber was bleibt ihr anderes übrig als der geplagten Seele des neuen »Zaren« Trost zu spenden, der mit so vielen Widrigkeiten – Korruption, Krieg, Finanzkrise und der Orientierungslosigkeit seiner Landsleute – konfrontiert ist? Ludmilla hat niemals daran gezweifelt, daß ihr Mann in der Lage ist, die größten Herausforderungen zu bewältigen. »Ich habe immer geglaubt«, sagte sie, »daß mit Wolodia so etwas geschehen könnte.«

Die jüngste »Zarin« seit Regentin Sophia, Halbschwester Peters des Großen, ist bereit, sich in ihr Schicksal zu fügen.

Danksagung

Diese Buch wäre nicht ohne eine Freundschaft zustande gekommen, in der sich eine besondere Wesensverwandtschaft zwischen Frankreich und Rußland widerspiegelt.

Danken möchte ich zunächst Isabelle de Tredern, die mich bei dieser Arbeit mit ihrer begeisterten Liebe zu Rußland wie gewohnt unterstützt hat.

Mein Dank gilt zudem meinem Verleger Jean-Paul Bertrand und seinen Mitarbeitern, vor allem Caroline Sers, die mir Vertrauen und Wohlwollen entgegenbrachten.

Nicht vergessen möchte ich an dieser Stelle auch die Schriftsteller meines Landes, die mir die entscheidenden Anstöße gaben, mich auf das Abenteuer des Schreibens einzulassen: Walentin Katajew und Bulat Okudjawa.

Mein besonderer Dank gilt den Mitarbeitern des Staatsarchivs der Russischen Föderation, die mir die Nutzung ihrer Bestände ermöglichten.

»Danke« schließlich auch an Marie-Claude und Georges Vladut, Olga Solheid und Anne Leppert, an die Mitarbeiter der Zeitung *Moskowskie nowosti (Moscow News)*, vor allem an ihren Direktor Wiktor Loschak und seine Frau Marina sowie an Olga Matinenko.

Bibliographie

Aksakov, S. T.: *Une chronique de famille,* Paris: Gallimard 1946

Annenkova, Pauline, *Souvenirs de Pauline Annenkova,* Paris: Éditeurs français réunis 1976

Alexandrov, V.: *Les mystères du Kremlin,* Paris: Fayard 1962

Bannour, Wanda: *Les Nihilistes russes,* Paris: Anthropos 1978

Baynac, Jaques: *Le Roman de Tatiana,* Paris: Denoël 1985

Bienstock, J. W.: *Histoire du mouvement révolutionnaire. 1790–1894,* Paris: Payot 1920

Brupbacher, Fritz: *Michael Bakunin. Der Satan der Revolte,* Berlin: Libertad Verlag 1979

Carrère d'Encausse, Hélène: *Lenin,* München: Piper 2000

Chachkov, S.: *Istoria rousskoï jenchtchiny* [Geschichte der russischen Frau], Sankt Petersburg: A. S. Souvorine 1879

Custine, Marquis de: *Lettres de Russie,* Paris: Éditions de la Nouvelle France 1946

– *La Russie de 1839,* Brüssel: Wouters 1843

Durand-Cheynet, C.: *Dernière Tsarine,* Paris: Payot 1998

Faure, Christine: *Quatre femmes terroristes contre le tsar,* Paris: François Maspero 1978

Fenner, Jocelyne: *Les Terroristes russes,* Paris: Éditions Quest-France 1989
Ferro, Marc: *Nikolaus II., der letzte Zar,* Zürich: Benziger 1991
Figner, Vera N.: *Nacht über Rußland. Lebenserinnerungen einer russischen Revolutionärin,* Reinbek: Rowohlt 1998
Funk, V. V./Nazarewski, B.: *Histoire des Romanov. 1613–1818,* Paris: Payot 1930
Galitzine, Princesse Véra: *Réminiscences d'une émigrée,* Paris: Plon 1924
Golovine, Princesse Varvara N.: *Souvenirs de la comtesse Golovine, née princesse Galitzine,* Paris: Plon 1910
Gorbatschow, Michail S.: *Erinnerungen,* Berlin: Siedler 1995
Gratshev, M.: *La vraie Histoire de la fin de l'URSS, Monaco: Éditions du Rocher 1992*
Grunwald, Constantin de: *Alexandre I., le tsar mystique,* Paris: Amiot-Dumont 1955
– *Société et Civilisation russes au XLXe,* Paris: Le Seuil 1975
– *Le Tsar Alexandre II. et son temps,* Paris: Berger-Levrault 1963
– *La vie de Nicolas Ier,* Paris: Calmann-Lévy 1946
Herzen, Alexandre: *Mémoires d'un proscrit,* Genf: Ch. Grasset 1946
Kropotkine, Prince Pierre: *Autour d'une vie,* Lausanne: La Guilde du livre 1972
Lecomte, Bernard: *Le Bunker,* Paris: Lattès 1994
Leffler, Anne-Charlotte: *Souvenirs d'enfance de Sophie Kovalewski écrits par ellemème et suivis de sa biographie,* Paris: Hachette 1907
Leroy-Beaulieu, Anatole: *L'Empire des tsars et les Russes,* Paris: Laffont, coll. Bouquins 1938
Lichatcheva, S.: *Materialy po istorii jenskogo obrazovania*

v rossii [Material zum Studium der Geschichte des Mädchenunterrichts in Rußland], 4 Bände, Sankt Petersburg 1890–1899
Marie de Russie, Grand-Duchesse: *Éducation d'une princesse,* Paris: Stock 1934
Medvedev, V.: *Dans l'ombre de Breijnev et Gorbatchev,* Paris: Plon 1992
Mourousy, Paul: *Alexandre Ier. Un sphinx en Europe,* Monaco: Éditions du Rocher 1999
Nikolas Mikhaïlovitch, Grand-Duc: *Le Tsar Alexandre Ier,* Paris: Payot 1931
Notovitch, Nicolas: *L'Empereur Alexandre III et son entourage,* Paris: Paul Ollendorf 1895
Paléologue, Maurice: *La Russie des tsars pendant la Grande Guerre,* 3 Bände, Paris: Plon 1921–1922
– *Roman tragique de l'empereur Alexandre II,* Paris: Plon 1923
Paley, Princesse: *Souvenirs de Russie,* Paris: Plon 1923
Perovski, Vassili: *1 marta 1881 goda: kasn imporatora Aleksandra II* [1. März 1881: Hinrichtung des Kaisers Alexander II.]
Porter, Cathy: *Pères et filles. Femmes dans la révolution russe,* Paris: Éditions des Femmes 1978
Radziwill, Princesse Catherine: *Alexandra Féodorovna. La dernière tsarine,* Paris: Payot 1934
– *La Malédiction sur les Romanov,* Paris: Payot 1934
– *Nicolas. Le dernier tsar,* Paris: Payot 1934
Riazanovski, Nicolas V.: *Histoire de Russie des origines à 1984,* Paris: Laffont, coll. Bouquins 1987
Spiridovitch, Général Alexandre: *Les dernières années de la cour à Tsarkoïe-Sélo,* 2 Bände, Paris: Payot 1928–1929
– *Histoire du terrorisme russe 1886–1917,* Paris: Payot 1930
Tioutcheva, A. F.: *Pri drovedvoukh imperatorov* [Am Hof von zwei Kaisern], Moskau: S. Sabachnikov 1928

Troyat, Henri: *Alexandre Ier. Le sphinx du Nord,* Paris: Flammarion 1980
– *Zar Alexander II.,* Frankfurt/M.: Societäts-Verlag 1991
– *Les Terribles Tsarines,* Paris: Grasset 1998
Vasili, Comte Paul: *La société de Saint-Pétersbourg,* Paris: Nouvelle Revue 1886
Volkov, Prince Alexis: *Souvenirs d'Alexis volkov, valet de chambre de la tsarine Alexandra Féodorovna, 1910–1918,* Paris: Payot 1928
Volkoff, Vladimir: *Les Faux Tsars,* Paris: De Fallois 1992
Wolkonsky, Princesse Marie: *Mémoires de la princesse Marie Wolkonsky,* Sankt Petersburg: Expédition pour la confection des papiers d'État 1904
Zavarzin, Général P.: *Souvenirs d'un chef de l'Okhrana, 1900–1917,* Paris: Payot 1930

Bildnachweis

© DR (aus: Vladimir Fedorovski, *Les Tsarines*): 1
Archiv für Kunst und Geschichte, Berlin: 2, 3, 4, 5, 6, 7
Ullstein Bilderdienst, Berlin: 8, 9, 10, 11, 12

Personenregister